Au-delà des sommets

Kilian Jornet

Au-delà des sommets

Traduit du castillan
par Bruno Hurtado

ARTHAUD

Édition originale publiée pour la première fois
en catalan sous le titre *Res és impossible*
Publié par l'intermédiaire
de The Casanovas & Lynch Literary Agency S.L.

87, quai Panhard-et-Levassor
75647 Paris Cedex 13

ISBN : 978-2-0814-8637-9

L'au revoir

Mes lèvres ont formulé un « je t'aime » dissimulant l'aveu qu'elles s'étaient préparées à faire : « Je suis désolé. »

Les mots ont continué à sortir, dans une tentative de justification : « Ne t'inquiète pas », « Je ferai attention ». Tout en sachant que je ne pourrais trouver à cette aventure – dont l'une des issues possibles était de trouver la mort sur le sommet le plus haut du monde – aucune excuse qui lui paraîtrait raisonnable. Mais à ce moment précis, je sentais en moi le besoin vital de grimper au sommet de toutes les montagnes, quitte à mettre mes jours en péril. Je ne pouvais faire autrement que de suivre cet élan, qui guide mes décisions avec plus de force que la raison ou l'amour.

Avec le sentiment un peu honteux d'être trop narcissique et égocentrique, ce qui me caractérise sûrement, je n'ai réussi qu'à lui murmurer « au revoir ». Puis sans attendre, j'ai sorti mon sac du coffre et refermé le hayon, avec trop de force. Étourdi par le bruit, j'ai donné une légère tape sur la vitre arrière pour lui signifier qu'elle pouvait s'en aller.

C'était le début du mois d'août mais il faisait frais. L'air maritime imprégnait mes poumons. Tromsø est une ville de pêcheurs située sur une petite île entourée de fjords et de montagnes au nord de la Norvège, dans le cercle polaire arctique. En été, pendant quelques semaines, le soleil ne parvient pas à se coucher et la nuit n'existe plus. On dirait alors que le temps est aboli : les anciens sortent se promener à minuit, les voisins rangent leur balcon au petit matin ou refont leur toiture. Comme si une ivresse collective prenait possession des lieux pour une journée qui n'en finirait jamais. Cela dit, le soleil est doux et ne culmine jamais au zénith. Il suit la périphérie du ciel qu'il colore d'une épaisse couche pastel, dont les tonalités jaune orangé éclatent parfois d'un coup en un rouge intense.

La ville est reliée à la terre ferme par deux immenses ponts qui surplombent la mer et un tunnel qui passe sous l'eau. L'aéroport où j'ai dit au revoir à la personne que j'aime a été bâti sur l'une des extrémités de l'île. Alors qu'Émelie s'éloignait dans sa voiture, je lui ai envoyé un baiser silencieux du bout des doigts. Je n'ai pas voulu regarder derrière moi. Les yeux humides, je suis entré dans le terminal et me suis présenté au guichet d'enregistrement. C'était le point de départ du voyage qui devait me mener jusqu'au sommet de l'Everest, et j'étais bien conscient des difficultés et dangers auxquels j'allais me confronter. Malgré tout, il ne me vint jamais à l'esprit de renoncer à ce rêve.

Quelques heures auparavant, Émelie et moi étions sortis courir ensemble. Profitant de la lumière constante, nous étions partis le soir, après avoir dîné. Nous voulions nous alléger les jambes et l'esprit après plusieurs jours de stress et de tension générés par l'organisation d'une course pour quelques centaines de coureurs. Les jours précédents ne nous avaient laissé aucun répit entre les appels, les allers-retours de haut en bas en voiture et les poignées de main ; alors, ce qui ne devait être à la base qu'un petit exercice de décrassage s'est transformé en une longue course nocturne.

Nous avons filé sur un sentier étroit, abandonnant derrière nous le brouhaha. Nous voulions nous cacher loin de la ville, dans les montagnes. Le murmure doux du vent a remplacé le bruit des programmes de radio qui s'échappait des portes entrouvertes des bâtiments, et un air pur et frais s'est substitué à la chaleur étouffante de l'agglomération et à ses odeurs de fumées diverses. Nos jambes se libéraient peu à peu de leur rigidité des derniers jours et nous commencions à nous sentir agréablement plus légers. Arrivés en haut d'un premier sommet, sans nous arrêter ne serait-ce qu'un instant, nous avons continué. Nous sommes sortis du chemin de terre pour nous aventurer dans les champs et attaquer d'autres sommets, les laissant nous dicter notre direction. L'herbe recouverte de givre qui nous mouillait les pieds contrastait avec l'étendue dure et sèche de l'asphalte noir et, petit à petit, nos cœurs se sont mis à battre plus lentement, imitant le tam-tam de nos pas.

Nous courions l'un à côté de l'autre. Une bulle s'était créée autour de nous, à l'intérieur de laquelle tout n'était que paix et sérénité, à l'opposé du tourbillon dans lequel nous avions été plongés quelques jours auparavant. Mais un silence mélancolique s'était installé entre nous, qui devançait notre séparation, et nous rappelait que le bonheur ne pouvait être complet à cet instant. Même lorsque nous essayions d'ouvrir la bouche pour rompre ce mutisme terriblement gênant, nos cordes vocales ne répondaient pas et aucun son n'osait se manifester.

Plus tard, dans la voiture pendant le trajet vers l'aéroport, nous avons été incapables d'exprimer ce que chacun de nous ressentait depuis un moment déjà : de la peur et du chagrin. Sans le verbaliser, nous avons conclu un pacte pour laisser régner le silence jusqu'à mon retour de l'expédition. Un accord tacite, une dernière étreinte malhabile.

J'ai regardé la ville rapetisser par le hublot de l'avion jusqu'à ce qu'elle disparaisse. Je suis resté la tête posée contre la vitre, et le regard fixé sur l'ombre de l'appareil qui traversait des fjords et des sommets encore enneigés, disparaissant puis ressurgissant entre vallées et montagnes. Je les connaissais tous, ces chemins et ces crêtes, mais depuis le ciel je découvrais de nouvelles voies à tracer dès mon retour et je m'y imaginais déjà. Ces voies aussi, je les abandonnais, et j'espérais qu'elles me pardonneraient mon infidélité.

J'ai pensé à ce que j'aurais dû dire à Émelie pendant que nous courions ensemble pour apaiser la tension, pour soulager la souffrance qu'elle allait sûrement éprouver pendant notre séparation. Une blague subtile ou un commentaire naïf auraient été les bienvenus pour briser la gravité de cet instant, mais je n'ai pas la parole facile. Seul face à la montagne je me sens bien parce que, comme l'a dit Reinhold Messner, elle n'est ni juste ni injuste, mais simplement dangereuse. Et face au danger, une certaine logique s'impose immédiatement quand il faut prendre les décisions qu'on considère les plus adaptées. En montagne, je ne doute jamais lorsque se présente un imprévu, mais dans le domaine plus rude des relations humaines, l'indécision me plonge dans un état de paralysie jusqu'à ce qu'il soit trop tard pour agir. Je dois admettre que je n'ai jamais su me faire au mode de fonctionnement des êtres humains, qu'ils soient bons, mauvais ou dangereux.

La surface de la Terre s'est évaporée d'un coup lorsque nous sommes entrés dans un nuage, les turbulences m'ont rappelé au moment présent. Lorsqu'on s'en va, on se sent toujours submergé par des sentiments mêlés : liberté momentanée de la fuite et nostalgie d'avoir laissé derrière soi la chaleur de ce qu'on connaît.

J'avais en soute une valise qui frôlait la limite des vingt kilos permis par les compagnies aériennes. J'avais scrupuleusement étudié la façon d'y faire entrer tout le matériel dont j'avais besoin afin d'aller à la conquête d'un grand sommet. Il n'y avait plus de place pour quoi que ce soit dans cette valise, même une plume n'aurait pu s'y glisser.

Ma préparation avait été presque parfaite, du moins c'est ce que je pensais. J'avais passé le dernier mois dans les Alpes, et la plupart du temps au-dessus de quatre mille mètres. Je me sentais à l'aise en altitude et je m'étais préparé à toutes les difficultés auxquelles je pourrais être confronté.

Il y a une étape très importante qui précède l'attaque d'un sommet et qui ne se mesure pas, au-delà des kilomètres parcourus et des difficultés surmontées. Il s'agit du moment où l'on se sent disposer de la motivation et de la sérénité nécessaires pour mener à bien l'ascension. Cette sécurité qui prend possession de toi quand tu es à l'aise sur le terrain alors que tu devrais nager dans l'incertitude si tu étais sensé. Cette sensation d'assumer plus que de raison la ligne rouge de tous les risques, justement, je l'éprouvais à ce moment précis. D'un côté, j'en étais rassuré, et de l'autre, je m'effrayais moi-même, car je ne savais pas avec certitude quelle décision je prendrais si se présentait à moi le dilemme de choisir entre l'envie d'arriver en haut et l'amour-propre qui, d'une certaine façon, me retient de franchir des frontières sans retour possible. Mais j'ai tout de suite évacué cette question, car on ne peut évaluer tous les éléments sur la même balance. La vie est un ajustement entre ces variables. C'est du moins ce que je ressentais à ce moment-là.

L'hôtesse de l'air est arrivée avec le chariot du dîner. J'ai opté pour les pâtes et j'ai imité les mouvements des autres passagers. Nous exécutions tous simultanément la même chorégraphie : ouvrir la minuscule boîte en carton, retirer le papier d'aluminium, se brûler les doigts et vérifier ainsi que le contenu est bien chaud, et enfin, déchirer le plastique transparent qui enveloppe les couverts. Et du coin de l'œil, lorgner le morceau de pudding : « Fourré au chocolat ? »

Mais soudain, j'ai repris conscience : je n'avais pas faim. J'ai empilé les boîtes, attendant que l'hôtesse m'en débarrasse.

Sur un vol intercontinental, on a parfois l'impression de traverser le centre commercial d'une grande ville. Il y a systématiquement des enfants qui pleurent, des jeunes qui passent leur temps à chuchoter et, à intervalles réguliers, poussent des cris ou se mettent à rire bruyamment. De la nourriture de mauvaise qualité, des promotions alléchantes sur des produits que nous n'utiliserons jamais : juste de quoi passer le temps sans trop réfléchir.

J'ai esquivé ces pièges contre-productifs en ouvrant le carnet qui allait me servir de journal d'expédition et dans lequel j'avais prévu de tout noter : analyser les mètres de dénivelé et les hauteurs atteintes, répertorier les sensations liées à l'acclimatation ou encore relever les données météorologiques. J'ai essayé de m'y atteler mais la densité humaine de cet environnement et la claustrophobie ont eu raison de moi : la page est restée blanche.

Contrarié par mon incapacité à entreprendre quoi que ce soit d'utile, j'ai cédé à la tentation et me suis mis à la recherche d'un film sur l'écran devant moi.

Par chance, je me suis endormi juste après le générique de début.

Dans mon rêve, j'entrais dans une forêt. Les arbres y étaient très grands. Mais ce n'était pas des séquoias américains. Ils appartenaient à une forêt classique, comme on en trouve dans les Pyrénées, tout en ayant des dimensions disproportionnées. J'avais l'impression de les regarder avec des yeux d'enfant, voire de minuscule animal.

Malgré le calme apparent qui y régnait, la forêt m'intimidait et je sentais dans ses entrailles une force qui se déplaçait à une vitesse vertigineuse. J'ai commencé à marcher. Je voulais sortir de cette forêt, mais on aurait dit qu'elle se transformait sous mes pas pour m'empêcher de trouver une issue. Je me suis mis à courir, mais la forêt insistait, tournait sur elle-même et se modifiait en se calant sur mon allure. Mes jambes ne répondaient plus. Comme lestées par du plomb, elles s'enfonçaient dans le sol de mousse et d'épines. Finalement, la forêt a chaviré comme un radeau en pleine tempête pour me jeter à terre. Elle me maintenait au sol pour que je ne puisse pas m'échapper.

Je percevais les ombres d'animaux qui filaient entre les arbres. J'en dénombrais des dizaines. Ces ombres énormes tourbillonnaient autour de moi, et réduisaient au fur et à mesure la circonférence du cercle au sein duquel elles m'enfermaient. Lorsqu'elles sont arrivées au plus près de moi, sur le point de m'écraser, je me suis rendu compte qu'il n'y avait en fait qu'un seul animal : une espèce de mammouth bondissant aux larges pattes. En regardant mieux, j'ai réalisé que la bête qui était en train de me piéger n'était pas un mammouth, mais un lapin ou un lièvre colossal.

Soudain, quelqu'un s'est mis à frapper sur un arbre, comme s'il lui assenait des coups de hache. *Toc-toc.* J'ai senti que le lièvre, ou quoi que ce fût, m'attrapait par l'épaule. *Toc-toc.* « Excusez-moi, désirez-vous boire quelque chose ? » m'a demandé l'hôtesse, provoquant mon réveil en sursaut.

Encore à moitié endormi, je lui ai fait comprendre que je n'avais besoin de rien. C'est alors que j'ai compris : Petita ! Le lièvre que j'avais récupéré lorsque j'étais enfant, un jour de tempête, dans le bois adossé au refuge dans lequel nous vivions. Dans mon rêve, il était immense, mais lorsque je l'ai secouru, il n'était qu'un petit animal blessé. Je l'avais ramené à la maison, lui avais donné à boire et à manger, puis lui avais préparé un lit dans ma chambre, à côté de moi. Au bout de quelques jours, guéri, le lièvre avait rempli ma chambre de crottes. Il n'arrêtait pas de bouger sous les draps pendant que je dormais, et mes parents m'avaient demandé de le laisser partir. Évidemment, je refusais : Petita était à moi ! Je l'avais trouvée et sauvée ! Je lui avais donc construit un enclos assez large, en dehors du refuge, pour qu'elle puisse courir et je lui donnais à manger chaque après-midi à mon retour du collège.

Mais quelques mois plus tard, en revenant de l'école je l'ai trouvée morte. Je n'arrêtais pas de pleurer, en me demandant ce que j'avais bien pu faire de mal. Je ne m'étais pas rendu compte que mes soins avaient fini par la tuer. La pauvre bête avait préféré se laisser mourir plutôt que de vivre enfermée. Ce jour-là, j'ai compris que certains animaux ne peuvent vivre enchaînés qu'à la liberté.

Trois jours se sont écoulés depuis ma descente de l'avion, et je me sens loin de tout ce que j'ai laissé derrière moi : les champs givrés qui nous mouillaient les pieds lorsque nous courions, Émelie et moi, et ces silences que nous souhaitions rompre sans y parvenir. Pourquoi ne nous sommes-nous rien dit ? Nos étreintes se trouvent désormais loin, aussi loin que la ville, la circulation, le bruit et l'énervement qui pointait à cause de la voiture juste devant qui allait me faire arriver en retard à l'aéroport.

Et maintenant je suis ici, dans un sacré pétrin.

Que je regarde devant moi, derrière ou au-dessus, je ne vois que du blanc, il enveloppe tout. Et quand je baisse les yeux, la blancheur immaculée de la neige n'est interrompue que par mon corps qui s'y enfonce jusqu'à la taille. Tout autour, le silence absolu, l'un de ces silences si intenses qu'ils éveillent dans nos oreilles un sifflement aigu et lointain.

En réalité, le silence est rompu par ma respiration profonde, par le vent qui souffle en violentes rafales ; par les flocons aussi qui tombent, se confrontent aux bourrasques, surgissent de toutes parts, dans tous les sens, et viennent percuter ma doudoune. Il y a tant de bruits qu'ils finissent par se neutraliser. Je ne ressens donc que le silence. Par mes yeux, par mes oreilles… Seule une infime variation de blanc dessine une diagonale en face de moi, ce qui me permet d'imaginer la pente raide que je suis en train de traverser. Une inclinaison qui s'efface au milieu de la tempête, à quelques mètres de moi. Le passage profond que j'ouvre se referme immédiatement derrière moi, enseveli sous la neige. Allez, un pas de plus. La neige m'arrive jusqu'aux genoux et elle ne tardera pas à devenir compacte à cause du vent.

Mes cinq sens convergent pour me dire que ce mur de deux mille mètres, qui paraissait inoffensif il y a à peine deux heures, finira dans quelques secondes par se transformer en une immense plaque instable, prête à partir en avalanche. Je plante mes piolets au plus profond. J'ai perdu toute trace de mes compagnons, qui sont restés derrière. Je n'arrive plus à les voir. Le brouillard épais les a absorbés.

Sur cette pente de cinquante degrés dans la face nord-est de l'Everest, je continue ma route en espérant que la neige fraîche qui s'est accumulée durant ces dernières heures ne finira pas par se décrocher du mur pour débouler. Et m'emporter.

Avant d'entamer le moindre pas supplémentaire, je pense : « C'est donc le dernier sommet que je gravis ? Bordel, comment est-ce que j'ai pu en arriver là ? »

Cette histoire a été longue. Mon au revoir à Émelie n'en marque pas le début, pas plus que l'embarquement dans l'avion qui partait pour le Népal. Elle ne commence pas non plus avec mes rêves d'enfant, lorsque je m'imaginais gravir l'Everest. Cette histoire, même si je n'en étais alors pas conscient, avait commencé bien avant. Je vais maintenant vous la raconter.

Chapitre 1

Toute une vie passée à s'entraîner

Certains s'entraînent pour faire de la compétition. D'autres font de la compétition pour s'entraîner. Je fais partie de la seconde catégorie. Pour moi, l'entraînement est une manière de vivre qui consiste à travailler son corps et son esprit dans le but d'obtenir des résultats dans une activité concrète. C'est absolument indispensable dans le domaine du sport de haut niveau : l'entraînement nous permet d'améliorer nos capacités et d'être à la hauteur des efforts exigés pendant les courses. Il est certain que la compétition est un objectif qui alimente notre motivation, mais elle n'est pas nécessaire pour s'entraîner, loin de là.

Je reconnais avoir la mémoire courte. Mais je me souviens très bien, comme si c'était hier, de la première fois où j'ai pris du plaisir, un plaisir intense et presque malsain, à sentir mes jambes souffrir et mes poumons s'asphyxier alors que je donnais tout ce que j'avais dans une côte bien raide. Le ciel était bleu et la chaleur terriblement étouffante. Ça s'est produit un peu avant mon entrée dans l'adolescence, aux derniers jours du printemps, alors que je pédalais à travers les Pyrénées ariégeoises avec Joan, le père de l'un de mes camarades du collège. Nous traversions des villages abandonnés et des champs sans bétail, roulant sur une route étroite, et Joan me donnait des conseils qui ressemblaient aux consignes d'un rituel d'initiation.

« Il faut que tu arrêtes de faire des kilomètres dans le simple but d'en accumuler toujours plus, et de grimper sur les sommets sans aucun objectif en tête », me répétait-il sans cesse. « Tu dois commencer à réfléchir à ce que tu es en train de faire, comme s'il s'agissait de ton travail, ou d'un compte d'épargne dont tu pourras utiliser tous les intérêts le jour où tu voudras réellement foncer à toute vitesse. »

Je faisais semblant de l'écouter, mais tout ce que je désirais, c'était faire chaque jour plus de kilomètres que la veille, et toujours plus vite. Quand la conversation durait trop longtemps et que je ne supportais plus de l'entendre, j'accélérais pour lancer une attaque, ce qui me donnait une excuse pour y aller à fond et finir exténué. J'avais mal aux jambes, nous allions de plus en plus vite, je commençais à respirer difficilement et je sentais naître en moi un étrange plaisir, jusqu'à ce que j'aperçoive le panneau qui annonçait le dernier kilomètre avant l'arrivée au plus haut du col. J'ai été surpris par le sentiment de tristesse qui s'est alors emparé de moi.

« Allez, dans peu de temps on va pouvoir en profiter, m'a dit Joan pour me donner du courage, en pensant à la descente.

— Oui, ai-je répondu, en proie au doute, même si je crois que j'aurais préféré que cette ascension n'en finisse pas, qu'elle ne s'arrête jamais. »

J'avais douze ans et je voulais participer cet été-là à la course cyclotouristique des Trois Nations, qui partait de Puigcerdá, allait jusqu'à Andorre et, après un passage en France, revenait à la capitale de la Cerdagne espagnole pour boucler un parcours de plus de cent cinquante kilomètres. Je pensais devoir me préparer réellement pour disputer cette course, ne pas me contenter simplement de « faire des heures », et c'est là que j'ai commencé à prendre des notes sur mes sessions d'entraînement et mes sorties quotidiennes, et à toutes les répertorier dans un carnet. Même si je faisais de la longue distance à pied et à vélo depuis plusieurs années, seul ou avec mes parents, je venais de prendre conscience, pour la première fois, que je m'entraînais dans un but précis.

Ce même été, j'ai donc participé aux Trois Nations. Puis à l'automne, j'ai fait mes débuts sur la route en participant à la Caballos del Viento, une course de quatre-vingts kilomètres, et je suis entré au Centre technique de ski de montagne : ma mère souhaitait que je canalise au mieux mon énergie. Une chance, car c'est là que j'ai rencontré quelques-unes des personnes qui ont eu le plus d'influence sur mon avenir, comme Jordi Canals, le directeur, et Maite Hernandez, qui a été la première à m'entraîner. Tous deux, en plus d'être des compétiteurs de ski de montagne expérimentés, sont des alpinistes hors pair.

À l'été 2004, j'avais remporté quelques mois plus tôt le titre de champion du monde cadet de ski-alpinisme en Vertical Race. Maite nous a offert à tous, nous ses élèves, une petite pierre. Elle avait fait l'ascension de l'Everest au printemps par la face nord dans le cadre d'une expédition féminine, et en avait rapporté ces souvenirs. J'ai veillé sur cette petite pierre comme sur un trésor. Et c'en était un.

Jordi était déjà allé deux fois à l'Everest, avec les premières expéditions catalanes en 1983 et 1985, lorsqu'Òscar Cadiach, Toni Sors et Carles Vallès sont parvenus au sommet.

À partir de leurs propres expériences, Jordi et Maite nous ont appris à mettre toutes nos capacités en avant lors des compétitions, mais aussi à évoluer en montagne habilement et en sécurité. J'ai aussi l'impression qu'ils ne nous voyaient pas vraiment devenir des professionnels qui iraient à tout prix chercher des titres mondiaux, mais cherchaient avant tout à nous faire profiter de la montagne et de l'effort.

Pendant l'un des entraînements, alors que nous montions pour la deuxième ou troisième fois de la journée la Tossa d'Alp à skis, quelques mètres avant d'arriver en haut des pistes, le groupe de tête dont je faisais partie, et qui peinait à avancer au rythme de respirations saccadées, a rejoint Jordi qui, lui, grimpait tranquillement ; puis nous avons fait une pause, le temps d'enlever nos peaux de phoque en vue de descendre et de faire une nouvelle ascension. Jordi s'est posté devant nous, une main sur le menton pour jouer au penseur et, a lâché :

« Eh, nous ne sommes pas encore au sommet. Il est plus loin, là-haut ! »

Nous l'avons regardé pour tenter de savoir s'il parlait sérieusement. Nous étions arrivés jusqu'ici dans le cadre de notre entraînement, pour avaler des mètres de dénivelé efficacement, sans « perdre » notre temps. Même si cela ne nous aurait pris que vingt secondes de rejoindre le point culminant, le fait de retirer nos skis, de marcher un peu pour finalement les rechausser casserait notre rythme et nous ferait perdre de précieuses minutes sur chaque montée.

La conclusion de Jordi n'a laissé aucune place au doute :

« Nous sommes bien là pour faire du ski et de l'alpinisme ? Et l'alpiniste va jusqu'au sommet, non ? »

L'égalité n'existe pas dans le domaine de la compétition sportive. Mieux vaut se sortir cette idée de la tête tout de suite. Si, par exemple, j'avais voulu être basketteur, même avec la meilleure volonté du monde, même en suant sang et eau jusqu'à y laisser ma peau, je ne serais pas arrivé bien loin. Vraiment. Mes résultats aux épreuves de sélection pour entrer au Centre technique démontraient déjà que j'avais les qualités requises pour faire carrière dans les sports de résistance en montagne. Même si j'étais en bas du tableau pour les exercices de puissance et d'explosivité, je me sentais à l'aise lorsqu'on nous demandait de courir en côte et me mettais alors parmi les plus aguerris. Mon aptitude à récupérer vite, mon petit gabarit et ma légèreté m'ont bien aidé au début. On ne choisit pas son patrimoine génétique ou sa morphologie, qui nous accompagnent toute notre vie. Cela dit, on ne peut pas se reposer uniquement sur ces éléments pour pratiquer un sport à haut niveau. Ces prédispositions naturelles doivent toujours être complétées par beaucoup de travail et, au-delà de ça, être accompagnées par la passion. Par chance, je cochais toutes les cases, ce qui hélas n'est pas le cas de beaucoup de sportifs. Certains vivent leur activité avec passion. Leur corps n'y est peut-être pas tout à fait adapté, ils ne disposent pas des qualités idéales, et ils obtiennent des résultats honorables après plusieurs années de sévère obstination, mais ils ne parviennent pas à un niveau d'excellence absolue à cause de ce plus qui leur fait défaut. D'autres bénéficient de capacités extraordinaires mais n'aiment pas assez le sport pour parfaire une carrière sportive auréolée de succès. Ils n'y travaillent pas assez, risquent de se démotiver et d'être, en fin de compte, fragilisés psychologiquement.

Ce n'est pas moi qui ai choisi de me lancer dans le sport de montagne. Ce sont mes parents qui nous ont fait découvrir ce monde, à ma sœur et moi, dès notre plus jeune âge. Nous vivions dans un refuge à deux mille mètres d'altitude, et nos étagères étaient remplies des livres de Kurt Diemberger, Roger Frison-Roche ou Walter Bonatti. Pendant les vacances scolaires, nous partions toujours dans les Pyrénées ou les Alpes pour y faire de la montagne.

C'est peut-être paradoxal, mais dans de nombreux cas, l'immersion intense et non volontaire dans une activité depuis l'enfance peut déboucher, à l'adolescence, sur une fuite vers l'exact opposé de ce que souhaitaient les parents. Mais ma sœur et moi aimons toujours autant la montagne car un lien tenace s'est noué entre elle et nous, qui dépasse le seul plaisir d'y pratiquer un sport.

Je me souviens que plusieurs jours d'affilée, après avoir dîné, enfilé nos pyjamas et nous être brossé les dents, notre mère nous prenait par la main pour nous emmener à l'extérieur du refuge. Nous n'étions encore que des enfants constamment fourrés dans ses jupes, effrayés par l'inconnu et à la recherche de protection. Elle nous faisait entrer de nuit dans la forêt, sans aucune lumière pour nous guider. Nous nous écartions des chemins et marchions sur la mousse et sur les branches tombées des arbres, jusqu'à ce que nous ne puissions plus apercevoir la lueur de notre maison. Elle lâchait alors nos mains, nous demandait d'écouter la forêt puis de revenir tout seuls au refuge. Au début, l'obscurité et les bruits alentour nous angoissaient. « Et si un loup nous attaque ? Et si on se perd et qu'on ne retrouve plus le chemin ? » Pris de panique, nous rentrions en courant pour retrouver la protection maternelle. Mais peu à peu, nous nous sommes habitués à l'obscurité et aux murmures de la nuit : le craquement des branches dû au changement de température quand vient le soir, le bourdonnement de l'air agité par une perdrix qui bat des ailes pour prendre son envol, ou le sifflement du vent qui se faufile entre les arbres. Et à mesure que nous reconnaissions tous ces sons, nous nous apaisions, nous saluions le vent et les animaux, et retournions jusqu'au refuge en suivant les signes de la nature. C'est ainsi, très naturellement et sans que nous en ayons vraiment conscience, que notre mère nous a appris à faire corps avec la montagne.

Bien des années plus tard, à l'adolescence, je me suis découvert des tendances masochistes. C'était ce qu'il me manquait, la dernière et indispensable pièce du puzzle qui m'ouvrirait les portes du sport de haut niveau. Avant ça, mes tendons et mes muscles avaient été façonnés par les sorties en montagne avec mes parents pour circuler avec aisance sur des terrains accidentés. Les longues heures de route avaient aussi contribué à améliorer ma résistance cardiaque. Mon corps était désormais au niveau.

J'avais beau être bon élève, je m'ennuyais au lycée. Ma vie sociale était inexistante et je ne voyais pas l'intérêt de me faire des amis. Je me concentrais sur l'aspect académique : apprendre. Alors que tous mes camarades attendaient impatiemment que retentisse la sonnerie pour aller prendre un verre, draguer, jouer au parc ou foncer chez eux pour allumer leur console, je ne pensais pour ma part qu'à chausser mes baskets et courir. Je voulais à nouveau sentir mon cœur se comprimer et mes jambes souffrir.

Je profitais de chaque moment de liberté pour aller m'entraîner. Au matin avant le lever du soleil, si je le pouvais, je m'échappais pour skier avec ma mère, ou je sortais simplement courir, ou encore j'allais jusqu'au lycée, à vingt-cinq kilomètres de chez moi, en skis à roulettes. À midi, au lieu d'aller à la cantine, j'allais faire des tours dans les environs, et les trois jours pendant lesquels Maite Hernandez me demandait de travailler sur ma puissance physique, j'allais à la salle de sport. L'après-midi, lorsque je rentrais à la maison, avant même d'avoir déposé mon sac dans la chambre, je grimpais sur mon vélo ou je retournais courir. Si Maite me donnait pour consigne de me reposer, je me calais devant la télévision pour regarder en boucle le DVD *La tecnica dei campioni*, un documentaire qui analysait les mouvements des meilleurs compétiteurs de ski de montagne, comme Stéphane Brosse, Rico Elmer, Florent Perrier ou Guido Giacomelli. Je me fichais de ne pas avoir d'amis ou d'être pris pour un fou, parce que tout ce qui m'importait était de savoir jusqu'où mon corps était capable d'aller.

J'ai gardé ce même rythme à l'université. À part d'autres étudiants qui faisaient du sport, mon cercle social se limitait aux personnes que je croisais sur les courses. Je ne suis jamais allé en voyage de fin d'année, personne ne m'a jamais vu à aucune fête ni aucun bal, je n'ai pas touché ne serait-ce qu'à une goutte d'alcool, sauf lors d'une occasion où l'on m'y a pour ainsi dire forcé. Je fuyais ce genre de situations que je considérais purement et simplement comme une perte de temps et d'énergie ; le repos ou l'entraînement me paraissaient bien plus utiles.

Si, après ce que je viens de raconter, vous pensez que j'étais un jeune un peu déconnecté de son époque dont la vision de la réalité était très étriquée, vous ne vous trompez pas complètement. Mais tout ça faisait partie du plan que j'avais soigneusement échafaudé. À partir du moment où j'ai décidé de dédier ma vie au sport, j'ai su que pour espérer ouvrir certaines portes, je devrais absolument maintenir toutes les autres fermées, pour toujours.

À y regarder de plus près, le sport ne suppose pas une existence faite de sacrifices, mais plutôt de choix. On fait des choix en étant conscient des objectifs à atteindre, et donc avec la certitude que le secret réside dans la priorité donnée à ce que l'on désire vraiment, et dans le respect sans faille des règles que l'on s'est fixées. Au final, qu'est-ce qui importe vraiment : se faire des amis et avoir une copine, ou se battre pour devenir le champion du monde de sa discipline ?

J'ai commencé à prendre mon propre entraînement en main à mon entrée à l'université. Pendant cinq ans, avec Maite comme professeur, j'ai appris les bases de la construction d'un plan d'entraînement : par exemple, l'ajustement des efforts et la compréhension des relations entre charge de travail, récupération et surcompensation, ou encore la planification des séances à moyen et long terme en fonction des objectifs qu'on se fixe, et bien d'autres choses encore… En cinq ans, j'étais passé du masochiste obsédé par de lointains désirs d'ascensions au jeune homme qui s'entraînait sans relâche pour gagner des courses de renom. L'apprentissage et la mise en œuvre de tous ces concepts m'ont été facilités par la patience de Maite, mais aussi par une blessure, à l'âge de dix-huit ans, qui m'a empêché de pratiquer toute activité pendant six mois. Le chirurgien qui m'a opéré a insinué que je ne serais sans doute plus aussi performant après ça. Rongé par cette idée et par la pensée qu'un accident peut ruiner une carrière, je me suis mis à étudier comme un forcené tous les facteurs qui influent sur une performance sportive : la biomécanique, l'entraînement, la psychologie, la technique, le matériel, l'alimentation… Ce fut une bonne décision car, malgré la séquelle que ma jambe traîne depuis l'accident et qui en réduit la capacité, je n'ai jamais vécu cette lésion comme un handicap, et c'est elle qui m'a permis de réfléchir à des aspects cruciaux et décisifs pour prendre la route qui mène vers l'excellence sportive.

Mes questionnements sur le fonctionnement du corps et de l'esprit ont redoublé quand je suis entré à l'université pour étudier les sciences et techniques des activités physiques et sportives. L'attente n'est pas mon fort, j'ai toujours été très impatient. C'est pour cette raison que j'étais incapable de rester sans rien faire alors qu'un autre que moi, que j'imaginais arriver à bout d'une minutieuse étude en telle ou telle matière, en serait déjà à tirer des conclusions qui pourraient s'avérer très utiles. Comme je gagnais déjà toutes les courses et que je me sentais très à l'aise sur mes entraînements quotidiens grâce aux bases de

Maite, je me suis mis à faire mes propres expériences sur le corps. Avec mon propre corps.

J'étais obsédé par l'idée de le pousser jusqu'à ses limites de façon très concrète. Par exemple, je voulais tester la capacité du métabolisme à être opérationnel pendant un travail sur la puissance aérobie sans aucun apport énergétique, ou la possibilité de répéter des efforts anaérobies en altitude, et de rester à cette altitude pendant la phase de récupération, pour ne citer que quelques sujets qui me tenaient à cœur. Si je parvenais à résoudre clairement les équations cachées derrière ces tests, je pourrais d'abord en profiter sur le plan théorique, mais je ressentirais aussi pleinement, avec précision et rudesse, les pouvoirs et les limites de mon organisme.

Je devais évidemment faire ces expériences hors saison de compétitions, pour disposer d'une marge de temps de récupération nécessaire au cas où les choses auraient mal tourné. Et je devais également les faire en terrain sûr, connu et proche de chez moi, pour pouvoir rentrer à toute vitesse si le besoin s'en faisait sentir.

Je ne suis allé qu'à une seule fête pendant mes années de fac. Et je suis encore persuadé de m'être laissé convaincre d'y aller à cause de mon état de fatigue qui faisait de moi un être sans volonté.

Ça devait être au printemps 2008. J'étais à Font-Romeu et je testais mon seuil de résistance à l'activité physique sans apport énergétique. Autrement dit, je voulais voir combien de jours d'entraînement et de courses je pouvais enchaîner sans manger. Pour le savoir, je suivais le rythme de mes journées habituelles et j'allais courir entre deux et quatre heures le matin et une heure l'après-midi, mais en ayant éliminé tous mes repas. J'ai dû faire un effort logistique au préalable, car il était certain que, s'il y avait eu le moindre aliment dans ma chambre, je me serais jeté dessus. J'ai vidé les placards, le frigo, et j'ai mis le tout entre les mains d'un ami en lui ordonnant de ne rien me donner, même si je le suppliais au petit matin. Je ne m'autorisais qu'à boire de l'eau, quand même, et autant que je le souhaitais.

Je précise que tout ce que je voulais vérifier par le biais de cette expérience, c'était bien ma résistance en courant sans apport énergétique extérieur, en utilisant seulement les quelques graisses et protéines musculaires que mon corps conservait pour fonctionner, puis analyser les étapes de ce processus. Il ne m'est jamais venu à l'idée d'entamer une sorte de régime drastique dans l'optique de perdre du poids, ou de vérifier si je pouvais être aussi performant en mangeant moins.

Dans le sport de haut niveau et surtout dans les disciplines où le poids est un facteur qui joue – l'athlétisme et le ski de montagne en font partie –, beaucoup de sportifs sont obsédés par la perte de kilos et s'en font un problème récurrent et majeur. La volonté de maigrir, que ce soit pour des raisons esthétiques ou pour imiter ses idoles, en amène certains à faire de véritables conneries.

Je connais un tas de sportifs qui ont passé la moitié de leur vie avec la faim au ventre juste pour se maintenir à un certain poids ; d'autres qui se lèvent à l'aube pour faire une razzia dans leur frigo, ne supportant plus de s'entraîner l'estomac vide ; et enfin il y a ceux, les pires, qui se font vomir après avoir ingéré leur repas pour tromper la faim et pouvoir ainsi suivre le rythme avec un poids déraisonnablement bas.

Même s'il faut reconnaître que le sport de haut niveau n'est pas une activité saine, car nous poussons notre corps dans ses derniers retranchements et risquons de nous blesser à chaque instant, gardons bien en tête que nous sommes maîtres de notre corps, et qu'il ne doit jamais échapper à notre contrôle. C'est perdu si nous nous laissons aller à des élans primaires. Dès que l'on cesse d'être dans le contrôle, la beauté du sport s'effrite et on finit par chuter et se noyer dans les spirales infernales de la dépression ou de maladies comme la boulimie ou l'anorexie, et, dans des cas extrêmes, par perdre tous ses repères jusqu'au goût de la vie. Malheureusement, c'est un sujet qui reste tabou dans le monde du sport et dont il conviendrait de parler un peu plus.

Revenons-en à l'expérience de Font-Romeu.

Après avoir vidé ma chambre de toute espèce de nourriture, avec la volonté ferme d'aller jusqu'au bout, j'ai commencé à courir. Depuis le temps où, tout jeune, j'accompagnais mes parents, mon corps s'était habitué aux sorties longues, des heures durant, sans rien dans le ventre. Le premier jour, je n'ai donc noté aucun changement quant à mes performances. Mais je dois quand même avouer qu'en fin de journée, seul dans ma chambre, j'avais une faim de loup. Le lendemain matin, après une nuit douloureuse, j'ai repris la course sur mon circuit habituel que je bouclais en trois à quatre heures. Je sortais de mon ermitage de Font-Romeu pour monter en haut des pistes de ski, puis je descendais par l'autre face et m'en allais faire un tour dans les environs, ou bien je remontais sur l'un des pics des Bouillouses ou celui de Carlit. Au retour, je coupais tout droit jusqu'en haut des pistes et redescendais vers les appartements. C'est pendant cette dernière montée assez facile que j'ai pu constater très clairement les effets de mon expérience.

Mon rythme sur la longueur totale avait à peine varié, car j'étais capable de courir sans grandes difficultés pendant des heures à une vitesse raisonnable. Par contre, j'avais l'habitude d'accélérer sur cette ultime ascension pour arriver au sommet le plus rapidement possible, mais j'en étais tout simplement incapable à partir de ce deuxième jour sans manger. J'y mettais toute ma volonté, mais je n'arrivais pas à sprinter. Mon corps s'était transformé en un tracteur à moteur Diesel, capable de se déplacer lentement sur de longues distances, mais il avait perdu de sa puissance.

Le constat fut plus ou moins le même les quatrième et cinquième jour. Mais le cinquième, j'ai perdu connaissance pendant mon rituel matinal. Je suis tombé de tout mon long sur le sol alors que je courais.

Heureusement, je me suis réveillé tout seul peu de temps après. Je n'avais pas risqué grand-chose car j'étais sur un chemin très fréquenté et, si nécessaire, n'importe qui aurait pu venir à mon secours. Je suis retourné à l'ermitage, j'y ai retrouvé la chambre de mon ami et me suis remis à manger.

C'est cette même semaine qu'on m'a convaincu d'aller à la fête de fin d'année. J'y ai gagné une certaine réputation pour m'être évanoui en buvant un jus d'orange !

Depuis cette époque et jusqu'à aujourd'hui, j'ai mis en pratique une méthodologie destinée à mieux connaître mon corps et les bénéfices de l'entraînement. J'ai mis à l'épreuve le sommeil, l'hydratation, et pratiqué différents exercices, en haute altitude et en testant différents matériels, cent heures par semaine. La plupart de ces expériences se sont soldées par des échecs. Je n'étais pas aussi performant que ce que j'imaginais, et je terminais dans un tel état de fatigue que je n'en retirais rien de bon sur le moment. Mais chacune de ces épreuves m'a quand même donné des directions et fourni des idées pour progresser et prendre conscience de mes limites.

La dernière de mes expériences m'a permis d'étudier l'acclimatation sur les hauts sommets. Quand j'ai entrepris le projet « Summits of My Life », en 2012, l'acclimatation était l'une de mes préoccupations principales. Et depuis mon premier voyage en Himalaya jusqu'en 2017, je suis parti séjourner ou faire des expéditions au moins une fois par an en altitude, en variant les techniques d'acclimatation. J'y allais toujours en partant du principe que j'y resterais peu de temps, car il y a mieux à faire de sa vie que de rester trois mois au pied d'une montagne.

Même si je m'étais bien acclimaté pour mon premier voyage en Himalaya, je regrettais de ne pas avoir pu grimper aussi vite que je l'aurais voulu. Plus tard, en 2014, je suis allé à la conquête du Denali, en Alaska, et je m'y suis épuisé à force de vouloir en faire trop chaque jour. Malgré les bonnes sensations éprouvées à la fin des premières journées – nous y sommes restés deux semaines –, je suis rentré complètement rincé de l'ascension et de la descente faites à toute vitesse. Cette même année, avant de me frotter à l'Aconcagua, j'ai voulu faire un travail d'acclimatation dans les Alpes, ce qui m'a bien servi. Au bout de quatre jours en pleine montagne, je suis allé jusqu'au sommet, mais à vouloir m'entraîner trop haut et trop vite, j'ai vite ressenti plusieurs effets indésirables et, pendant l'une des montées du jour où j'ai battu le record, j'ai souffert d'un œdème cérébral qui m'a fait perdre tout contrôle de mes jambes pendant la première partie de la descente. Comme si elles étaient en mousse, j'étais incapable de rester en équilibre et je n'arrêtais pas de tomber.

Pendant les trois années qui suivirent, je suis retourné en Himalaya et j'y ai testé plusieurs stratégies : activité intense ou modérée, entraînement direct et rapide ou bien progressif avec une acclimatation au préalable... Et finalement, sur mes dernières expéditions au Cho Oyu et à l'Everest, mon degré d'acclimatation et mes performances ont été à la hauteur.

Je suis conscient des dangers que je cours et qui sont inhérents à ce modèle d'entraînement. Ils sont liés à mon objectif : atteindre mes limites. Et je sais que, dans le pire des cas et selon ce que j'expérimente, je suis susceptible de les dépasser et de porter atteinte à ma vie. Cet objectif est différent de celui qui viserait à préparer au mieux son corps dans les meilleures conditions pour passer un test ou battre un record un jour bien déterminé. Cela n'a rien à voir.

Si j'avais continué à courir après m'être évanoui, pendant cette expérience extrême menée à Font-Romeu que je ne recommande à personne, j'aurais mis mon corps encore un peu plus à l'épreuve, mais je n'ai aucune idée des dommages que j'aurais pu subir. Sur d'autres parcours, si je ne m'étais pas hydraté à temps alors que mon corps était intégralement courbaturé et que mon urine était noire comme du charbon, j'aurais pu développer une crise rénale aiguë. Oui, je me suis retrouvé dans des cas extrêmes.

Mes expérimentations relevaient de l'étude sur le physique, mais elles me permettaient aussi de prendre confiance en moi. J'étais ainsi le premier à savoir jusqu'où je pouvais aller et j'apprenais à pousser mon corps à bout et à le presser au maximum pour en extraire toute l'énergie au moment où mes forces et ma motivation faiblissaient. Il est indispensable d'être rapide pour gagner une course, mais ça ne suffit pas à être performant. Il faut être conscient que, pour arriver le plus loin possible, on ne peut pas dépasser les limites physiologiques imposées par son corps ; en revanche il est possible de se construire une armure faite de plusieurs pièces comme la préparation mentale, la technique, le matériel et la stratégie. L'organisme en sait beaucoup et, si nécessaire, il envoie des signaux d'alarme pour nous demander si l'on souhaite continuer ou s'arrêter. Ces alertes s'appellent évanouissement, douleur de jambes, hallucination ou vomissement. Il dépend de soi, et uniquement de soi, de vouloir franchir la dernière barrière.

Il existe une limite ultime qui est psychologique. Son nom, c'est la peur, et elle est de bonne compagnie sur la route. Elle est à double tranchant : d'un côté, elle nous permet d'aller au-delà de toutes les frontières psychologiques si on arrive à l'ignorer, et ainsi de savoir jusqu'où nous pouvons réellement aller ; de l'autre, si on l'écoute, elle nous évite de courir à l'abîme. Il revient à chacun de peser le pour et le contre.

J'adore l'entraînement physique. Des années et des années à travailler sans relâche, à vivre presque constamment dans l'abstinence de tout, à la recherche de ce moment de félicité, éphémère, qui se révèle et s'éteint en une dernière inspiration. Ça n'a rien à voir avec l'activité intellectuelle, pour laquelle les connaissances s'acquièrent et s'accumulent continuellement. Quand on travaille sur le corps, on ne peut pas obtenir de bénéfices qui durent dans le temps, et il faut s'entraîner avec régularité et toujours la même intensité pour arriver au niveau que l'on s'est donné comme objectif.

Beaucoup de sportifs ont été formés depuis le plus jeune âge à la compétition pour devenir des champions ; par contre, seuls quelques-uns, les élus, sont parvenus au rang de numéro un. De fait, on pense souvent que ce sont des personnes avec un ego terriblement démesuré, qui portent en elles une frustration immense. De mon côté, je suis de ceux qui pensent que les enfants ne devraient pas être formés pour gagner, mais pour s'entraîner. Si on partait de ce principe, tout le monde aurait sa part du gâteau, appétissant et généreux, et la compétition serait la cerise. Heureusement, c'est la première chose que m'ont apprise Maite Hernandez et Jordi Canals au Centre technique : l'entraînement est nécessaire, la compétition est en option, et j'irai où bon me semblera. Cette conviction m'a été bien utile quand, quelques années plus tard, je faisais l'ascension de l'Everest.

Maite et Jordi m'ont aussi appris à être méthodique et analytique, à noter tout ce qui pouvait avoir une relation avec ma performance pour pouvoir ensuite l'analyser et y détecter un quelconque motif qui la dégraderait. Cela impliquait de tout compter, du temps et des kilomètres parcourus à chaque entraînement jusqu'aux heures de sommeil – en précisant si la nuit avait été bonne ou non – en passant par les trajets en voiture ou les périodes pendant lesquelles j'étais malade.

Je notais tout sur des feuilles à carreaux, sans faute et minutieusement, et toutes les deux semaines, nous nous réunissions avec Maite pour passer en revue ce qui en ressortait et prévoir en fonction mon plan d'entraînement de la quinzaine suivante. Avec elle, j'ai appris l'importance d'être précis dans ces annotations et de n'oublier aucun détail qui, au fil du temps, pouvait se révéler significatif.

Je me souviens d'une journée d'entraînement au centre. Il faisait très chaud et, comme toujours, je n'avais rien à boire sur moi. Après plusieurs heures d'activité, j'avais une soif insoutenable et Maite m'a proposé sa gourde. J'allais l'attraper quand elle a retiré précipitamment sa main.

« Tu n'as donc rien appris de ce que je t'ai dit jusque-là ? Imagine que j'aie un rhume et que tu partages la même eau que moi, pleine de virus et de bactéries. On en ferait quoi de la semaine d'entraînement que nous avons prévue ? »

Lorsqu'est venu le temps de m'entraîner seul, j'ai gardé le réflexe méthodique de ces notes exhaustives. En 2006, j'ai créé un fichier Excel dans lequel tout est archivé : chaque activité, chaque pause pour cause de maladie, chaque trajet en voiture ou en avion qui pourrait affecter mon repos, chaque manifestation publique à laquelle je participe et qui détourne mon attention alors que j'aurais dû être focalisé sur l'entraînement, sur chaque sensation, qu'elle soit bonne ou mauvaise.

L'interprétation de cet ensemble de données est un exercice compliqué et qui m'oblige à garder les pieds sur terre. Je dois faire preuve d'honnêteté dans mes commentaires, car sans cela, d'ici quelques années, quand je voudrai savoir pourquoi je ne me sentais pas en forme telle semaine et que je reprendrai des notes qui manquent de sincérité sur mes performances ou sensations, je ne pourrai rien en retirer de bon. Bien que je sois le seul lecteur de ce document, j'ai parfois du mal à ne pas tomber dans la fausse modestie ou la surestimation.

Par exemple, voici le relevé d'une journée :

> 16 février 2005, 42 pulsations au réveil, 2 heures et 30 minutes de ski de montagne. 2 300 mètres. 30 minutes d'échauffement, 6 séries de 15 secondes à pleine vitesse et 5 séries de 6 minutes à fréquence cardiaque de 180 pulsations avec 1 minute de récupération. Pendant les premières récupérations, je redescends bien à 130 pulsations, à partir de la troisième je ne descends pas sous les 150. Étirements l'après-midi, rhume.

Un autre jour :

> 14 juin 2011. Matin : Les Houches – mont Blanc (4 heures 7 minutes) – Les Houches (6 heures 47 minutes), un peu de fatigue, mais je peux encore forcer. Dénivelé 4 200 mètres. Après-midi : vélo tranquille 1 heure 30 minutes, 300 mètres, jambes lourdes mais cardio parfait. Entretien presse et voyage.

Les notes étaient autrement importantes lorsqu'elles se rapportaient à des courses ou des objectifs, car c'est là que je pouvais vérifier l'utilité de tout ce qui précédait :

> 14 août 2013 : Sierre-Zinal, 32 km, 2 h 34 min 15 s : jambes très lourdes depuis le départ, mon cardio est bon, mais rien dans les jambes, douleur à l'ischio gauche et mollet droit. Je ne tiens pas le rythme et je manque de rapidité sur terrain plat.
>
> 30 août 2008 : UTMB, Ultra, 160 km – 10 000 m : 20 h 56 min 59 s (réel 19 h 50 min), bonnes sensations. J'avance seul et à mon rythme, un peu de fatigue arrivé à La Fouly et je n'arrive pas à manger correctement, je me réveille et retrouve mon rythme à Champex. Puis les organisateurs me retiennent pendant une heure et, complètement démotivé, déçu et en colère, je termine la course parce que Nicolas Mermoud insiste.
>
> 9 février 2015 : Championnat du monde de ski-alpinisme à Verbier, 1 925 m, 1 h 28 min 12 s. Très bonnes sensations en montée et en descente, je contrôle. Me sens frais et vif. Descente tranquille. Forme au top.

Aujourd'hui, à la différence de l'époque où je débutais dans le sport, il est apparemment important pour les coureurs de devenir professionnels le plus vite possible, ou bien de crier sur tous les toits à quel point leur préparation a été intense pour que quelqu'un croie en eux. Avant ça, on travaillait dans l'ombre et il n'était pas difficile d'être rigoureux, honnête, de se fixer des objectifs réalisables et appropriés à son niveau, et on patientait plusieurs années, jusqu'à ce que le corps soit prêt, avant de pouvoir peut-être gagner une course. Si on ne doute pas de ses propres capacités, on risque d'avoir des attentes démesurées ; et si on ne se donne pas le temps de réaliser ce travail de fourmi qu'est l'entraînement, on peut s'attendre à un retour de bâton bien pourri.

De nos jours, quand tu te lances, il faut choisir entre être un coureur professionnel, d'élite, et faire partie des fameux 5 % les meilleurs du monde, ou être un coureur *influenceur*. Dans ce cas, l'entraînement hors compétition impliquera un travail supplémentaire, et tu devras te creuser la cervelle pour mettre en avant des activités séduisantes et inspirantes d'un point de vue visuel et déclaratif dans le but d'attirer l'attention du public et d'obtenir des résultats notables, même s'ils n'ont aucun intérêt sur le plan athlétique. Si tel n'est pas le chemin que l'on souhaite emprunter, soyons conscients d'une chose : la route sera longue et son débouché incertain. Si le succès est au rendez-vous, ce sera après de nombreuses années de travail qui n'auront jamais été immédiatement récompensées.

Comprenez bien ce que je veux dire : ces deux trajectoires de vie sont, l'une comme l'autre, légitimes et intéressantes. Ce qui importe est de savoir ce que l'on veut, ce que l'on recherche, parce que même si en apparence ces deux modes de vie se ressemblent, ils sont aussi différents l'un de l'autre qu'un œuf l'est d'une châtaigne.

Si on souhaite devenir coureur d'élite, il y a fort à parier que le destin nous réservera une accumulation de frustrations alors que l'on se consacrera à un effort qui reçoit peu d'attention et de maigres récompenses. En fin de compte, c'est la satisfaction de donner le meilleur de soi qui aura le plus de valeur à nos yeux. Si on ne s'en contente pas, mieux vaut lâcher l'affaire, au risque de perdre de vue le sens de ce choix, celui de dédier sa vie à un entraînement intense et strict, à la conquête de la perfection. On ne comprendrait plus la nécessité d'endurer autant de blessures, de contrôler à ce point son alimentation et de se priver de beaucoup de choses, de presque tout. Et tout cela sans jamais prendre de vacances, parce que ce choix de vie accapare toutes les heures de toutes nos journées. Pendant des dizaines d'années.

C'est le cas pour quelques jeunes athlètes européens qui, encore adolescents, renoncent aux privilèges du bien-être occidental et s'en vont vivre à Iten, sur l'Altiplano kényan, mener une vie *low profile* dans une chambre austère d'un centre d'entraînement de haut niveau. Sans aucune distraction ni aucun confort. Ils pratiquent l'ascèse, comme des moines. Ils font tout pour rester accrochés à la possibilité de retenir l'attention générale et de pouvoir briller lors d'une compétition, un jour ou l'autre. Le prix à payer pour espérer que ce rêve se réalise est de s'en aller vivre loin et d'y consacrer plusieurs années de sa vie. Des années perdues, si l'on s'y prend mal.

Je pense à tout ça et me vient alors en tête l'image de l'ermitage de Font-Romeu, qui a été, en quelque sorte, mon Iten. Il s'agit d'un vieux monastère reconverti en résidence universitaire où l'aménagement des chambres est rudimentaire, sans connexion Internet et où l'on capte difficilement un réseau téléphonique, au pied des pistes de ski. Encore aujourd'hui, quand je pense au rythme effréné qui régente notre monde, à l'excès d'informations, de stimulations et de distractions abrutissantes, et aux incidences de tous ces flux sur mon corps, je prends ma fourgonnette pour me réfugier dans un lieu reculé où, tant que je voudrai rester seul, personne ne pourra me trouver. Et je me consacre pendant plusieurs semaines à reprendre la maîtrise du cercle vertueux et essentiel dans la vie d'un athlète : manger, s'entraîner, manger, s'entraîner et dormir. Rien de plus.

Avant Internet, on pouvait encore s'autoriser à vivre avec des objectifs sur le long terme. Aujourd'hui, presque plus personne ne se propose de mettre en œuvre quoi que ce soit si le résultat escompté est lointain et incertain. C'est que, pour survivre, il faut satisfaire en priorité nos besoins élémentaires et, sans qu'on sache trop comment, ces derniers se sont multipliés dans nos esprits et sont désormais beaucoup trop nombreux. Au cœur de notre société perdure encore la mémoire d'un passé autarcique, dans lequel chacun cultivait son jardin ou chassait pour se nourrir, ou se construisait sa propre maison, ou encore se soignait comme il le pouvait. L'argent n'avait pas sa place dans un tel contexte. Mais tout a changé avec le capitalisme sauvage actuel, et nous nous sommes habitués à faire la distinction entre l'argent nécessaire à notre survie primaire et quotidienne, et celui que nous voulons allouer à la satisfaction de nos désirs. De ce point de vue, travailler dans un bureau ou une usine ne diffère pas de l'activité d'un athlète qui enchaîne les montées et descentes de montagne pour s'entraîner : l'objectif, s'il était purement économique, serait le même. Il s'agit donc de décider si on veut gagner sa vie en réalisant une tâche qui nous tient à cœur ou bien en nous prostituant un peu dans le cadre d'un travail qui ne nous plaît pas tant que ça mais qui a le mérite de remplir nos poches en fin de mois. En général, on ne se pose pas vraiment cette question à seize ou dix-sept ans, l'âge auquel on nous demande de penser au train de vie qu'on aimerait mener et qu'on calcule la somme d'argent qu'il nous faudra nécessairement gagner pour y parvenir. C'est dommage.

Juste après que j'ai remporté pour la première fois le championnat du monde de ski-alpinisme, plusieurs personnes qui représentaient des marques de sport sont sorties de nulle part pour mettre des produits à ma disposition. Alors que j'enchaînais les victoires, ces mêmes personnes ont commencé à me donner de l'argent pour que je puisse continuer à m'entraîner et à me classer. Naturellement, cette situation me faisait plaisir et me délivrait d'un poids énorme : économiquement parlant, je n'avais plus aucun souci à me faire.

Avec le temps et l'explosion des réseaux sociaux, ce modèle n'est plus la règle. Les résultats et les classements ne sont plus la priorité. Auparavant, un athlète gagnait une compétition et l'on faisait alors son portrait dans la presse traditionnelle, ou bien il recevait au moins les applaudissements et la reconnaissance de la part des autres coureurs et du public venu suivre la course. Aujourd'hui, il faut ajouter à cela ce qu'on appelle… hum… la « création de contenus et communication sociale ».

J'ai toujours été un sportif obnubilé par le seul objectif de la performance maximale, de ceux qui passent leur temps à planifier des projets qui impliquent un défi à relever. C'est assez compatible avec mon savoir-faire manuel proche du néant : je ne saurais pas cultiver un potager, ni chasser, et qu'on ne me demande pas de construire une maison ! Je me suis trop bien habitué à mon mode de vie et mes intérêts se trouvent à mille lieues d'une utopie où l'on ferait tout soi-même. Je voyage, je pollue, j'utilise Internet, je n'aime pas spécialement acheter des vêtements mais je dois le faire pour combattre le froid. Je n'ai pas eu le courage de choisir une vie d'ermite, et j'ai accepté de me prostituer un minimum en échange du pécule nécessaire pour vivre décemment et continuer à faire ce que j'aime. Ça m'a valu de sortir du strict cercle vertueux manger-dormir-s'entraîner, pour *travailler* à d'autres tâches, comme participer à des émissions de télé et de radio, communiquer via divers réseaux et parler à beaucoup de personnes. J'ai eu la chance, je dois le reconnaître, de pouvoir choisir avec qui m'associer et de n'être pas attaché par obligation à des entreprises avec lesquelles je ne partage ni valeurs ni vision. Je dois aussi admettre qu'aujourd'hui je gagne plus d'argent que nécessaire, mais quand je sens que les engagements qui me permettent de le gagner risquent de prendre le pas sur mon entraînement et l'amélioration de mes performances, je dis stop. Le temps perdu à gagner de l'argent ne se rattrape jamais.

Même si depuis le début de ma carrière j'avais toujours recherché la progression, en perpétuelle exploration, je ne m'étais jamais demandé quel genre de coureur je voulais devenir. Et la réponse à cette question fondamentale devait déterminer le type d'entraînement que j'aurais à suivre sur le long terme.

Est-ce que je comptais me spécialiser dans la course de longue distance ? Est-ce que je préférais le ski-alpinisme ? Devenir un athlète qui dispute des courses toutes les semaines ? Ou bien un de ceux qui se mettent à l'épreuve quelques fois dans l'année après une préparation parfaite ? Avant toute chose, je devais me demander quels étaient les coureurs qui forçaient le plus mon admiration : ceux qui bouclent un marathon en un peu plus de deux heures, comme le Kényan Eliud Kipchoge ? Ou ceux qui peuvent se classer sur plus de vingt courses par an, comme le Japonais Yuki Kawauchi ? Terrible et insoluble dilemme : si je ne devais penser qu'à la performance absolue, je suivrais le Kényan ; si je voulais me focaliser sur la récupération, le Japonais.

Je les admire tous les deux, autant l'un que l'autre, et ils sont pour moi une source d'inspiration. Et moi dans tout ça ? J'aime atteindre la performance maximale, mais je ne veux pas non plus que ça soit au détriment de mon efficacité dans les autres activités que je pratique. Jusqu'à quel point suis-je prêt à sacrifier la qualité pour gagner en quantité ? Mes neurones se mettent à griller lorsque je me pose cette question. D'une part, j'ai envie de poursuivre la lutte pour décrocher des victoires sur des courses telles que la Pierra Menta en Savoie pour le ski de montagne, le kilomètre vertical de Fully en Suisse, un ultra-trail de cent soixante kilomètres, ou le marathon de Zegama au Pays basque espagnol... Et je ne souhaite pas devoir être contraint à ne pas participer à certaines de ces courses pour me concentrer sur d'autres. D'autre part, je ne peux pas nier que les coureurs d'aujourd'hui se spécialisent de plus en plus et je me demande jusqu'à quel point et jusqu'à quand je pourrai rester un compétiteur crédible en concourant dans toutes ces disciplines en même temps. Finalement, ces pensées prennent le large et je me rends compte que ces temps-ci la compétition ne m'excite plus autant qu'avant. Je la prends comme un entraînement supplémentaire. D'accord, mais dans ce cas, dans quel but est-ce que je m'entraîne ? Je ne me vois pas non plus abdiquer volontairement pour laisser la place à d'autres, parce qu'une place en haut du podium sera toujours enivrante et qu'on s'y habitue.

Après ces réflexions, j'en reviens à ma routine quotidienne. Aujourd'hui, comme tous les jours, je me lève et, par automatisme, je mets mon short, j'enfile mes chaussures et je bois un verre d'eau. Gagner la course qui arrive dimanche ne m'importe pas plus que ça, du moins pas assez pour me convaincre de torturer mon corps pendant trois ou quatre heures, comme je l'avais prévu. J'enfonce les écouteurs dans mes oreilles et je sélectionne la playlist que j'ai nommée « Entraînement ». Je m'en veux car je sais que je ne donne pas assez d'importance au fait d'avoir le plaisir de pouvoir me consacrer entièrement à ce que j'aime, de pouvoir traverser en courant des paysages magnifiques. Je laisse la musique me faire oublier la fuite du temps, j'écoute les paroles de cette chanson de Sopa de Cabra et je me mets à courir.

Fleuves d'âmes
blessées crachent leurs échecs
dans leur course solitaire.

Chaque jour qui passe, je prends conscience que je suis un bon concurrent, qu'il est relativement facile pour moi de gagner des compétitions, et je vis un peu plus comme un échec mon manque de détermination pour abandonner ce petit confort. Je continue ma course par inertie, sans objectif. Au fur et à mesure, parce que je me reconnais en elle, la chanson m'emplit de tristesse.

Alors qu'ils pleurent
de rage et d'amour
pour un nom inexistant

Je saurai revenir en arrière
quand je serai trop loin.
Je saurai revenir en arrière
quand il sera trop tard.

J'arrive au sommet et je m'arrête. J'avais en tête de faire trois montées à toute berzingue, comme j'en ai l'habitude à cette période de l'année, mais ça n'a plus aucun sens pour moi aujourd'hui. J'adore m'entraîner, je suis plus que satisfait de la vie que je mène et je voue un amour inconditionnel au sport. Mais il y a quelque chose qui cloche : j'ai perdu ma vision limpide et inébranlable des choses. Même en sachant qu'au cours d'une seule vie nous en vivons plusieurs, on ne pense à vivre pleinement l'une d'entre elles que lorsqu'elle touche à sa fin.

Je redescends tranquillement, en remettant doucement mes jambes en mouvement alors que mes pensées, elles, foncent dans tous les sens et me font tourner la tête. Je ne sais pas quoi faire. Qu'est-ce qui peut bien encore me motiver à poursuivre un entraînement si exigeant ? Mes jambes accélèrent avec la gravité. J'en arrive à penser que je dois renouer avec mes origines, que je dois retrouver ce qui me faisait vibrer quand je ne savais pas encore ce que signifiait s'entraîner, quand je n'avais pas encore goûté à la compétition.

Everest : la si longue attente au camp de base

J'ai beaucoup de mal à concevoir l'escalade d'une montagne comme un acte héroïque. Je sais qu'il est facile de faire croire que c'en est un. Quand on se trouve au pied d'une haute montagne, avec des glaciers qui s'imposent dans toute leur verticalité, des morceaux qui se décrochent à cause de la chaleur et des distances qu'on imagine impossibles à franchir, il est facile de faire croire à son entourage que l'ascension est un exercice titanesque qui requiert des capacités physiques surhumaines ainsi qu'un courage divin. Je suis par avance désolé si j'en déçois certains, mais ce n'est pas le cas. Escalader ce type de montagnes ne consiste en rien d'autre que mettre sa vie en danger pour atteindre le sommet et, ensuite, redescendre. Nous ne nous situons donc certainement pas dans les cieux de l'héroïsme, mais bien plutôt dans les plaines de la stupidité.

Même si des sportifs cherchent à le cacher et font coïncider leur expédition avec une campagne de levée de fonds, destinés à un quelconque projet humanitaire ou à porter l'attention sur une maladie rare, l'ascension d'un haut sommet comme l'Everest n'a rien d'héroïque. Ce n'est, en réalité, qu'une activité égoïste. Un divertissement dangereux et cher.

J'ai toujours été attiré par la haute montagne, mais je suis par avance fatigué à l'idée d'entreprendre et de préparer une expédition classique. Devoir passer deux ou trois mois dans la tente d'un camp de base, à attendre que s'ouvre une fenêtre de temps adéquat qui permettra l'ascension. Pour moi, c'est une perte de temps qui n'en vaut pas la peine. L'ennui et l'inactivité sont les deux mots qui résument le mieux la vie sur un camp de base. Et pour couronner le tout, la forme physique y décroît et la motivation s'enlise dans la neige. On vit en camp de base au cœur d'un paradis montagneux, mais prisonnier du repos entre les toiles d'une tente. Pris entre un océan de pierres grises et une mer de poussière, encerclé par les courants d'un air sec et sous un ciel bleu. Au milieu des montagnes rocheuses, avec un fleuve d'eau glacée qui traverse en serpentant ce désert poussiéreux et finit par trouver une issue vers la vallée, ces terres plus basses où il alimentera les herbes et quelques arbustes.

Si je remontais le cours du fleuve, je tomberais sur l'esplanade jalonnée de monticules de pierres qui strient le terrain et lui donnent un air de couverture froissée et, dans les hauteurs gelées, j'apercevrais un immense glacier, balayé par le vent, ce vent continu qui s'écoule des montagnes et s'échappe des cimes blanches en suivant le même trajet que le fleuve. Alors j'observe les quatre petites tentes, et une autre plus ample à l'extrémité de l'esplanade, à la toile jaunâtre, usée par le soleil. À l'intérieur de la tente la plus spacieuse, avec ses quatre chaises et son Thermos de thé, on se croirait dans un camping. J'entends le hurlement du vent qui fouette la toile et me viennent alors en tête les images cinématographiques d'un hélicoptère dont les hélices tournent à toute vitesse, dehors, qui s'approche et s'éloigne sans cesse, mais sans jamais repartir, comme dans un cauchemar.

J'ai devant les yeux un livre, que j'ai déjà lu plusieurs fois, et je regrette de ne pas avoir pu en emporter plusieurs. Nos journées ne sont rythmées que par deux horaires : six heures du matin, lorsque nous nous retrouvons pour déjeuner, et six heures du soir, lorsque nous nous retrouvons de nouveau pour le dîner. Entre les deux, il n'y a qu'un temps indéfini où les heures n'existent pas, les minutes non plus, encore moins les secondes. « Qu'est-ce qu'on se fait chier, merde ! » L'œil abattu, prêt à se distraire de n'importe quel événement. Mon regard a perdu de sa nervosité et de son agilité, il a été séché par le vent et ne réagit plus qu'à un sommet inédit qu'il rêve de grimper et qu'il ne fait qu'entrevoir au loin, à un chien noir qui déambule avec des yeux tout aussi vides que les miens, à la forme d'un nuage qui me rappelle les contours identiques d'un autre nuage, une après-midi d'automne à la maison.

Peu après être arrivé, je rigole en voyant mon ami Vivian Bruchez s'emparer d'une canette de Coca-Cola pour y tailler des figurines avec son couteau suisse ; au fil des jours, je passe des heures à admirer la pile énorme de figurines d'acier qui s'accumulent ici. Certaines sont très simples – un visage, une montagne marquée par une trace de skis –, d'autres sont plus travaillées – une silhouette qui descend en rappel une paroi rocheuse, avec sa corde, son harnais et jusqu'aux piolets découpés en plein mouvement aérien. Alors que Vivian sculpte en silence, nos yeux distraits oublient le temps qui passe.

J'observe Vivian en plein processus de création artistique et m'aperçois d'un seul coup que mes vêtements m'irritent. Ce sont mes caleçons en laine de mérinos qui sont déjà trop usés. Ils étaient presque neufs lorsque je suis arrivé, mais ils s'effilochent depuis plusieurs jours. Je n'en avais pris que quelques-uns pour cette expédition, à cause de tout ce que je devais empaqueter et au poids réglementaire de vingt kilos pour le bagage dans l'avion, sans avoir pensé que les fibres allaient s'affaiblir rapidement à cause de l'air sec et de l'eau des glaciers, fortement minéralisée, avec laquelle je les lave. L'apparition d'un trou à l'entrejambe, qui laisse pendre l'un de mes testicules lorsque je me mets en marche, était donc inévitable.

Comme s'il s'agissait d'une arme, j'empoigne un stylo et le passe devant une page blanche. Aucune idée ne me vient. En fait, je n'en ai qu'une en tête : tout a déjà été écrit, tout n'est que plagiat, nous ne faisons que répéter, répéter encore et encore, désespérément, et nous n'avons rien à dire de nouveau. Je feuillette les pages du carnet qui m'a accompagné durant des années, au fil de mes voyages et de mes expéditions. J'observe encore les croquis de prototypes de bottes de montagne que j'avais réalisés, ainsi que ceux de tentes qui protégeraient mieux du froid, ou de piolets légers. Date après date, comme un calendrier, je relis mes notes sur le temps, le détail de mes activités quotidiennes, quelques pensées, les contacts de personnes croisées sur des campements avec leurs numéros de téléphone que je n'ai jamais utilisés. Je m'arrête sur un texte rédigé en Alaska, où j'étais parti pour courir le Mount Marathon qui ne fait que cinq kilomètres : prenant le départ à Seward, au niveau de la mer, le parcours monte et redescend du sommet qui se trouve derrière le village, en cumulant presque mille mètres de dénivelé. Je me rappelle m'être demandé, avant d'y aller, s'il valait la peine de faire un si long voyage pour une course aussi courte, qui ne durerait qu'une quarantaine de minutes. Ce fut finalement l'une des meilleures courses auxquelles j'ai participé jusqu'ici. Extrait de mes notes :

> Je transpire et la sueur dégouline sur mon visage et envahit mes yeux qui piquent. Je ne vois rien d'autre que mes mains appuyées sur mes genoux, qui font pression sur mes jambes pour aller plus vite et, si je lève la tête, ce sont les fesses de Rickey Gates qui occupent mon champ de vision. Je sais que plus loin,

là-haut, c'est une forte pente de terre noire qui m'attend, nous y arrivons, et encore plus haut, se trouve le sommet où nous ferons demi-tour. Ma respiration profonde m'oblige à garder les yeux baissés, en direction de mes mains qui prennent toujours appui sur mes jambes. Au fond de moi, je pense : « C'est bon, Rickey, on va se calmer ! À quoi ça sert d'y aller comme ça ? » Mais on tient l'allure, et quand je passe devant pour mener la cadence, j'essaye de le mettre au défi en lui imposant un rythme encore plus soutenu. Je prends de l'air à pleins poumons et je cours. Mes mollets vont me haïr à vie, ça fait des années que je les maltraite et ils sont à cet instant encore plus tendus que les cordes d'une guitare. Entre deux respirations, je me passe la main sur le visage pour en retirer la sueur qui me coule du front jusqu'aux yeux, ces yeux que je vais devoir garder bien ouverts lorsque j'entamerai la descente pleine balle entre toutes ces pierres. Je parviens au sommet et mes poumons ont à peine le temps de s'ouvrir et d'attraper un peu d'air. C'est un rock and roll qui vient juste après, et il ne s'arrêtera qu'une fois franchie la ligne d'arrivée. Et je ne veux pas faire la descente en roulant. Et il résonnera en moi toute la nuit. On dit ici que les lois ont bien cours, mais qu'elles ont été écrites sur d'autres terres. Moi, je viens d'Europe où le *trail running* se réduit au trail et s'est auto-intoxiqué de succès, alors qu'ici, l'air frais d'Alaska imprègne totalement l'événement auquel je prends part. Il faut courir, courir en haut et en bas jusqu'à en saigner, s'y consacrer intensément. C'est tout.

Quiconque cherche à circonscrire une discipline en lui imposant un cadre ne cherche généralement qu'à protéger son œuvre, et il le fait en perpétuant les standards qui ont permis son émergence. Celui-ci essaie de convaincre les générations à venir qu'elles doivent suivre les règles qu'il a édictées si elles comptent parvenir à l'excellence. Mais, comme disait Charles Bukowski, « il est quatre heures et demie du matin, il sera toujours quatre heures et demie du matin... ». Nous sommes à ce point focalisés sur le chemin que nous nous efforçons de suivre, en voulant toujours tout faire au mieux, armés d'une dévotion sans faille pour notre discipline alors que les œillères de la peur nous empêchent d'envisager des terrains inconnus, que nos yeux restent fixés sur cette route, sur ces mains qui prennent appui sur des genoux. Et nous ne réalisons pas que nous ne faisons que suivre les règles promulguées par un homme qui a un jour disputé une course contre des chevaux, ou par un autre qui s'est frotté à un sommet de plus de huit mille mètres sans oxygène, ou par un autre encore qui a décidé de laisser chez lui ses pitons, ses cordes et la sécurité pour ne faire qu'un avec les murs à escalader. Nous suivons les lois de ceux qui en ont enfreint de plus anciennes. Il est peut-être temps de se départir des règles, d'effacer les pages écrites jusqu'ici, même si parfois l'encre a marqué durablement le papier et qu'il nous est difficile de visualiser des pages blanches. L'expérience que nous chargeons sur nos épaules devrait être une boîte à outils pleine de ressources, alors qu'elle n'est trop fréquemment qu'un poids mort qui retient nos élans de liberté.

Je me lève et je sors, prêt à faire l'ascension de l'un des sommets qui se trouvent à proximité. Je n'ai besoin d'aucun permis pour y aller, et il est probable que j'en rentre fatigué au point de réduire mes chances d'accession à l'autre sommet, celui que je suis réellement venu défier. Mais je n'ai aucune patience, et j'ai horreur de perdre mon temps.

Chapitre 2

La montagne est ma maison

Je n'ai pas de paysage fondamental. Je ne pourrais pas pointer du doigt un endroit en affirmant : « Ma maison est celle-ci, entre ce col au nord et cette vallée au sud. » Je me sens comme chez moi en beaucoup d'endroits, mais je n'en considère aucun comme totalement mien.

J'ai grandi dans un refuge ouvert aux montagnards, skieurs et touristes de passage dans la région. C'est sûrement la raison pour laquelle je vagabonde aujourd'hui, après avoir passé ma jeunesse dans ce lieu qui déjà, au fond, n'appartenait à personne.

En principe, nous assimilons notre maison à un espace physique, que ce soit un bâtiment, un quartier, un village, une ville ou un pays ; et parfois, quand on y pense, ce ne sont que les quatre murs d'une chambre qui nous viennent en tête. La maison est cet endroit où, en y pénétrant, on reconnaît l'odeur du linge propre, des légumes frits ou des champs de blé. C'est aussi cette clarté qui filtre par la fenêtre chaque soir et dessine à l'intérieur des ombres familières. C'est se réveiller au petit matin et déambuler sans avoir besoin d'allumer la lumière. Mais moi, je vis toutes ces sensations de façon dispersée, parce que ma maison est faite de divers espaces concrets au sein desquels je me sens bien. Je me balade en Cerdagne et je me sens d'un seul coup chez moi, mais le mirage s'évanouit après un clignement des yeux. Je retourne à Chamonix où m'accueille l'odeur de l'automne et je me sens chez moi, mais le charme est rompu presque instantanément. Au Népal aussi, je suis habité un moment par ce sentiment de détente propre au foyer retrouvé ; et souvent, je me sens plus à ma place en voyageant en terre inconnue dans ma fourgonnette que dans cette maison que j'ai payée, que j'ai voulu faire mienne mais où j'ai parfois l'impression d'être un parfait étranger.

La *maison*, c'est, peut-être, passer son temps entouré des gens qu'on aime. La *maison*, c'est rire. La *maison*, c'est faire l'amour. C'est ressentir du confort dans la solitude et pleurer sans se soucier d'être vu. Si je fais défiler en moi les morceaux de monde où je me sens chez moi, il devient évident qu'ils ont tous un dénominateur commun : ils se trouvent en montagne.

Mes maux de tête ont pour cause mon éloignement de cette maison. Les courses, pleines de gens et d'agitation, ressemblent à des villes. À force, elles sont devenues mon paysage ordinaire. Et je n'y trouve pas ma place.

La solitude m'a toujours procuré la sérénité. Il suffit de trois personnes pour que je me sente pris dans la foule. En famille ou entre amis, je me suis toujours senti un pied dedans et l'autre dehors. Comme quelqu'un qui ne serait à l'aise que de temps en temps, et pour un instant seulement. Dans un monde si connecté et si *social*, je n'ai jamais voulu appartenir à aucun groupe.

Quand j'étais plus jeune, je rêvais ma vie d'adulte et m'imaginais vivre dans une maison isolée, presque perdue au milieu des montagnes, et d'où il m'aurait fallu au minimum une heure de route pour rejoindre un autre lieu habité. J'avais pensé à tout, jusqu'à en dessiner les plans : une pièce pour dormir, une autre pour stocker le matériel sportif et une cuisine avec une table. Vivant en pleine nature, je n'aurais pas eu l'utilité d'une salle de bains ou de toilettes pour me cacher de quiconque, et j'aurais pu subvenir chaque jour à mes besoins primaires tout en contemplant des vues sublimes, beaucoup plus inspirantes qu'un mur de carrelage blanc.

Mes rêves se sont écrasés contre la réalité de Chamonix. En raison de la taille de cette ville et des intérêts divergents de ses habitants, les hommes et les femmes s'y regroupent en tribus, où s'exacerbe le sentiment d'appartenance ; et faire partie d'un groupe engendre l'idée que certains sont meilleurs que d'autres. Quant à moi, sans avoir rien demandé, j'ai été « rangé » dans la bande des *ultra-trailers*. Même si je ne suis jamais allé récupérer ma carte de *membre officiel*, j'avoue n'avoir jamais cherché non plus à enlever cette étiquette qu'on me collait. Ma soif d'activité était trop grande et, sauf à de rares occasions où j'ai dû céder devant l'insistance d'un sponsor ou d'un journaliste, je n'ai jamais mis les pieds dans un bar, restaurant ou autre lieu où les habitués avaient pour coutume de se rassembler pour bavarder et s'assurer qu'ils appartenaient bien au groupe des élus, se démarquant par leur manière de parler, de s'habiller, et par le choix de leurs fréquentations locales.

Je suis allé vivre à Chamonix car il s'agissait pour moi d'un lieu mythique. J'avais lu énormément de récits sur cette ville quand j'étais plus jeune. Ce n'est pas un lieu isolé. Au contraire, la ville se trouve au cœur des Alpes et elle est très facile d'accès. C'était pour moi un espace symbolique qui devait me permettre de vivre une somme d'aventures et de progresser dans le monde de l'alpinisme. Idéal pour se reconnecter à la montagne.

J'étais adolescent la première fois que j'ai gravi le mont Blanc, et la petite satisfaction de dominer la cime n'a pas été à la hauteur de ce que j'ai dû endurer pour y parvenir. Une expérience horrible. Le premier jour, avec des chaussures très dures et nos sacs à dos bien remplis, nous sommes montés jusqu'au refuge où nous avons essayé de dormir entre les ronflements de tracteur d'une dizaine de montagnards. Lorsque nous sommes ressortis, un peu après minuit, le froid était glacial et nous devions nous arrêter toutes les cinq minutes à cause d'un membre du groupe qui était fatigué, ou qui voulait boire, ou manger, ou prendre une photo. Nous sommes arrivés à l'aube. La descente a été plus terrible encore, entre mes pieds comprimés dans les chaussures, la chaleur et, par-dessus tout, mon dos qui me faisait souffrir. Nous avions l'impression de revenir de guerre alors que nous n'avions fait qu'un simple aller-retour sur un sommet.

En ce temps-là, j'allais souvent avec ma mère et ma sœur dans le parc des Écrins, au sud des Alpes françaises. C'est dans un camping que nous établissions notre camp de base, d'où nous partions tous les matins remplir nos journées d'activités sportives : pédaler, courir ou escalader. J'appris un jour que l'un des coureurs les plus puissants de cette époque avait pris le départ de ce même camping pour une ascension jusqu'au dôme de neige des Écrins, à quatre mille mètres, en un temps record de trois heures. Je n'avais alors que seize ans, peu d'expérience, et cette information a agi sur moi comme un électrochoc : je devais à tout prix réaliser cette prouesse plus rapidement encore.

J'ai eu la révélation du genre de pratique de la montagne qui me plaît vraiment durant l'un de ces séjours dans les Écrins. La difficulté ne m'attirait pas plus que ça, elle sous-entendait une activité trop calme ; l'alpinisme classique non plus, que je trouvais pénible. J'adore la course à pied et le ski-alpinisme, mais il y manque l'esprit de découverte et d'aventure qui m'est cher. En revanche, être en mouvement ininterrompu sur un terrain technique me procurait un plaisir sans pareil, et insolite. Le grimpeur français Georges Livanos disait que l'essentiel n'est pas d'escalader rapidement, mais longtemps. Et je dois dire que je ne suis tout à fait d'accord qu'avec la seconde partie de cette phrase : on a l'opportunité de voir beaucoup plus de choses si on escalade rapidement et longtemps. J'aime aller vite en montagne pour la synergie qui se crée entre le mouvement du corps et les reliefs de la nature, je suis alors nu, infime et sans chaînes. Je me sens libre tout en ne faisant qu'un avec les éléments, ce que je ne parviens pas à obtenir si je sors en montagne d'une quelconque autre façon. Et c'est aussi là, quand vient le moment de prendre certaines décisions cruciales, que je sens vibrer en moi la ligne très fine qui sépare la zone d'acceptation consciente des risques de celle de la stupidité. Et j'admets avoir déjà franchi cette ligne. Notamment en septembre 2013 dans le massif du Mont-Blanc.

Voici ce qu'il s'est passé.

Savoir dire stop

La nuit était en train de tomber et il neigeait violemment. Grêle intense et éclairs dans le ciel. Nous n'étions qu'à cinquante mètres du sommet de l'aiguille du Midi, si proches que nous pouvions presque le toucher du bout des doigts, mais en même temps très loin car nous étions bloqués par une paroi rocheuse qui nous empêchait d'aller de l'avant. Émelie ne sentait plus ses pieds depuis un moment et ses bras étaient paralysés. Les muscles contractés par le froid, elle ne pouvait plus ouvrir les mains. Elle sanglotait à chaque respiration. Avec difficulté, elle parvint à me dire qu'elle ne pouvait plus résister, qu'elle étouffait. Qu'elle mourrait ici. Je savais bien que ça n'arriverait pas, que nous allions survivre, mais je concevais à quel point il devait être dur pour elle de garder la tête froide en pleine crise d'anxiété, bloquée sur un mur balayé par une tempête orageuse, à la vue du jour qui déclinait sous la neige. J'avais merdé, vraiment. Bien merdé.

J'ai mis mes mains sur son visage, lui recouvrant la bouche et le nez pour réduire l'oxygène qu'elle pouvait respirer. Je sentais l'air lutter pour se frayer un passage entre mes doigts, alors qu'Émelie devait se battre avec ses poumons pour l'inspirer. Ses expirations se sont faites petit à petit plus profondes et régulières, jusqu'à ce qu'elle retrouve une respiration normale. Mais ses mains et ses pieds étaient trop endoloris et contractés pour lui permettre d'avancer. Nous ne disposions que de peu de mètres de corde pour redescendre les presque mille mètres que nous avions escaladés.

Enrôler Émelie dans cette escalade avait été une très mauvaise idée. Je savais que le temps allait tourner et c'est précisément pour cette raison que j'ai précipité la montée. Je voulais la faire avant qu'il ne soit trop tard, et éviter ainsi d'attendre une nouvelle fenêtre de beau temps pendant plusieurs semaines. J'ai donc pensé que le plus tôt serait le mieux.

Nous étions sortis le matin, sans nous presser. Il ne nous était pas nécessaire de partir trop tôt. Au début de l'ascension, j'ai vérifié une dernière fois les prévisions météorologiques : le front nuageux qui s'approchait depuis le sud n'aurait dû arriver que vers la fin d'après-midi, ce qui nous laissait *a priori* le temps d'aller au sommet et de redescendre dans la vallée.

Notre escalade a commencé dans d'excellentes conditions. La chaleur et le beau temps de la semaine passée avaient séché la roche, lui donnant une adhérence parfaite, et nous avons fait les deux tiers du chemin à un bon rythme sans croiser ni neige ni glace. Mais sur le dernier tronçon, tout a changé. Le soleil avait séché la pierre mais il avait aussi fait fondre la neige qui recouvrait jusqu'à ce jour la glace permanente, noire et ancienne, aussi dure que le granite qu'elle enveloppait, qui exigeait plus de dextérité et de travail des crampons de notre part pour ne pas glisser et chuter. Dès le début de la sortie, Émelie avait été gênée par des douleurs aux pieds, meurtris par un été passé à courir. Progressant corde tendue, nous nous sommes mis à monter à petits pas, très vigilants, jusqu'à ce que nous ne puissions plus bouger à cause de la douleur qui crispait nos corps ; nous sommes alors passés sur la roche et nous avons continué de monter sur quelques mètres.

Nous n'avions pas perdu tant de temps que ça, mais nous nous étions laissé peu de marge, et nous voyions bien que le mauvais temps arrivait droit sur nous. J'ai cherché une sortie par les rochers pour éviter d'avoir à repasser sur la glace ; nous évoluions doucement jusqu'à ce que, fatalement, la tempête éclate. La panique et l'angoisse nous sont tombées dessus en même temps que les éclairs et la grêle. Nous nous sommes réfugiés dans un coin, pour voir si le temps n'allait pas se calmer, mais non, tout indiquait le contraire. Alors que nous attendions, le froid s'est infiltré dans nos os car nous n'avions pas de vêtements chauds. J'ai poursuivi vers le sommet avec précaution, mais Émelie ne pouvait pas faire un pas de plus à cause de ses pieds. J'ai étudié les options qui s'offraient à nous. Nous tremblions. Anxieux. « Putain, comment j'ai pu être aussi con ? » J'aurais peut-être pu filer sur les cinquante mètres qu'il restait et tendre la corde pour remonter Émelie, mais mon sac à dos ne contenait pas les trois pièces nécessaires à la confection d'un mouflage. Nous aurions pu chercher un refuge contre une pierre et attendre jusqu'au lendemain, mais je n'avais pas non plus pris sur moi de sac de bivouac, et Émelie pensait que nous n'allions pas survivre à une nuit à la belle étoile avec le peu de matériel que je lui avais recommandé d'emporter. Nous n'avions donc pas le choix. J'ai attrapé mon téléphone et composé le numéro du PGHM, le peloton de gendarmerie de haute montagne. Alors que je m'exécutais, j'ai visualisé tout ce que cet appel allait entraîner.

J'allais me faire lyncher par tous ceux qui m'avaient déjà critiqué à Chamonix pour aller aussi « léger » en montagne ; mais j'ai aussi pensé que ces commentaires seraient constructifs, parce qu'ils démontreraient aux gens qui me suivent que la montagne est un lieu risqué et que la force ne dispense aucunement de connaissances et de préparation. Au fond, c'est mon ego et lui seul qui allait être blessé par ces critiques. J'ai dû admettre mes erreurs. La première, d'avoir mal évalué le matériel dont j'allais avoir besoin ; avec ingéniosité et sang-froid, on peut se sortir de situations très compliquées, mais en sachant aussi très bien qu'on va morfler. La seconde, d'avoir pensé qu'Émelie partageait avec moi l'idée que l'activité prime sur la sécurité, et de n'avoir pas su prévoir qu'elle perdrait ses repères dans une situation comme celle que nous avons vécue ; nos caractères divergent sur ce point.

J'ai toujours su qu'elle était plus intelligente que moi, parce qu'elle place la sécurité au-dessus de l'objectif qu'elle poursuit. Émelie est capable de renoncer bien avant moi, là où je n'hésite pas à franchir la ligne rouge alors que je sais que la situation sera difficilement contrôlable. Sur cette ascension, j'aurais dû savoir dire stop et nous faire rebrousser chemin. J'étais plus expérimenté et je n'aurais pas dû faire comme si j'avais été tout seul au moment de prendre des décisions. Nous aurions dû revenir sur nos pas avant d'attaquer la glace. À partir de ce moment, la notion de plaisir avait disparu, et ça ne vaut pas le coup de souffrir autant.

Tancrède, au-delà de la peur

Chamonix est pleine de vie. Et Tancrède était habité par une énergie vitale encore plus forte. Il a été pour moi une source d'inspiration pendant plusieurs années. Je l'ai rencontré au Brévent, un mur qui se trouve à deux mille mètres d'altitude où, avec son groupe d'amis artistes, il avait installé une sangle qui reliait les deux faces d'une brèche rocheuse de plus de trente mètres de large. Il y avait des acrobates, des alpinistes, des grimpeurs, des musiciens... Une bonne bande. La règle du jeu était de marcher sur la sangle, d'un bout à l'autre. Cet exercice – la « slackline » – exige de la concentration et de l'équilibre, pour compenser les va-et-vient de la corde avec le balancement du corps et des bras. On peut faire de la slackline entre deux arbres, dans un parc, mais l'activité prend une tout autre ampleur lorsqu'on s'y adonne entre deux murs très hauts, ou deux parois rocheuses vertigineuses. C'est là que nous saisit la sensation du vide absolu. Même en se sachant assuré par un harnais et une sangle, et retenu en cas de chute, le sentiment que tout n'est que néant autour de soi est total. Nous étions si fermement agrippés au désir de ne pas tomber que nous finissions chaque fois par laisser de côté tout ce que nous avions appris sur le maintien de l'équilibre et, inévitablement, nous chutions.

En escalade ou en ski extrême, deux activités qui ne tolèrent aucune erreur, on ne ressent jamais le vide à ce point, car le ciel et la terre restent toujours dans notre ligne de mire. Quand on fait de la slackline en altitude, qu'on appelle « highline », en revanche, tout est ciel. J'ai essayé de traverser cette sangle une dizaine de fois, et n'ai réussi qu'à enchaîner quelques pas.

Avec beaucoup de patience, Tancrède m'expliquait comment libérer mon esprit de la peur, et comment me placer. Sans l'annoncer, il a un jour décroché son harnais, l'a laissé au sol et s'est mis à marcher sur la sangle. Il est arrivé de l'autre côté après trente mètres de traversée, a fait demi-tour, et il est revenu. Le silence régnait. Aucun bruit. Les musiciens avaient laissé leurs instruments par terre, les lèvres des grimpeurs ne bougeaient pas. Nous l'observions tous en silence, du coin de l'œil, avec l'impression de nous immiscer dans sa sphère privée et intime.

Il vivait le sport comme un art, comme une manière d'atteindre une symbiose entre l'esthétique de la performance physique, et tout ce qui l'entourait, la nature. On le voyait souvent faire de l'escalade déguisé en clown, avec un parachute sur le dos, jouer du violon alors qu'il traversait une sangle posée entre deux glaciers à trois mille mètres du sol, ou danser suspendu à des rubans de gymnastique entre des parois de plus de mille mètres dans les fjords de Norvège. Il avait réussi à élever son art au rang d'expression pure. Il entraînait son corps, portait une attention particulière à son alimentation jusqu'au moindre détail et connaissait la fonction exacte de chacun de ses muscles. Il se préparait mentalement et, en ex-ingénieur, concevait d'un point de vue scientifique les performances qu'il imaginait, mettant en équation le poids de son corps, la résistance de l'air, l'accélération gravitationnelle, la distance de chute ou le coefficient de traînée en fonction de la superficie du corps. Il étudiait tout et était très conscient de ses compétences. Mais il y a un monde entre le savoir et le passage à l'acte. Il était pour moi l'un des meilleurs. Il avait peur de la chute, bien sûr, mais il savait aller au-delà des barrières mentales que nous nous construisons pour nous faire une idée définitive et appréhendable de ce qui est réel.

Il a porté son corps à faire des choses inimaginables, *jusqu'au bout*, comme on dit en France, sans rien lâcher. Tancrède était sans aucun doute un *jusqu'au-boutiste*.

Chronomètre, mon ami

Certains alpinistes regardent avec dédain les autres pratiquants de la montagne. Ils se vantent de s'adonner à une activité où la composante romantique l'emporte sur l'aspect compétition et sont allergiques aux activités sportives dont ils pensent qu'elles se limitent à une course contre le chronomètre.

Pourtant, d'un autre point de vue, on peut aussi considérer l'alpinisme comme une activité dans laquelle la recherche du résultat est poussée à l'extrême, étant donné qu'elle repose sur un système binaire : sommet ou rien, assuré ou solo, réussite ou échec. Comme dans tout sport, l'alpinisme a besoin de critères à partir desquels on peut évaluer son niveau et son évolution. Les règles de la compétition s'y appliquent aussi. Existe-t-il un seul alpiniste qui nierait avoir ressenti une immense satisfaction et avoir souri intérieurement après avoir atteint un sommet plus rapidement que tous ses prédécesseurs ? Je ne le pense pas.

Le chronomètre est cet ami qui te dit que tu es sur la bonne voie, que tu es en train de donner le meilleur de toi-même. Même si le temps n'est pas l'objectif final, ce petit appareil te fait comprendre que tu t'améliores ou que tu décroches, que tu es fort ou que tu faiblis, te montre si tu es efficace au moment de franchir une difficulté. Il ne ment jamais.

Je suis frappé de constater que dans trois sports très différents comme l'athlétisme, l'alpinisme et l'escalade, il existe une frontière commune, une mesure partagée dans les épreuves les plus représentatives de ces disciplines : le seuil des deux heures. Si le chiffre en lui-même est anecdotique et arbitraire, les athlètes, les alpinistes et les grimpeurs, eux, le portent en eux, gravé en lettres de feu.

L'épreuve reine de l'athlétisme, c'est le marathon. Depuis plusieurs années, les meilleurs athlètes tentent de se surpasser pour parcourir les quarante-deux kilomètres et cent quatre-vingt-quinze mètres en moins de deux heures. On redouble d'efforts pour passer sous cette barrière magique, et on analyse minutieusement l'ensemble des facteurs qui pourraient contribuer à y parvenir : on recherche des jeunes aux capacités physiologiques hors du commun, on les soumet des années durant à des programmes d'entraînement personnalisés et optimisés pour cette distance, on étudie la meilleure façon de s'alimenter et de s'hydrater avant et pendant la course, on crée des chaussures spéciales qui font perdre le moins d'énergie possible, on prend en compte la biomécanique et l'efficacité de la foulée, et on réfléchit même à la température et au niveau d'humidité idéaux pour courir.

Dans le domaine de l'alpinisme, c'est la face nord de l'Eiger, dans les Alpes, qui fait office de pierre de touche. Les Allemands Anderl Heckmair, Heinrich Harrer, Fritz Kasparek et Ludwig Vörg ont gravi très difficilement ces mille cinq cents mètres de dénivelé sur un parcours de trois kilomètres, en trois jours. Nous étions alors en 1938. Depuis, cette face est devenue un défi incontournable pour tous les alpinistes. Ceux qui forment l'élite sont capables d'ouvrir de nouvelles voies à la difficulté accrue pour mettre leurs talents à l'épreuve, aussi bien en cordée qu'en solitaire. Même si cette ascension comporte des risques considérables, car la moindre erreur peut entraîner une chute qui débouchera irrémédiablement sur la mort, ce mur n'a cessé d'être utilisé pour l'exploration de nouveaux types d'entraînements, de matériels et de stratégies. Il a permis la découverte de nouvelles limites et techniques, mais aussi le travail sur la résistance physique en situations extrêmes. Les temps d'ascension se sont considérablement réduits d'année en année : Michel Darbellay fut le premier à faire le trajet en dix-huit heures, en solitaire ; Reinhold Messner et Peter Habeler sont arrivés au sommet en dix heures ; et Ueli Bürer, Francek Knez et Thomas Bubendorfer sont ensuite passés sous les cinq heures.

Ces dernières années, Christoph Hainz, Dani Arnold et Ueli Steck ont gravi cette face en moins de deux heures et demie. L'horizon des deux heures se fait toujours plus proche. Et évidemment, à mesure que la marge se réduit, les risques que prennent les alpinistes sont toujours plus importants.

La *trilogie* des deux heures se poursuit avec l'excellence en matière d'escalade dans la vallée de Yosemite, en Californie : The Nose, la paroi mythique de huit cent quatre-vingts mètres verticaux. Les Américains Wayne Merry et George Whitmore en ont réalisé la première ascension en 1958. En – accrochez-vous – quarante-sept jours ! Après cette première victoire, venir à bout de ce mur en un jour seulement est devenu un rêve qui semblait inatteignable, et l'est toujours pour la majorité des grimpeurs. Pourtant, le rêve est devenu réalité en 1975, grâce à trois des grimpeurs les plus novateurs de l'histoire : Jim Bridwell, John Long et Billy Westbay. Ceux qui sont arrivés après eux n'ont cessé d'apporter des améliorations techniques, d'optimiser leur matériel pour réaliser des ascensions en des temps records. La rapidité et la résistance, alliées à l'optimisation logistique et à la faculté de visualiser tous les mouvements possibles sur presque mille mètres d'escalade sont la clé de la réussite. Ces dernières années, plusieurs cordées ont frôlé le temps mythique des deux heures jusqu'à ce que, finalement, Alex Honnold et Tommy Caldwell y parviennent, après des mois d'un entraînement spécifique, passés à grimper par cette voie en la sillonnant des dizaines de fois.

Ces trois exemples ne sont en rien comparables. Il y a, chaque année, plus d'un demi-million de personnes qui courent le marathon sur environ mille épreuves ; environ deux cents personnes qui escaladent The Nose ; alors que l'on en dénombre moins d'une centaine prêtes à gravir la face nord de l'Eiger. En matière de risques affrontés, la comparaison n'a pas de sens non plus.

Cependant, les trois ont en commun quelque chose de très important. Pour chacune de ces trois disciplines, les sportifs sont motivés par la conquête d'un facteur arbitraire : le temps. Et dans les trois cas, ces mêmes sportifs ont dû développer les capacités internes et externes qui leur manquaient pour vaincre le chronomètre. Avec cet objectif comme seul horizon, ils ont poussé leur préparation à l'extrême pour démontrer ce qu'un être humain de talent est capable de faire, à force de travail et de discipline. Et en poursuivant ce rêve, ils nous ont fait un cadeau : grâce à eux, nous bénéficions de tout un champ des possibles qui nous aide à trouver la motivation nécessaire à l'accomplissement de nos petits défis quotidiens.

Du record à la performance

En montagne, le concept de record est très relatif, étant donné qu'il est impossible de comparer deux temps d'ascension, même s'ils concernent le même sommet. En athlétisme, par exemple, l'établissement d'un record doit se faire sur une piste ou un circuit qui puisse garantir des conditions déterminées – concernant le vent, le terrain, etc. – avec des paramètres qui ne pourront laisser planer aucun doute quant à l'égalité des chances (contrôle antidopage, assistance et ravitaillements identiques pour chaque participant, etc.). C'est impossible en montagne parce que les conditions varient tous les jours et que chacun y monte à sa façon. Pour ces raisons, on ne parle pas de record dans ce domaine, mais du meilleur temps connu, ou en anglais, de *Fastest Known Time* (FKT). Dans tous les cas, je pense que les comparaisons doivent se faire sur le plan individuel, ce qui permet d'apprendre sur soi et de savoir à quelle vitesse on est capable de progresser sur un terrain donné en prenant en compte la difficulté, la distance et les conditions. On ne peut pas comparer le temps réalisé par un coureur qui connaît le chemin d'un bout à l'autre avec celui d'un autre coureur qui affronte le même chemin pour la première fois ; ou le temps d'un coureur qui s'aventure sans aucune espèce d'assistance avec celui d'un coureur qui peut compter sur le soutien d'une équipe.

Un journaliste qui travaille pour tel ou tel média met en avant et valorise le chrono obtenu au franchissement de la ligne d'arrivée, mais dans le fond, pour un athlète, ce chiffre ne devrait pas être aussi important que le regard qu'il porte lui-même sur sa performance. Et ce regard doit mettre en balance le résultat des entraînements ou de la préparation qu'il a suivis et les conditions dans lesquelles la course a été réalisée pour obtenir ce temps concret.

Il existe quatre facteurs élémentaires qui amènent à faire un bon temps sur une course. Le premier, c'est le rendement propre à chacun, qui inclut les capacités physiques, la technique, la gestion de la course, l'expérience et la stratégie ou la résistance psychologique. Le second est l'appréhension du parcours, c'est-à-dire la connaissance des passages difficiles, l'anticipation des mouvements à effectuer et la localisation des itinéraires *bis*. Le troisième, ce sont les conditions météorologiques, car on ne se dépense pas de la même façon un jour de mauvais temps hivernal ou sous un soleil d'été. Le quatrième, c'est l'éthique à laquelle on obéit, ou le fait de faire le trajet avec ou sans assistance, seul ou accompagné, avec tel ou tel type de matériel, avec un recours au dopage ou non, qu'il soit mécanique ou physiologique.

J'illustrerais tout ça par l'exemple des ascensions de l'alpiniste suisse Ueli Steck à l'Eiger. Il connaissait parfaitement la route et, grâce à une préparation méticuleuse, il pouvait arriver au sommet en deux heures et vingt-deux minutes en suivant le tracé balisé et en s'accrochant aux deux cordes fixes installées sur quelques tronçons. Il a aussi fait une ascension plus lente, en deux heures et quarante-sept minutes, mais en ne suivant aucun des marquages de la montagne et en escaladant librement les passages qu'il se créait, donc sans utiliser de cordes. Lequel de ces deux *records* a le plus de valeur ? Celui du trajet parcouru le plus rapidement est sans doute le plus épatant, mais le second a été probablement plus difficile à décrocher, impliquant plus de travail physique et de situations périlleuses. En fin de compte, les deux temps sont aussi intéressants l'un que l'autre car ils nous permettent de savoir ce dont nous sommes capables dans des conditions variées, sans nous focaliser exclusivement sur le temps, qui n'est pas l'unique critère d'excellence mais seulement la résultante d'une équation prenant en compte tous les facteurs déterminants pour son calcul.

Romsdal, l'appel de la paroi

Après plus de trente heures de conduite sans une seule pause depuis Chamonix, je descendais dans la vallée norvégienne du Romsdal, par la route de la Rauma. La fourgonnette était remplie à ras bord de mes affaires et de celles d'Émelie. Je voulais arriver le plus tôt possible là où nous avions décidé d'aller vivre ensemble, et mes paupières se faisaient lourdes depuis déjà quelques heures. L'aube pointait alors que je m'engouffrais dans une énorme gorge encaissée entre deux murs de plus de mille mètres, et la lumière du jour n'était pas encore assez intense pour m'en laisser percevoir la texture, mais on devinait les éperons infinis de roche noire et les cascades d'eau gelée se déversant à pic vers la vallée. J'avais l'impression de pénétrer sur une terre dont aucun homme n'avait encore pris possession. Les parois rocheuses étaient si proches les unes des autres qu'elles se confondaient. D'un coup, alors que je continuais dans la descente, en pleine lutte contre le sommeil, je l'ai vue, illuminée dans la pénombre : une ligne de neige fine qui, comme une goutte d'eau, s'alourdissait verticalement vers le centre de la paroi. Elle m'appelait, et même si à ce moment sa voix n'a fait que me donner un frisson, j'ai su qu'un jour je ne pourrais pas résister à son chant.

Trois ans plus tard, sa mélodie continuait de me charmer au moindre regard que je lui jetais, aussi furtif fût-il, et je me réveillais même parfois avec le son de sa voix qui était entré dans mes rêves. Je l'avais étudiée pendant tout ce temps, à distance, depuis les sommets qui l'environnaient, ou en touchant ses pieds. Jusqu'à ce qu'arrive le jour où j'ai décidé de me joindre à elle pour entonner son chant.

Pendant les mois d'observation de cette ligne qui m'a ébloui à mon passage dans la gorge formée par le fleuve de la Rauma, j'ai pu l'étudier sous différents angles – depuis sa base, son sommet, ou les sommets alentour –, et m'imaginer en descendre plusieurs parties à skis en me demandant quelles saillies de roche ou de glace je devrais contourner. Ensuite, pendant deux ans, j'ai recensé les états de sa neige et je testais parfois son adhérence à la paroi : à quelle période elle y restait accrochée, à quelle autre elle était trop gelée, et à quel moment elle paraissait praticable sur ses parties haute et basse. De temps en temps, une fois mon entraînement terminé, je déviais du chemin qui devait me ramener à la maison pour grimper sur un poste d'observation où j'avais le mur bien en vue, et je le scrutais avec mes jumelles, ou je le photographiais à l'aide d'un téléobjectif pour pouvoir l'examiner chez moi à loisir. J'imaginais le type de ski auquel je pourrais m'adonner, le matériel dont j'aurais besoin et les difficultés que je rencontrerais. Cette phase d'analyse est presque aussi excitante que l'activité en soi, car tout en planifiant une sortie, je ferme les yeux. Tous les détails défilent dans mon esprit, et je ressens presque le froid sur mon visage ou la douleur qui s'empare de mes mains, l'angoisse ou les frissons quand je me vois en plein virage avec les skis en suspension. Et j'anticipe également tout ce qui pourrait mal tourner : une avalanche qui se déclenche, un mauvais dérapage sur des plaques de verglas cachées par la neige, un mauvais enchaînement sur un virage. Il m'arrive souvent de décaler le passage à l'acte, parce que je somatise, parce que je ne sais pas si je saurai accepter les risques ou gérer la pression, ou parce que le jour où il faut y aller, je sens un mal-être envahir mon corps tout entier. Lorsque je me décide à y aller vraiment, c'est que j'ai la certitude d'avoir étudié et pris en compte tous les paramètres liés aux risques auxquels je m'expose.

C'est lors de mon troisième hiver passé en Norvège que le vent semble souffler en ma faveur. La saison s'annonce merveilleuse, avec des chutes de neige raisonnablement abondantes suivies de longues périodes ensoleillées. La neige adhère bien à la paroi, en couches peu épaisses, qui ne devraient donc pas débouler sous forme de grandes avalanches.

Cette ligne située à droite de Trollveggen débouche presque au niveau de la mer. Et sur ses mille six cents mètres de dénivelé, on peut rencontrer des conditions très variées. Dans sa partie supérieure, l'environnement est plutôt alpin, tandis que sur les derniers six cents mètres, la neige est altérée par les changements de température et l'humidité. Au cours des dernières semaines, je suis allé à plusieurs reprises au pied de la paroi, et j'ai grimpé sur les premiers deux cents mètres pour me faire une idée précise de ce qui m'attendait. Même si la neige était légèrement plus dure que ce que j'avais espéré, tous les voyants étaient au vert. La ligne était entièrement recouverte de neige mais ne laissait apparaître aucune accumulation dangereuse sur ses hauteurs.

Alors arriva le pire moment avant la concrétisation d'un projet : l'attente et le choix du bon jour. Aujourd'hui ? Demain ? La semaine prochaine ? Si je devais patienter jusqu'à ce que les conditions optimales soient réunies, je ne bougerais pas de mon canapé. On savoure pleinement les sensations du ski de descente sur une neige dure, stable, même si celle-ci ne laisse aucune place à l'erreur. En poudreuse, la précision est moins importante, mais il y a un risque d'avalanche au moment où on s'y attend le moins. Dans cette pratique du ski, il faut faire un compromis entre glisse et adhérence à la paroi.

Et finalement le jour arrive. Le premier virage est toujours le plus difficile, non pas qu'il soit risqué, mais parce qu'il en coûte de se lancer dans ce monde où le mouvement permanent rend tout imprévisible. « Poum-poum », le cœur dans la cage thoracique, le vide dans l'estomac, les pieds et les mains en sueur. Je plante un bâton au niveau de mes skis et la texture de la neige me parvient en écho. J'observe l'immensité blanche et je me focalise sur le point où j'exécuterai mon premier virage, en tentant de deviner au loin ce qui se cache sous la neige. Je fais glisser mes skis rapidement d'avant en arrière sans bouger, pour m'assurer que de la neige n'est pas restée collée en dessous, puis je laisse mon corps avancer de quelques centimètres, faisant passer mon poids sur les spatules, et je prends mon élan. Un grand élan. J'aspire tout l'air que je peux contenir et je commence à l'expirer, mais je m'arrête brutalement. Mon cœur est en pause, ma respiration arrêtée, et je reste suspendu en l'air, immobile, éternel. D'un coup, je sens mes skis reprendre contact avec la neige, se mettre désormais à glisser avec fluidité, et prendre de la vitesse en ne faisant plus qu'un avec la pente de soixante degrés. Je force sur mes jambes et je sens que mes skis se déforment en épousant les ondulations de la neige, d'abord avec douceur et, progressivement, avec plus de fougue jusqu'à la griffer et l'arracher. Alors petit à petit, ils quittent le sens de la pente abrupte pour s'y positionner perpendiculairement, et avec la puissance d'un geste sec, mais précis, je parviens à me stabiliser quelques mètres plus en aval du point où j'ai initié mon virage. Un mélange d'excitation et de peur, de plaisir et de prudence coule dans mes veines et se renforce virage après virage, alors que je fonce en suivant les traces de pas que j'ai laissées derrière moi en montant un peu plus tôt. J'esquive la glace et la roche qui pointent à travers la neige et qui exigeront que je donne le meilleur de moi-même pendant les deux prochaines heures. Je mets en pratique toutes les techniques que je connais, j'exploite toutes mes ressources, et à chaque mètre que je gagne, la prudence s'estompe au profit du plaisir, la peur se dissipe pour laisser le champ libre à la satisfaction. J'arrive enfin en bas, je dérape et m'arrête. J'observe les traces que mes skis ont laissées sur la paroi. Et toutes les sensations remontent alors en moi, depuis les pieds jusqu'à l'estomac. Et au cœur. Et à la tête. Un orgasme d'adrénaline.

Je ne pense pas qu'il existe une façon de relever un défi qui vaille mieux qu'une autre. Autrement dit, la plus pure est presque impossible à atteindre à cause des limites qui nous sont propres en tant qu'espèce humaine. Michael Reardon, un des grimpeurs en solitaire les plus prolifiques qui soient, considérait qu'il faisait de l'escalade s'il s'attelait au franchissement d'une paroi sans connaître la voie, pieds nus, sans magnésie et sans corde ; tout le reste relevait du compromis pour lui. Tous, nous vivons sur ce genre de compromis. L'éthique est faite de règles que nous nous fixons, elles valent pour chacune de nos actions individuelles, mais ne s'imposent pas à autrui. Si le niveau du compromis est le même pour tout le monde sur une course (et même avec ça il y a besoin de juges, d'arbitres et de tests pour contrôler que tout le monde respecte les règles), il en va autrement pour les activités de montagne où chaque décision est intériorisée et personnelle.

Sur les différentes ascensions rapides que j'ai pu faire, il n'y en a qu'une dont je peux dire que je suis fier, pour y avoir atteint un point d'optimisation absolue. Il s'agit de mon ascension du Cervin. Peut-être y suis-je parvenu parce que, quand j'étais enfant, un poster de cette énorme montagne occupait majestueusement l'un des murs de ma chambre ; ou parce qu'il me paraissait du domaine du rêve irréalisable que d'espérer égaler le record détenu par le coureur italien Bruno Brunod. Cette ascension est esthétiquement merveilleuse, et j'ai su trouver en moi la motivation et la patience nécessaires à sa préparation.

Au Cervin, sur les traces de Bruno Brunod

Le 1er août 2013, j'ai pris le volant de ma fourgonnette en direction de Cervinia, dans le Val d'Aoste, et je me suis installé sur un terre-plein qui s'étend au pied du Cervin, sans avoir prévu la date de mon assaut et sans la contrainte d'avoir à le mener rapidement pour me consacrer à d'autres projets. Pendant deux semaines, je suis monté chaque jour au sommet, quelles que soient les conditions, afin d'acquérir une bonne connaissance de la montagne, de savoir quel impact la chaleur du soleil avait sur la pierre selon l'heure, d'intérioriser chacun de mes mouvements sur le chemin. Je voulais faire de cette montagne mon habitat, et au-delà, ne faire plus qu'un avec elle.

Tous les matins, je me levais et, en déjeunant, je l'observais de la fenêtre de la fourgonnette, en jaugeant les changements d'état de la neige et de la roche. En parallèle, je sentais comment mon corps se préparait à agir. Même à la veille de la course Sierre-Zinal, dont le tracé traversait l'autre versant, je suis allé au sommet. À ce moment précis, je n'étais intéressé par le podium d'aucune compétition, et je n'avais aucun autre projet en tête. J'étais tout au désir de me préparer au mieux et à l'attente des circonstances idéales.

Le 21 août, j'ai senti que les dispositions de mon corps et de mon esprit étaient alignées avec celles de la montagne. Il n'avait pas plu ni neigé depuis plusieurs jours, la roche était sèche, il faisait chaud, et je savais qu'après mes neuf ascensions réalisées durant les deux semaines précédentes, je connaissais la route par cœur. J'étais prêt, physiquement et mentalement. J'ai attendu l'après-midi, pour éviter de croiser la route de passants dans la montagne, et pour que le soleil fasse fondre le gel qui s'était formé pendant la nuit, ce qui allait donner plus d'adhérence à la roche. Au pied de l'église, quand les cloches ont sonné trois heures, je suis sorti de l'ombre du clocher et j'ai exécuté chaque mouvement, comme prévu, pour faire l'aller-retour au sommet en deux heures et cinquante-deux minutes.

Malheureusement, tout ne s'est pas aussi bien déroulé sur les autres sommets que j'ai gravis avec l'idée d'y établir des records de vitesse. Je ne me suis jamais autant consacré à une préparation.

Impatience

J'ai toujours essayé de faire au mieux, en recherchant la conjoncture idéale, mais je n'ai jamais eu la patience d'attendre qu'elle soit optimale à ce point, je n'ai jamais travaillé aussi dur sur une piste, jusqu'à la faire mienne, et je n'ai jamais attendu non plus que ma forme physique et mentale soit opérationnelle à cent pour cent. Pour autant, ça ne veut pas dire que je ne suis pas fier de ce que j'ai pu faire. Autant au Cervin, j'ai appris à utiliser toutes les ressources nécessaires pour parvenir au sommet aussi vite que mes capacités le permettaient, autant pour les autres ascensions je ne voulais pas perdre trop de temps sur la préparation ou chercher ce degré de minutie. J'ai appris à aller vite malgré la météo, comme au Denali, sans assistance et à lutter contre moi-même lorsque je me sentais mal, pour explorer à fond les capacités de mon corps en révolte. Chaque ascension m'a apporté des connaissances nouvelles sur moi et sur l'allure à laquelle je peux aller dans des circonstances variées, et avec des entraînements différents.

Je n'ai pas de patience. Je ne sais pas s'il s'agit d'une vertu ou d'un défaut. J'admire la posture de ceux qui travaillent méticuleusement, mais je ne pourrais jamais tout sacrifier pour décrocher un record spectaculaire ou une victoire d'anthologie si cela impliquait de passer une année entière sans rien entreprendre d'autre. Ma quinzaine parfaite, par exemple, est celle de juillet 2015. Je l'ai commencée avec une première descente de ski extrême au mont Maudit ; j'ai continué avec quelques jours d'activité non-stop dans les Grandes Jorasses ; après ça, un kilomètre vertical à Chamonix, puis j'ai profité de la soirée pour participer à des prises de vue avec un sponsor et, le jour suivant, j'ai aidé Karl Egloff en l'accompagnant dans sa tentative pour battre le record de temps sur l'ascension du mont Blanc, record que je détenais déjà depuis deux ans avec Mathéo Jacquemoud. Je devais mener l'allure à bon rythme pendant un ou deux kilomètres, sur les chemins et raccourcis que je connais, puis le laisser ensuite filer dans les hauteurs. Mais comme je me sentais en pleine forme depuis notre départ, nous sommes arrivés là-haut ensemble. Malgré la mauvaise consistance de la neige et l'énergie vacillante de Karl en altitude, nous avons fait l'aller-retour en un peu plus de cinq heures et demie. Le soir même avec Émelie, nous sommes partis aux États-Unis pour disputer la Mount Marathon en Alaska et, cinq jours plus tard, la Hardrock 100 dans le Colorado.

Jamais je n'aurais modifié cet enchaînement pour me concentrer sur la préparation d'une de ces courses seule dans le but d'y faire un meilleur temps, avec le devoir de renoncer aux autres, parce que je suis de ceux qui pensent que nous n'avons qu'une vie et qu'il faut profiter de chaque seconde. C'est sûrement cette impatience qui m'a mis sur la voie d'un apprentissage autodidacte, car je n'ai jamais voulu attendre que l'un de mes camarades soit disponible pour faire une sortie, et je n'étais pas non plus enclin à élargir le cercle de mes amitiés. La solution était donc d'y aller seul et d'apprendre par moi-même en suivant le rythme de mes erreurs et de mes réussites. C'est comme ça que j'ai été amené à escalader mes premières voies sur roche ou sur glace, et que j'ai réalisé la majeure partie de mes ascensions. Le chemin a été long, certainement plus que si j'avais été entouré de camarades ou guidé par des mentors, car l'apprentissage en solitaire force à être très lucide sur les risques que l'on court et à ne jamais douter de ses capacités lorsqu'on souhaite relever certains défis. Quand on est livré à soi et rien qu'à soi, on intègre et on consolide plus fermement les connaissances qu'on acquiert au fur et à mesure, et on apprend à se servir de son imagination pour surmonter les difficultés. Mais je dois aussi reconnaître qu'arrivé à un certain niveau, on ne peut plus progresser en restant seul.

L'Everest, été 2016

Mai 2017. À peine arrivé à Rongbuk, au Tibet, en provenance du Cho Oyu, où j'étais avec Émelie, j'ai sauté du siège de la voiture pour observer la masse de tentes agglomérées au camp de base de l'Everest. Jusque-là, j'étais toujours allé dans l'Himalaya en dehors des saisons de grande fréquentation, avec la solitude comme seul partenaire. Je n'en croyais pas mes yeux : c'était un vrai village de tentes, de toutes les tailles et toutes les couleurs. On entendait des voix s'exprimer dans toutes les langues, on humait les arômes de plats préparés avec des épices africaines, et d'autres à base d'huile d'olive. J'ai déambulé dans les allées, cherchant la tente de Sébastien Montaz. Mes yeux ne s'étaient toujours pas habitués à ce paysage, à mi-chemin entre montagne et ville. Les souvenirs de ce que j'avais vu huit mois plus tôt, la première fois que j'étais venu ici, étaient toujours gravés en moi.

Été 2016

C'était la mi-août de l'année 2016. Nous étions arrivés à Rongbuk exaspérés par l'agence à laquelle nous avions fait appel à Lhassa, la capitale bouddhiste, pour régler la logistique en montagne – tente cuisine cantine, aliments pour un mois, cuisinier et voyages du Népal au Tibet. Chacun des quinze jours passés à Lhassa avait apporté son lot de nouveaux problèmes. L'attente était sans fin. À bout de tout, nous avions perdu patience et nous étions partis dans la vallée du Langtang, pas très loin, pour relâcher un peu la pression et fuir l'air pollué de la ville. Puis, nous avions enfin pu prendre la route vers le Tibet, à la recherche de l'air peu oxygéné que nous convoitions tant.

Le voyage jusqu'à Rongbuk est fabuleux, parsemé de magnifiques temples bouddhistes comme celui de la ville de Shigatsé, dont les dorures et les blancs immaculés contrastent avec l'aridité du paysage qui l'entoure. Dans la savane de l'Altiplano tibétain, à cinq mille mètres d'altitude, la monotonie des douces ondulations du terrain n'est interrompue que par les grands lacs et les fleuves qui le traversent. Régulièrement, des fanions de couleurs éclatantes indiquent que nous nous approchons d'un village.

La route qui sillonne cette région est entièrement bitumée. Au bout de quelques heures, les ondulations du paysage s'accentuent et, devant une colline sur laquelle nous passons, apparaît alors la ligne de crête de l'Himalaya, dans toute sa majesté. Une muraille infranchissable, sans intermédiaire, composée de blocs blancs gigantesques, qui se dresse au-dessus de la plaine jaune et marron. À gauche, le Makalu et le Chomo Lönzo ; à droite, le Cho Oyu et le Gyachung Kang ; et au centre, donnant un air chétif à ses voisins, l'Everest. Entre le Kangshung, paroi rocheuse du Lhotse, et la face nord enneigée du Nuptse, se dessine dans le ciel un triangle aux proportions parfaites qui se teinte de blanc avec les neiges estivales. Deux lignes parallèles en descendent directement, depuis la cime jusqu'à la vallée : les couloirs Norton et Hornbein.

Nous avions hâte de nous plonger dans cet océan blanc, mais avant de pénétrer dans la vallée, nous avons dû rester quelques jours de plus à Tingri, l'un des derniers villages de la route. Il fallait sans cesse attendre un jour de plus, sans savoir ce que nous attendions. Lorsqu'enfin, vingt jours après le départ de chez nous, nous avons pu accéder au camp de base, j'étais rongé intérieurement par l'impatience d'avancer et de grimper. Nous étions le 20 août, et à cette même date, en 1980, en pleine mousson, Reinhold Messner réalisait l'ascension en solitaire et sans oxygène par ce même versant.

Nous étions arrivés deux semaines plus tard que prévu, avec l'impression d'avoir perdu notre temps, et nous avons tout de suite mis en place un travail d'acclimatation accéléré. À peine arrivé, je suis monté en courant jusqu'à un pic de six mille mètres depuis le camp de base et, le lendemain, profitant de la chaleur estivale, j'ai atteint les sept mille du col nord en baskets. Le soleil avait ramolli la neige et j'ai ainsi pu descendre en me laissant glisser sur mes semelles, comme sur des skis. Je comptais courir et grimper tous les jours, pour mettre ma condition physique à l'épreuve, mais Jordi Tosas n'arrêtait pas de me répéter :

« Fais gaffe ! C'est normal d'être à cran les premiers jours d'une expédition, de vouloir trop en faire et trop vite, alors qu'au final, c'est dans deux jours que tout ça comptera. Et là, tu auras besoin de toute ton énergie. Tu dois agir comme un franc-tireur et ne pas stresser avant l'heure. »

Au moment de préparer une expédition et avant de mener l'assaut vers le sommet, il est important de récolter un maximum d'informations. Sans exagérer pour autant. À passer ses journées à étudier la météo et à attendre que les conditions parfaites soient réunies, on finit par penser que les occasions nous passent sous le nez et qu'il faudrait peut-être, parfois, assumer une certaine prise de risques et y aller pour de bon. La perfection est difficilement atteignable, cela vaut aussi pour les conditions extérieures. On comprend vite qu'il faut apprendre à ne pas trop en tenir compte et, finalement, à jouer avec ce que le temps et la montagne veulent bien nous donner.

Nous étions installés là depuis une semaine et toutes les prévisions annonçaient encore trois ou quatre jours de beau temps avant que la mousson ne refasse son apparition sur la face nord de l'Everest. Si nous ne profitions pas de cette fenêtre de tir, il nous faudrait attendre la fin des chutes de neige et nous resterions plantés là encore sept jours, bras croisés, avant que la montagne ne se découvre et nous laisse l'arpenter dans des conditions acceptables. Y aller entre ces deux moments serait du suicide. Il faut préciser que les prévisions météorologiques d'été sur l'Himalaya sont une donnée à laquelle on peut ne pas adhérer aveuglément, les algorithmes n'étant pas d'une grande fiabilité pour déterminer la quantité de neige qui va tomber. On finit donc par se fier à sa propre observation quotidienne du ciel.

Nous nous sommes rendu compte que presque chaque matin, nous nous réveillions baignés par les rayons d'un soleil éclatant dans le ciel bleu, et que vers la mi-journée, les nuages entamaient leur procession depuis le sud et s'aggloméraient au-dessus de la plaine népalaise, formant des châteaux aux immenses tours grises. Ces forteresses se déplaçaient vers le nord et se transformaient en tempêtes explosives dans leur confrontation avec les sommets les plus hauts. Parfois, leur colère se concentrait sur la face sud, et depuis le camp de base, applaudissant, nous nous régalions de ces feux d'artifice organisés sur l'autre versant de l'Everest. D'autres fois, elles venaient jusqu'à nous, et nous étions alors obligés d'attendre leur départ, cloîtrés dans nos tentes, à écouter le « tic-tic » de la neige qui s'écrasait sur la toile. Mais au matin, nous nous levions rarement avec plus de dix ou quinze centimètres de neige fraîche, et dès l'aurore, elle fondait rapidement.

Nous devinions que ces nuages valseurs, qui n'avaient pas encore osé traverser les portes du nord de la montagne, se préparaient à débarquer avec fracas d'ici quelques jours et à s'installer durablement sur notre versant. Si l'Everest voulait bien nous accorder une danse, il fallait que ce soit avant ce grand spectacle.

Notre camp de base était établi sur une moraine entre Rongbuk et le glacier de l'Everest. Nous avons d'abord pensé installer nos tentes au pied de la montagne, mais les yaks sur lesquels nous avions chargé notre matériel en ont décidé autrement, refusant d'avancer à mi-chemin. Nous avons donc monté nos quatre tentes sur une pente caillouteuse, essayant bon gré mal gré d'empiler les bouts de roche pour créer une surface plus ou moins plate. Le lieu où nous nous trouvions était prodigieusement vertigineux. Devant nous, la moraine de plusieurs kilomètres filait vers des sommets de six et sept mille mètres d'altitude, et nous avions dans le dos un cirque aux sommets qui, eux aussi, montaient à sept mille, et que nous pouvions atteindre à skis l'après-midi, lorsque l'ennui nous gagnait. Si la langueur se prolongeait, nous avions toujours la possibilité de monter saluer Changtse, un ami de sept mille cinq cents mètres de haut, sachant qu'il nous offrirait à coup sûr, par sa face nord, une vue imprenable sur l'Everest.

Le seul inconvénient de notre mirador privilégié était qu'il se trouvait très loin du toit du monde, aussi nous devions chaque matin entreprendre une marche de dix kilomètres avant d'arriver au glacier pour en commencer l'ascension. Et lorsque nous en revenions, fatigués, le même chemin nous attendait en sens inverse. Mais nous ne nous plaignions pas, car au moins nous étions en montagne et nous avions de quoi occuper nos journées.

Nous étions conscients de ne pouvoir compter que sur une courte fenêtre de beau temps, quelques jours à peine, nous avons donc décidé d'en finir rapidement avec notre période d'acclimatation pour tenter l'ascension jusqu'au sommet. Les jours précédents avaient été intenses et j'avais l'impression que mon corps réclamait un temps pour souffler ; mais je ne suis pas du genre à faire durer le repos. J'ai retrouvé Seb Montaz pour faire une dernière session en haute altitude avant l'essai décisif.

Après le dîner, nous nous sommes mis d'accord pour lever le camp à cinq heures du matin, et chacun est parti dans sa tente. J'ai préparé mon sac et, à peine couché, j'ai dormi d'un sommeil de plomb.

Je me suis réveillé alors que le soleil effleurait ma peau à travers les parois translucides de la tente. C'est une sensation des plus agréables : au-dehors il fait encore froid, mais tu sens les premiers rayons qui viennent te caresser et restent piégés dans l'espace de la tente, la transformant en un sauna de fortune, après une rude nuit de froid. Mais… le soleil n'aurait pas encore dû être au rendez-vous ! J'ai sursauté, et toute sensation de bien-être s'est évaporée : j'ai attrapé ma montre au milieu de la boule de vêtements qui me servait d'oreiller et... « Merde, six heures dix ! » Je me suis extirpé du sac de couchage à toute allure et me suis habillé sans tarder. Sans même déjeuner, j'ai pris mon sac à dos et me suis mis à courir, prenant la moraine littéralement à la verticale. Je ne sais pas si c'était à cause de la peur ou de l'adrénaline, mais en tout cas, tout le manque de sommeil que j'avais accumulé ces derniers jours a disparu et j'y suis allé à fond.

Au bout de trente minutes, j'avais déjà fait la moitié du chemin jusqu'au pied de la montagne, divisant par deux le temps que ça me prenait habituellement. Lorsque le soleil a commencé à taper fort, j'ai étalé de la crème solaire sur mon visage et, sans m'arrêter, j'ai cherché mes lunettes. J'ai commencé à m'énerver parce que je ne les avais pas sur la tête, ni dans les poches, ni dans le sac que j'ai vidé par terre comme une bête enragée. Rien. Aucune trace de mes lunettes de soleil. « Putain de merde ! » Sans réfléchir, j'ai laissé mon sac au sol et j'ai redescendu la moraine, jusqu'à ma tente. À peine ai-je ouvert la fermeture éclair que : « Regarde ça ! » Je les ai embarquées. Sept heures pile ! Alors que je m'apprêtais à y retourner plein gaz, Sitaram, le cuisinier népalais qui nous accompagnait, a pointé sa tête hors de la tente :

« Kilian, déjeuner !

— Non non, Sitaram, pas le temps, je fonce là-haut. À tout à l'heure.

— Ne cours pas ! C'est mauvais à cette altitude ! »

Ses dernières paroles n'ont même pas eu le temps de parvenir à mes oreilles que je remontais le chemin parcouru plus tôt. Et cette fois, bien équipé, j'ai pu pousser plus loin.

Environ trois heures plus tard, j'ai aperçu Seb une centaine de mètres plus haut, qui montait vers le col nord par le mur du Changtse.

« T'aurais pu me réveiller, bordel ! » lui ai-je crié, mi-blagueur mi-sérieux, une fois assez proche de lui pour qu'il puisse m'entendre. J'avais des sensations inoubliables, mais il se faisait déjà tard et la neige se réchauffait très vite.

« Ben, j'ai juste pensé que tu avais besoin de dormir un peu plus et je savais bien que, de toute façon, t'allais me rattraper ! a-t-il tenté de se justifier. Alors, tu la sens comment, cette sortie ?

— Je crois qu'on arrive trop tard. Après trois alertes sur le temps, je pense qu'on doit se rendre à l'évidence : ce n'est pas le bon jour. Les sensations sont bonnes, mais faudrait pas trop compter sur notre bonne étoile. On en aura bien assez besoin plus tard ! Si on fait demi-tour maintenant, ça nous laissera le temps de nous reposer et on essaiera de nouveau demain. »

Le lendemain, je suis monté tout seul. Sans doute un peu honteux d'avoir commis cette erreur la veille, et contrarié de n'avoir pu aller au-delà de sept mille mètres pour accomplir mon acclimatation, j'y suis allé avec la résolution de dépasser cette altitude. Mes compagnons, eux, sont restés au camp, à économiser leur énergie. J'avais toute la montagne pour moi seul, et je souriais de la situation avec une bonne dose d'égoïsme de « propriétaire ». Au niveau du glacier, j'ai décidé de ne pas prendre vers le col nord, craignant les crevasses, et j'ai suivi une ligne sur la partie droite de la face nord-ouest. Entre les éperons rocheux et les séracs qui dominent le col nord, il y avait un couloir dont la pente paraissait suffisamment inclinée pour être débarrassée des accumulations de neige, mais pas assez pour influer sur mon rythme. J'ai décidé de le traverser. Les conditions étaient parfaites et la neige supportait aisément mon poids. Après quelques heures, j'ai laissé derrière moi les pentes de soixante degrés pour déboucher sur l'arête nord, à sept mille cinq cents mètres de hauteur. La neige ne fondait pas, et je m'y suis retrouvé englouti jusqu'à la taille.

Chaque pas m'obligeait à fournir un grand effort et à suivre une chorégraphie précise : je commençais par bouger les bras comme un papillon bat des ailes pour retirer la première couche de neige, je levais ensuite le pied jusqu'à hauteur du genou, le laissais tomber à peine trente centimètres plus loin, et alors qu'il plongeait, j'écrasais doucement la neige de mon pied pour en faire une masse compacte sur laquelle balancer tout le poids de mon corps. Submergé à nouveau jusqu'aux hanches, je répétais la même danse avec mon autre jambe. Et ainsi de suite, une trentaine de fois d'affilée.

J'ai mis une heure à monter cent mètres ! Après trois heures passées à ouvrir une voie en créant une tranchée, je me suis retrouvé à bout de forces, à cause de la lenteur du processus plus que de l'effort. J'ai aplati la neige et me suis assis sur mon sac. Je n'arrivais pas à contrôler mes yeux, accaparés de toutes parts qu'ils étaient par tant de beauté : l'Everest dans le dos et l'Altiplano tibétain en face. Le Changtse se faisait plus petit et les montagnes qui m'entouraient, majestueuses, se disputaient mon attention. À leur pied, des quantités de glaciers se dessinaient comme des tentacules des sommets enneigés qui allaient se perdre dans les vallées. À cette altitude j'apercevais très nettement, à ma gauche, la langue de neige que Reinhold Messner avait traversée en 1980 pour aller à la recherche du couloir Norton et dominer le sommet en solitaire et sans bouteille d'oxygène.

« Je suis si bien là, avec la montagne pour moi tout seul ! » Le silence était d'une perfection telle que ma propre respiration paraissait être une insulte à la tranquillité. J'ai retenu l'air dans mes poumons pendant trente secondes et me suis senti ne faire qu'un avec tout ce qui m'entourait, comme si je m'étais fondu dans le décor, tel un flocon de neige, petit et insignifiant. Une ligne zigzaguait dans la neige puis disparaissait là où le glacier contournait la montagne par-derrière, elle voulait me rappeler que je n'étais que de passage, et que j'allais bientôt devoir retourner au monde des humains. Libéré des soucis qui encombraient d'ordinaire ma tête, j'aurais voulu que cet instant dure une éternité, juste à respirer, sans aucune pensée liée au mal d'altitude. Je suis si bien là-haut !

Les particules de neige ont la chance de pouvoir rester dans ce paradis blanc, hors du temps, alors que les imperfections humaines – la faim, le froid, la fatigue – m'ont obligé à redescendre. Au camp, quatre personnes m'attendaient.

Quarante heures plus tard, le dernier jour du mois d'août, je me suis retrouvé à nouveau à cet endroit, mais cette fois, le silence s'était dissous et il y régnait un bruit dont l'intensité était indescriptible. Celui qu'on pourrait imaginer derrière le cri du tableau d'Edvard Munch. À presque huit mille mètres d'altitude, au beau milieu de la paroi nord-ouest de l'Everest, je n'étais pas certain que nous puissions sortir d'ici vivants. Quelques minutes auparavant, tout n'était qu'euphorie.

Ce matin-là, avec Seb et Jordi, nous avions quitté le camp tout en sachant qu'il s'agissait de l'un des derniers jours de beau temps avant une semaine de tempête. Nous sommes montés silencieusement par la moraine, chacun plongé dans ses propres pensées. Seul le craquement de la terre gelée sous nos chaussures interrompait la quiétude monotone de la nuit. Alors que le soleil se réveillait à l'est, nous avons atteint le glacier, où la multitude de plateformes de pierres et quelques restes de précédentes expéditions nous confirmaient qu'ici, chaque printemps, se formait tout un village.

Nous avons fait une pause dans ce camp fantôme. Nous avons chaussé nos bottes munies de crampons et mangé un peu tout en admirant le soleil, qui peignait des couches de rouge sur le mur par lequel nous souhaitions monter. Lorsque l'astre s'est enfin intéressé à nous, ce fut comme s'il avait redonné vie à une fleur aux premiers instants de l'aube. Nous avons d'abord retiré nos capuches puis nous avons pu remuer librement nos têtes pour mieux observer tout ce qui nous entourait, et nos langues ne sont alors déliées pour savoir quel était le meilleur endroit pour attaquer l'ascension des deux mille mètres de neige et de roche qui nous attendaient.

Crampon-piolet, crampon-piolet. La neige, comme deux jours plus tôt, était d'une consistance parfaite, ni trop ferme ni trop profonde, et nous avancions sans faire de pause à un bon rythme de deux cent cinquante mètres de dénivelé par heure. Quelques heures plus tard, nous atteignions les sept mille mètres d'altitude, en grimpant sur d'immenses pentes enneigées entrecoupées d'éperons rocheux qui, eux, pointaient jusqu'au plus haut de l'arête Boardman Tasker, au-dessus des huit mille trois cents mètres.

Pendant l'ascension, nous étions comme saisis dans une bulle d'euphorie. Lorsqu'on escalade seul, la concentration doit être maximale : on tente toujours d'apaiser ses émotions pour qu'elles ne nous dominent ou ne nous trahissent pas ; alors qu'en groupe, tous les sentiments font surface et des sourires contagieux font leur apparition. Nous nagions dans le bonheur. Il faisait beau, plus beau que ce que nous aurions pu imaginer, nous n'avions pas froid et les conditions étaient idéales. Nous étions tous les trois en pleine forme, surtout Seb, et nous partions à la conquête d'une nouvelle voie vers le sommet de l'Everest !

Nous nous relayions en tête, Seb et moi. Jordi nous suivait de près. Nous avons traversé plusieurs couloirs de neige et continué sur un éperon d'où saillaient quelques volumes rocheux sous l'accumulation de neige, et nous avons alors dû accélérer les relèves. Nous nous passions le relais en tête tous les trente ou quarante mètres pour faire la trace dans une neige de plus en plus profonde. À l'ouest, des nuages tournaient autour du Raphu La, le col qui sépare les versants nord-est du Kangshung de l'Everest. Ils s'avançaient et commençaient à prendre possession du mur où nous nous trouvions. Ils ne nous ont pas intimidés car tous les jours de la semaine passée, des petits nuages se formaient en début d'après-midi pour disparaître presque aussitôt. Même en étant à presque huit mille mètres, où il devient difficile de respirer et où chaque pas nécessite un effort considérable, nous étions totalement euphoriques ; et alors que j'allais au-devant pour faire la trace, entravé par la neige jusqu'aux genoux, j'ai entendu Seb qui commençait à chanter – « *Libéré, délivré, je ne t'oublierai plus jamaaais... Libéré, délivré...* » – en parodiant la chanson du dessin animé préféré de sa fille, qui était aussi le seul film que nous avions dans notre campement.

Nous avons pris la décision de faire une pause, pour attendre que les nuages s'en aillent. En vain. C'est même tout le contraire qui s'est produit. Ils se sont faits de plus en plus denses, jusqu'à ce que nous ne puissions plus rien voir à dix mètres. Et comme si ça ne suffisait pas, il s'est mis à neiger.

Nous étions dans une situation très délicate. Le vent s'était levé et s'était mis à souffler fort, et entre la neige qui tombait et celle qui était déjà en place, des plaques d'une taille inquiétante étaient en train de se former. Nous nous trouvions au beau milieu d'un mur qui, d'ici quelques heures voire quelques minutes, allait se transformer en terrain miné d'avalanches. En pleine tempête, les yeux de Seb ont croisé les miens. Nous n'avions pas besoin de nous parler : il était hors de question d'aller plus haut.

Trois possibilités seulement s'offraient à nous : attendre, descendre ou sortir d'ici. Aucune ne nous inspirait confiance. Nous aurions pu descendre le mur sans grandes difficultés techniques, mais les couches de neige qui le recouvraient étaient trop dangereuses. Traverser vers notre droite pour aller à la recherche de l'arête nord n'était normalement pas très risqué, mais pour y arriver, nous aurions dû passer sur une pente de cinquante degrés sur laquelle s'était accumulée plus d'un mètre de neige fraîche. Et étant donné les conditions climatiques, attendre ne semblait pas non plus être une bonne idée.

Nous avons demandé à Jordi ce qu'il en pensait au moment où il nous a rejoints.

« À mon avis, on devrait traverser en diagonale vers l'arête, a-t-il répondu.

— Moi, je ne traverse rien sans voir où je vais, a répliqué Seb tout en essayant de se repérer à travers l'épais brouillard. L'autre option serait de descendre à toute allure.

— Avec le sol gelé et les arêtes pleines à craquer de neige ? intervint Jordi après avoir incliné la tête de côté.

— Là ! On arrive à distinguer l'arête, ai-je dit à mon tour, en voyant au loin la silhouette grâce au vent qui pendant un instant avait fait s'évaporer le brouillard. Vous voyez l'éperon ? Après, il y en a un second, et ensuite on arrive sur la crête, à quatre cent cinquante ou cinq cents mètres.

— D'accord, on ira un par un, a consenti Seb.

— OK, j'y vais. »

J'ai lâché cette phrase sans y repenser à deux fois.

« Tu te dévoues parce que tu n'as pas d'enfants ? a voulu savoir Seb.

— Oui, en partie. »

J'avais détourné un peu le visage et les mots sont sortis à voix basse. Je me suis immédiatement mis à marcher.

« Crie quand tu arrives à l'arête et on te rejoindra, OK ? »

C'était la voix de Seb que j'entendais dans mon dos.

À chaque pas que je faisais, mon corps se retrouvait entravé jusqu'au-dessus des genoux. Malgré les crampons, les grosses chaussures, les guêtres et tous mes vêtements, je sentais chaque particule de neige que je brisais, la consistance de chaque flocon. Lorsque je me trouvais devant une couche de neige plus dure, je respirais presque sereinement, au moins jusqu'à ce qu'elle soit franchie et que je doive entreprendre un nouveau pas en avant ; mais lorsque je m'enfonçais d'un coup dans une couche de neige molle, je retenais ma respiration un instant jusqu'à ce que j'aie pu vérifier qu'elle se maintenait en place. « Un pas de plus. Je continue la traversée. Je m'arrête. Je fais demi-tour ? » Si je rebroussais chemin, je ne ferais que retarder le destin. Un pas de plus. Mes genoux disparaissaient sous la neige. Un mur de mille mètres au-dessus de moi, et mille autres mètres qui plongent vers le bas. Surchargés d'une neige que le vent était en train de transformer en énorme plaque. « C'est un putain de piège, un terrain miné ! » J'avais peur de provoquer une avalanche à chaque pas, sans savoir si elle serait de vingt centimètres ou de plus d'un mètre d'épaisseur. Chaque mouvement me paraissait durer une éternité et ne jamais s'arrêter. Je tremblais dès que j'avançais un pied, avant d'y faire reposer tout le poids de mon corps, en pensant déjà au pas qui allait suivre. Il est vrai que si j'en venais à mourir, je ne laisserais pas grand-chose derrière moi, mais... Toutes mes pensées allaient vers Émelie. Elle occupait mon esprit. Nous avions prévu de partager tous nos instants de vie, ensemble. En misérable égoïste, j'ai aussi commencé à me lamenter en comptabilisant les sommets que je n'avais pas encore pu escalader et dont il ne resterait dans ma tête que de vagues images qui n'auraient pu se matérialiser. Non, désolé, mais je ne voulais pas mourir, pas encore. J'ai avancé un pied, à nouveau, et me suis encore arrêté. J'ai répété l'opération, avec toujours la même peur au ventre. Il est facile de marcher, mais plus difficile de prendre la décision de faire un seul pas.

« Ouaaah ! » J'ai crié de toutes mes forces en sentant que la neige qui m'enveloppait et me retenait debout était en train de se décrocher du mur et commençait à glisser.

J'ai instinctivement planté mes piolets dans la neige, aussi profond que possible, essayant d'en transpercer le moindre millimètre pour trouver la glace qui se cachait en dessous. Une vague de neige, tombée du haut, m'a frappé à la tête à toute vitesse et je me suis retenu fermement à mes piolets, en attendant que tout s'arrête. La puissance de l'avalanche a entraîné mes pieds, et je me suis retrouvé suspendu par les bras, avec cette cascade blanche qui me passait dessus. Et, d'un coup, elle s'est immobilisée. « Putain de merde, je suis vivant ! » Mes piolets étaient toujours plantés dans la neige. « Merde ! Je ne veux pas mourir comme ça. »

En redoublant d'efforts, j'ai pu atteindre l'arête et j'ai poussé le cri donnant à Seb et Jordi le signal qu'ils pouvaient faire la traversée à leur tour. Même en dehors du mur le plus incliné, un mètre de neige recouvrait l'arête et on n'y voyait rien à dix mètres alentour. Il allait être compliqué de trouver un chemin pour descendre en plein brouillard. Si nous déviions un peu sur la droite, nous nous retrouverions à nouveau sur la face nord-ouest, très instable, et si nous partions vers la gauche, la face nord nous réserverait le même accueil. « Bordel, mais oui, je suis bien monté par l'arête jusqu'à sept mille huit cents mètres avant-hier ! » Ça m'est revenu d'un coup, et j'ai tout de suite cherché la trace GPS de la sortie sur ma montre. Nous avons parlé de la situation avec Seb lorsqu'il est arrivé. Il nous fallait suivre de très près le chemin indiqué par la montre et, surtout, espérer qu'il soit assez précis. Jordi a émergé du brouillard et, alors qu'il se rapprochait, j'ai vu qu'il observait quelque chose vers le haut avec inquiétude et levait les bras pour nous signaler je ne sais quoi.

« Attention ! l'ai-je entendu crier.

— Oh la vache, plantez vos piolets ! »

Ça m'est sorti tout seul.

Une avalanche, petite heureusement, nous a submergés jusqu'à la taille. Même sur l'arête nous n'étions pas à l'abri de ces coulées.

« Merde, et merde… Seb. Il faut se tirer d'ici et vite ! On ne contrôle rien du tout ! »

Seb a pris la tête et a amorcé la descente par l'arête. Je le suivais à quelques mètres de distance, en lui indiquant la direction que me donnait la montre. Jordi était à cinquante mètres derrière moi, à moitié perdu dans le brouillard. Nous sommes descendus aussi vite que nous le pouvions, en nous efforçant de faire la trace au-dessus de nos genoux et d'éviter les avalanches qui se déclenchaient de-ci de-là sur l'arête, et se devinaient à peine dans la brume épaisse. Le temps défilait de manière aléatoire. Par moments il s'emballait, et l'instant d'après tout se figeait. Jordi était désorienté à cause d'un mal des hauteurs. La neige était toujours très instable et dévalait la pente par rafales. Au-delà du bruit permanent et saccadé de nos efforts et de nos respirations régnait le silence. Nous étions emprisonnés dans cet instant qui semblait ne jamais devoir s'arrêter. Puis, au fur et à mesure, le sol s'est fait plus plat, nous avons aperçu quelques crevasses. Bientôt, nous avons pu voir devant nous le mur du Changtse. Nous étions sur le col nord ! Nous avons cherché l'arête et, après quelques descentes en rappel, nous avons pu atteindre la rimaye et le glacier.

En arrivant, je me suis laissé tomber par terre, comme une masse, l'esprit complètement vidé. Avec Seb, nous nous sommes pris dans les bras l'un de l'autre et nous nous sommes mis à rire et à pleurer, tout à la fois.

« Mais putain, qu'est-ce qui s'est passé ? »

Jordi nous a rejoints, et juste à ce moment, nous avons vu une avalanche balayer l'intégralité du mur par lequel nous avions fait notre ascension, emportant tout ce qui se trouvait sur son passage vers le néant.

En silence, nous avons marché à travers la moraine en direction du camp. Nous étions à dix kilomètres. Alors que la nuit tombait, je me demandais comment nous avions pu passer de l'euphorie au cauchemar en moins d'une minute. « Combien de jokers ai-je joué aujourd'hui contre la mort ? »

CHAPITRE 3

Cinq cents dossards déjà !

J'entends retentir l'alarme de mon téléphone alors que je viens à peine de trouver le sommeil. D'une main maladroite, je coupe le son et cherche l'interrupteur pour allumer la lumière. Agressé par la brutale clarté dans la chambre d'hôtel, je n'arrive pas à ouvrir complètement les yeux. Je me lève, j'attrape un morceau de pain, reste de mon dîner. Je le presse pour vérifier qu'il n'est pas trop sec, le tartine d'une bonne couche de confiture, en croque une bouchée. Je ferme les yeux et je sens que l'ordre des choses se rétablit. Ah, ce moment où disparaît la sensation d'avoir une poignée de grains de sable coincés derrière les paupières est un véritable plaisir ! Une seconde bouchée, une troisième. Je sens le pain créer une boule dans ma gorge. Il est trop tôt pour manger. Une dernière bouchée et je retourne m'enfouir sous les draps. Je règle l'alarme pour qu'elle se remette à sonner d'ici une heure. Je ferme les yeux et je tente de me rendormir. Je m'efforce de faire le vide dans mon esprit, mais en vain : le profil de la course, les ravitaillements et la stratégie se cognent dans tous les recoins de mon sommeil.

Le réveil se remet à sonner. Cette fois les draps ne me retiennent pas et mes paupières ne pèsent plus. Je saute du lit et la routine frénétique commence : aller aux toilettes, boire un peu d'eau, retirer mon caleçon, enfiler mes affaires de sport, soigneusement empilées la veille, avec le dossard bien accroché sur le tee-shirt. Je reprends de l'eau, je refais un tour aux toilettes. Je me couvre d'une veste. Maintenant c'est bon, je suis prêt. J'éteins la lumière, ferme la porte de la chambre et laisse les clés sous le paillasson. Je trottine jusqu'à la sortie.

Après des centaines de répétitions, plus de cinq cents pour être plus précis, ce séquençage a fini par perdre le charme d'une cérémonie d'exception pour ne devenir rien d'autre qu'une façon mécanique et routinière d'optimiser mon temps. Par moments, encore, je ressens quelque chose qui se rapproche de l'excitation.

Eh oui, j'en suis déjà à plus de cinq cents dossards.

Le tout premier, ce sont mes parents qui me l'ont fait porter alors que je ne savais pas encore marcher, pour faire la descente de la Fin d'année de La Molina. J'avais deux mois et Édouard, mon père, me tenait suspendu par les bras, mes skis effleurant à peine la neige. Ma mère m'en a mis un autre alors que je n'avais même pas un an et demi pour faire une marche en amateur de cinq heures, et cette fois je supportais mon propre poids. Je me souviens aussi d'avoir participé pour la première fois, à l'âge de trois ans, à la Marxa Pirineu, cette course de ski de fond qui embrasse les douze kilomètres reliant le refuge du Cap del Rec, où j'ai grandi, à la station de ski nordique d'Aransa. Je suis arrivé seul jusqu'à la moitié du parcours, puis j'ai fait la dernière partie du chemin sur la motoneige qui fermait la course. Dès l'année suivante, je parvenais à faire la course en entier.

Avec ces balbutiements de compétitions sportives, je plantais sans le savoir la graine d'un mode de vie qui m'a depuis fait parcourir le monde pour des épreuves en tout genre. Jusqu'ici, j'ai compté plus de cinq cents matins à me lever aux aurores pour m'épingler au niveau de l'abdomen un petit rectangle portant un numéro. Je vais maintenant vous raconter l'histoire de quelques-uns de ces dossards.

Zegama (Espagne, 2007) : six secondes qui ont tout changé

C'était la fin de l'été, les premiers jours de l'automne. Le brouillard voilait un paysage composé d'une étendue de fougères au vert intense. Une fine couche de molécules d'eau microscopiques était suspendue dans les airs, figée, immobile. On se rafraîchissait en passant rapidement à travers, mais on en ressortait trempés ! Des fils de laine orange fluorescent zigzaguaient entre les pâturages à l'herbe courte et les pierres, blanches comme le marbre et aiguisées comme des couteaux. Alberto et son groupe les avaient tendus le long du parcours pour que nous ne nous perdions pas sur les collines de l'Aratz avant de replonger dans les bois, d'y effrayer les démons tapis dans le brouillard, et de retrouver un chemin fait de boue et de pierres.

Nous étions le 23 septembre, et je devais passer un examen à l'université le lendemain. Mais à ce moment-là, je ne m'en souciais pas, totalement occupé que j'étais par la contemplation, juste devant moi, du débardeur orange du Ségovien Raúl García Castán. Toute cette année 2007 nous nous étions défiés sur les mêmes courses en Andorre, en Malaisie et au Japon. La Zegama, à Guipúzcoa, qui est le marathon de montagne le plus important du monde, faisait office de finale des séries mondiales, et si Raúl remportait la course, il repartirait avec la coupe du monde de *skyrunning*. Même si j'étais confiant étant donné mes résultats sur la saison écoulée, je savais que mon adversaire réalisait ses meilleures performances sur ce genre de formats longs. De mon côté, en m'entraînant, j'avais poussé mes sorties jusqu'à quarante kilomètres, voire quatre-vingts, mais je n'avais fait aucune course en compétition sur une distance de marathon jusqu'à une semaine avant la Zegama, à Sentiero delle Grigne.

Pendant la première moitié du parcours, nous formions un peloton de quatre et aucun de nous n'a vraiment mené d'attaques. En plus de Raúl, je courais avec Jessed Hernández et Tòfol Castanyer, venu de

Majorque. Jessed était en ce temps un jeune prodige que je connaissais depuis plusieurs années. À dix-huit ans, il était allé s'installer à Estana, un village très proche de Montellà où je vivais alors. Même s'il avait quatre ans de plus que moi, nous nous sommes tout de suite bien entendus car il n'était pas courant de rencontrer d'autres jeunes qui aimaient courir en montagne. Cette année-là, nous avons fait ensemble la course de Caballos del Viento, et nous sommes venus à bout de ses quatre-vingts kilomètres autour des massifs du Cadí et du Pedraforca en un peu plus de dix heures. Il était sans aucun doute l'un des coureurs les plus talentueux que j'avais eu l'occasion de rencontrer. Il avait beaucoup de force, une puissance à l'état brut. Qui sait jusqu'où il serait arrivé s'il avait eu l'esprit plus focalisé sur la course et le suivi d'un bon entraînement ? Manuel Hernández, son père, et Enric Pujol ont fait partie de la troisième expédition arrivée au sommet du Broad Peak (huit mille cinquante et un mètres), dans le Karakoram, à la frontière entre la Chine et le Pakistan. C'était à l'été 1981. Ils eurent un accident en amorçant la descente et Enric perdit connaissance. Ils durent passer trois nuits à sept mille six cents mètres en attendant les secours. Enric Pujol ne s'est jamais réveillé.

Ce silence était absurde. Nous n'entendions que le son de nos respirations, mélangé à celui de l'impact de nos sauts et appuis lorsque nous descendions à toute vitesse. Le « cric-crac » des pieds qui écrasaient la généreuse couche de feuilles mortes, collées les unes aux autres, sur un épais tapis de boue. On aurait dit qu'on cherchait à sortir d'un bois enchanté comme dans les contes de fées. Soudain, dans le brouillard, nous avons été rattrapés par ceux qui étaient sur nos talons. Ils arrivaient sur nous comme deux animaux affamés, bondissant pour se jeter sur leur proie, ce qui faisait s'élever un vacarme de feuilles mortes et de vieilles branches. Il s'agissait des locaux Zuhaitz Ezpeleta et Fernando Etchegaray, qui arrivèrent à notre niveau juste avant la moitié du parcours. Ils ont gardé leur rythme et nous ont dépassés à toute vitesse. Ils se donnaient à fond, comme s'ils tenaient à finir la compétition sur un sprint. Je n'ai pas compris tout de suite pourquoi. Mais je l'ai su peu de temps après.

Sur le dernier tronçon de la descente, il fallait traverser un tunnel creusé dans le calcaire. Il n'est pas très long, mais une portion de quelques mètres en son centre se fait dans l'obscurité la plus totale, et sur un sol jonché de galets de toutes tailles qui requièrent une concentration maximale de la part des coureurs. C'était la première fois que je participais à la Zegama, YouTube n'existait pas encore et j'avais beau avoir pris connaissance de l'ambiance de la course grâce au bouche-à-oreille, j'ai pris peur en entendant un murmure grandissant, comme une multitude de voix retentissant au loin qui se propageaient dans la vallée. Je me concentrais sur le placement de mes pieds entre les pierres, plongé dans le noir, et je ne pouvais pas me permettre de me laisser distraire par le bruit. Lorsque nous avons émergé et retrouvé la lumière au bout du tunnel, je me suis retrouvé en face d'un millier de personnes équipées de clochettes et de trompettes.

Les deux Basques couraient en tête les bras levés. Ils s'ouvraient un passage dans la marée humaine des spectateurs, et l'agitation s'amplifiait à mesure qu'ils avançaient, jusqu'à frôler l'hystérie. J'étais si impressionné et abasourdi que je ne me suis pas arrêté au ravitaillement. « Courage, Kilian, et sang-froid ! » J'ai ralenti, fait demi-tour, attrapé un verre d'eau et un gel, mais l'excitation et le grondement de la foule m'empêchaient de rester calme, ne serait-ce qu'une seconde. Le parcours filait tout droit vers un champ d'herbe et de boue, très pentu. Sur une course d'une telle distance, j'aurais dû profiter de l'inclinaison du terrain pour marcher un peu et me remettre d'aplomb avant la longue montée, pour boire l'eau et avaler le gel, mais c'était impossible ici. On ne ressentait pas l'effort fourni avec tout ce raffut, et on ne pouvait que courir de toutes ses forces, porté par l'énergie de tous ces gens.

Les courses *courtes*, celles qui demandent entre une et quatre heures pour faire vingt à quarante kilomètres, exigent une concentration de chaque instant. Elles ne sont pas comparables, par exemple, au kilomètre vertical de Fully, en Suisse, que l'on vit dans une bulle hermétique et où la moindre erreur peut tout anéantir ; mais elles ne ressemblent pas non plus aux courses longues, au cours desquelles il faut savoir se ménager et faire en sorte que l'épuisement ne s'acharne pas sur le corps. Sur ces courses de format moyen, il faut rester concentré, c'est sûr, mais même si l'on se trompe à un moment, il existe toujours une marge qui permet de se rattraper. On peut commencer avec une course technique, se tenir prêt pour attaquer au meilleur moment, se ménager des temps de repos ou même attendre de reprendre assez de forces pour accélérer à nouveau. J'avais préparé la Zegama en prenant en compte ces paramètres, et je m'en étais tenu à ma feuille de route jusqu'à la sortie du tunnel où je devais rejoindre le ravitaillement. À partir de là, j'ai perdu le contrôle : la liesse des spectateurs nous a pressés de tout mettre sur le tapis bien avant ce que j'avais prévu, et de boucler les derniers vingt kilomètres comme si nous étions en train de nous défier sur une course de vitesse. Terrible.

Après avoir dépassé une montée, pendant laquelle j'ai rattrapé les deux Basques et creusé l'espace entre eux et moi, j'ai commencé à entendre un nouveau murmure encore plus intense que le précédent. J'ai levé la tête. Je n'arrivais pas à y croire : des milliers de personnes étaient disséminées dans chaque recoin du pic d'Aizkorri, le point culminant de la course. J'avais l'impression d'être le cycliste du Tour de France redoublant d'efforts et suant à grosses gouttes en plein mois de juillet, qui s'ouvre un passage sur le col du Tourmalet. La fusion entre nous – le public et les coureurs – était totale. Je n'ai jamais ressenti ça dans aucune autre course. C'est très spécial. Vraiment.

Finalement, en me faisant violence, j'ai franchi la ligne d'arrivée en première position, seulement six secondes avant Raúl García. Après avoir passé le dernier col avec un bon avantage sur les autres, j'ai vu que le Ségovien se rapprochait, ce qui m'a poussé à courir les derniers trois kilomètres à une vitesse dévastatrice. Ces six secondes, un temps apparemment si resserré mais qui se ressent comme une éternité, m'ont permis de soulever le trophée de la Coupe du monde de *skyrunning*. Ces six secondes m'ont offert la possibilité de donner corps à mes rêves. Depuis ce jour-là, ces six secondes sont toujours restées une source de motivation qui m'a permis d'arriver premier à de nombreuses courses. Ce sont les six secondes les plus précieuses de ma carrière.

Grâce à cette course, j'ai compris qu'il n'y a qu'un pas entre la victoire et la défaite, qui dépend toujours de détails insignifiants.

Quelques semaines plus tôt, j'avais participé à la Giir di Mont, une course de trente-deux kilomètres dans le nord de l'Italie. Le vainqueur repartait avec une voiture comme récompense, une Fiat Panda. À l'époque, je n'étais encore qu'un gamin de dix-neuf ans qui, lorsqu'il voulait participer à une course un peu éloignée, devait arrêter de payer l'électricité et vivre une semaine dans la pénombre pour pouvoir se payer le voyage et les droits d'inscription. Sur cette course, le favori était le Mexicain Ricardo Mejía, qui régnait en maître sur les courses de montagne durant la décennie précédente : il était arrivé cinq fois premier sur la mythique Sierre-Zinal, avait remporté plusieurs fois le marathon de Pikes Peak et avait été couronné champion de la Zegama l'année précédente. C'était la deuxième fois que j'avais l'occasion de me mesurer à lui et cela faisait tout juste une semaine que je venais de gagner ma première épreuve à Andorre pour la Coupe du monde de *skyrunning*, le même lieu où j'avais vu Ricardo pour la première fois, deux ans plus tôt.

Cette Giir di Mont m'a finalement réservé une surprise de taille. J'ai commencé en attaquant, avec beaucoup d'entrain, et je me suis d'un coup retrouvé devant tout le monde. Ricardo Mejía me suivait, de son pas court mais dynamique, courant toujours, même sur une côte impossible. Il m'a doublé. Dès lors, nous nous sommes relayés en tête, d'abord lui, puis moi. Je passais devant dans les descentes, il me devançait dans les montées. Au sommet de l'ultime montée, il avait sur moi deux minutes d'avance et, si je voulais gagner, je n'avais rien d'autre à faire que de m'élancer dans la descente comme si ma vie en dépendait. À un kilomètre de l'arrivée, je suis arrivé à sa hauteur, mais je n'arrivais pas à le semer. Nous étions à trois cents mètres de la ligne d'arrivée et la terre s'est changée en bitume. Une petite côte nous séparait encore du but… et de la Fiat Panda. Plus expérimenté et malin que moi, Ricardo s'est lancé dans un sprint sans me laisser le temps de comprendre ce qu'il se passait. Il avait économisé ses forces sur la dernière descente alors que j'étais arrivé au bout de mes réserves en essayant de me maintenir à son niveau. Il est parti comme une flèche vers la ligne d'arrivée. Je le voyais s'éloigner et je ne pouvais rien y faire, mes jambes ne pouvant pas donner l'élan que mon cerveau leur ordonnait d'avoir. Six secondes ont fait de moi le perdant.

Je me suis trompé pendant plusieurs années en pensant qu'une course se résumait à ce qu'il se passe entre le moment où retentit le coup de pistolet du départ et celui où l'on franchit la ligne d'arrivée. J'étais aveuglé par la vision binaire d'une course semblable à un jeu pour lequel on gagne ou on perd, pour lequel on fait un bon ou un mauvais temps. J'étais trop obnubilé par le besoin d'arriver le mieux classé pour comprendre que ce qui avait compté sur la Zegama n'était pas la clameur du public, ni le dîner riche en hydrates de carbone de la veille, mais l'énergie déployée par Alberto et Ainhoa pour faire en sorte que ce village, ces montagnes et cette journée soient pendant un moment habités de magie pour tous les habitants ; ou que la véritable célébration n'avait pas lieu sur le podium, mais se vivait dans une discussion, en dînant autour d'une table, entre cuisiniers, coureurs, organisateurs et spectateurs. Ou encore qu'à Giir Di Mont, la compétition en soi était moins importante que les pizzas de chez Peppa. Mes erreurs ont été le prix à payer pour atteindre le niveau physique et l'instinct de compétition nécessaires, et réussir à me faire une place dans ce milieu.

Hardrock (Colorado) : cent milles pour embrasser une pierre

Le jour commençait à décliner lorsqu'apparut le pas de Virginius, un col situé à près de quatre mille mètres dans les montagnes du sud du Colorado.

Heureusement, nous étions déjà sortis des bois et, malgré les ombres des arbres qui diminuaient la visibilité, le ciel était encore resplendissant. Quelques nuages stagnaient au-dessus de nous, nous rappelant qu'à n'importe quel moment, une tempête déversant eau et neige pouvait éclater, égayant ainsi le reste de notre journée à grand renfort de grêle et d'éclairs.

Le jaune étincelant des pierres s'éteignait à vue d'œil alors que devant nous s'élevait une crête couverte de centaines de sommets qui se détachaient sur le firmament. Entre deux de ces tours de granite, dans une brèche d'un peu plus d'un mètre de large, se cachait l'un des rares chemins qui permettaient de traverser ces montagnes sans avoir à entreprendre un long détour. C'est dans cet endroit tellement resserré et presque inaccessible qu'était installé le ravitaillement le plus haut de la course, et probablement l'un des plus hauts de toutes les courses organisées dans le monde entier.

Une longue langue de neige nous indiquait le chemin à emprunter pour y parvenir. Le paysage devenait totalement binaire : le blanc de la neige contre le noir de tous les autres éléments – roche, arbres, montagnes. Nous avions parcouru plus de cent kilomètres depuis le matin et je sentais la fatigue gagner mes jambes pour la première fois. Je ne pouvais plus me permettre d'entreprendre des efforts inutiles, comme accélérer pour dépasser une partie plus technique ou sauter par-dessus une haie au lieu de l'ouvrir. Le terrain de la montée était chaotique et il n'y avait aucun sentier pour nous mener jusqu'à la langue de neige. Nous devions emprunter une côte parsemée de pierres instables qui nous faisaient dévaler vers le bas à chaque pas. J'essayais d'adopter un pas rapide en évitant de trop appuyer le poids de mon corps pour tromper le terrain. Quand finalement je suis arrivé au niveau de la neige, elle était si dure à cause du peu de chaleur qu'elle recevait – même si nous étions en plein mois de juillet, à plus de quatre mille mètres d'altitude et qu'il faisait encore jour – que je devais contracter mes orteils de toutes mes forces pour que mes baskets restent suffisamment rigides et puissent s'y planter, ne serait-ce que de quelques millimètres. Je priais seulement pour ne pas glisser et tomber à la renverse. Pendant ce temps, le ciel avait abandonné sa couleur bleue et pris petit à petit une tonalité presque transparente, turquoise, avant de se teinter de jaune, d'orange et, finalement, d'exploser en un rouge profond avant de se dissiper dans l'obscurité d'un bleu presque noir, en passant par le pourpre.

J'ai pu me délecter de ce chromatisme juste avant d'arriver au ravitaillement de Kroger's Canteen. Rickey Gates, un coureur nord-américain très talentueux, capable de gagner des courses de dix comme de cinquante kilomètres, m'accompagnait. C'est un spécimen des plus étranges : on peut aussi bien le croiser sur la ligne de départ de la Sierre-Zinal, se battant pour avoir la meilleure place, que sur sa moto le long de la route 66, ses sacoches remplies du nécessaire pour voyager pendant plusieurs mois, de l'Alaska à la Patagonie, ou encore dans une grange d'Alabama, cherchant un endroit pour dormir alors qu'il traverse les États-Unis, de côte à côte, sans assistance. J'ai rencontré Rickey lors de ma première participation à la Sierre-Zinal, en 2009. Il était arrivé quatrième. Depuis ce jour-là, nous nous sommes retrouvés sur beaucoup de courses, des Alpes jusqu'en Alaska, et il a joué le rôle de *pacer* chaque fois que j'en ai eu besoin en compétition. Sur une course d'une distance de cent milles aux États-Unis, il est normal de se faire accompagner par un coureur pendant les derniers cinquante ou soixante kilomètres, pour garder le rythme. Même s'il n'a pas le droit d'aider physiquement, ni de porter la nourriture ou l'eau, le soutien moral apporté par le *pacer* quand on a déjà plus de cent kilomètres dans les jambes est considérable. Rickey a été mon *pacer* pour mes deux participations à la Western States 100, et il m'a également soutenu sur la Hardrock Hundred Endurance Run lors d'une longue nuit où la pluie et la foudre sont tombées sans répit.

Au moment où le ciel était le plus rougeâtre, et se tenait prêt à dévoiler un carmin si intense qu'il semblait surnaturel, nous sommes arrivés au col de Kroger's Canteen, où se situait le ravitaillement et qui est sûrement le plus haut sur une course de cent milles. J'ai alors entendu une voix me demander :

« Eh, Kilian, un shot de tequila ? »

Sur cette crête au-dessus des quatre mille mètres, dans un espace de deux mètres carrés, entre deux parois rocheuses et entouré de vide, un homme habillé en orange et coiffé d'un casque d'escalade remplissait un gobelet métallique de tequila, sortie d'une bouteille en cristal. C'était Roch Horton, un coureur vétéran d'ultrafond qui, après avoir terminé dix fois cette course, avait décidé de tenir ce point de ravitaillement si spécial pour la décennie à venir. Comme il le disait : « Dix ans à recevoir, et dix ans à donner. » J'étais toujours sous le coup de la surprise quand Rickey a lâché :

« Moi oui, j'en veux bien un !

— Bon, d'accord, un verre ne me fera pas de mal. Mais un petit, hein ? J'ai encore cinquante kilomètres à faire et mes jambes commencent à bien fatiguer », ai-je répondu, un peu confus.

Alors que Roch nous servait la tequila, accompagnée de quelques burritos garnis d'avocat, d'œufs et de légumes, j'ai remarqué que cinq autres personnes peuplaient ce lieu hors norme. Ils avaient apporté un *portaledge*, une espèce de hamac qui s'utilise pour dormir suspendu contre une paroi. Ils avaient placé sur une étagère des gâteaux, des patates cuites, des sandwichs, des burritos et un panneau sur lequel était inscrit le menu qu'ils étaient en mesure de nous préparer là-haut, avec des précisions : végétarien, vegan ou carné. Ils étaient aussi équipés de réchauds, ceux que l'on utilise pendant les expéditions, de casseroles pour faire bouillir l'eau, et de poêles pour satisfaire tous les désirs des coureurs. Nous étions tous assis sur un matelas dont je n'ai toujours pas compris, malgré tous mes efforts, comment ils avaient pu le transporter là-haut. Ils l'avaient installé sur un mur de pierre construit de leurs mains les semaines qui avaient précédé la course.

À cette altitude, nous contemplions le travail de la masse obscure de la nuit qui avait envahi les vallées et s'étendait vers les hauteurs, faisant disparaître les couleurs de la montagne et du ciel. Pendant ce temps, Scott Jurek – sept fois vainqueur de la Western States, trois fois de la Spartathlon (deux cent quarante-six kilomètres), deux fois de la Badwater, et qui avait également triomphé ici – nous expliquait ce qu'avait de très spécial ce point de ravitaillement, qui est le seul pour lequel il existe une liste d'attente des bénévoles. Tous sont des *hardrockers*, c'est-à-dire qu'ils ont tous terminé au moins une fois cette course de cent soixante kilomètres, et tous sont personnellement invités par Roch. Accueillir les coureurs à la Kroger's Canteen est un privilège exclusif qui a fait la réputation de ce lieu. C'est aussi gratifiant, sinon plus, que de gagner la course.

Lors de ma première participation à une course de cent soixante kilomètres, en 2008 sur l'UTMB, l'ultra-trail qui fait le tour du mont Blanc, j'étais curieux de savoir si j'étais capable de parcourir la distance d'une traite et si, en plus, je pouvais le faire à un bon rythme. J'avais vingt ans. Tous mes doutes se sont dissipés ce jour-là. Tout ce qui me motivait sur cette distance était de savoir si j'avais l'étoffe d'un bon concurrent et si j'étais capable de gagner. Je m'y engouffrai avec le même esprit de défi qui m'habitait pour des compétitions plus courtes, comme le kilomètre vertical. J'ai donc suivi le même entraînement, la même stratégie, le même planning. Mais sur des courses très longues, ce genre d'approche et de pratique, purement compétitives, a été vécu comme un défi, une rupture avec les us et coutumes, surtout en France, où l'on pensait que l'ultra-trail était une discipline réservée aux vétérans, qu'il fallait aborder avec patience pour parvenir à franchir la ligne d'arrivée en un seul morceau. Et en effet, le vainqueur des trois dernières éditions de l'UTMB avait été l'Italien Marco Olmo, qui fêtait cette année-là ses cinquante-neuf ans !

Pendant plusieurs mois, je me suis mis à suivre un entraînement sur des distances plus longues et je me suis rendu compte que j'étais capable de courir pendant huit ou neuf heures d'affilée sans avoir besoin de boire ou de manger. J'ai compris que je pourrai donc avancer plus léger, sans avoir à supporter le poids de l'eau entre deux ravitaillements. En étudiant les vidéos et les temps moyens réalisés par les vainqueurs des années précédentes, je me suis dit que si j'étais en mesure de faire toute la course en courant, sans marcher, je pourrais la terminer en dix-neuf heures, ce qui m'assurerait la victoire. J'ai terminé mes entraînements longs comme il se devait, préparé le matériel minimum obligatoire et nécessaire, et j'ai tenu un rythme rapide sur toute la course. Je me suis retrouvé seul, en tête, dès le vingtième kilomètre.

Cette même année, aux États-Unis, Kyle Skaggs, vingt-trois ans, remportait la Hardrock 100. Il était le premier à passer sous la barre des vingt-quatre heures et, qui plus est, avec un style minimaliste, tout en y allant rapidement dès le premier kilomètre. De nos jours, grâce aux nouvelles préparations et méthodes d'entraînement, la peur de se lancer rapidement et avec un équipement réduit au minimum vital a disparu. Il n'y a aucun mystère à résoudre pour terminer une course de cent soixante kilomètres ; la difficulté est de courir rapidement du premier jusqu'au dernier mètre. La longue distance est aussi chaque fois un voyage unique et singulier. Parfois, le voyage est intérieur, les émotions qui jaillissent sont vécues plus intensément avec la fatigue, on devient plus sensible ; et d'autres fois, il est extérieur, quand on se met à connaître tous les recoins d'une montagne et de paysages, quand du lever du soleil jusqu'à son coucher, on accompagne les animaux qui se réveillent et qui courent à nos côtés sous la lueur de la lune.

Quand je participe à une compétition, j'y vais pour arriver le premier. C'est ce que j'aime. Je suis celui qui mène le plus d'attaques, le plus compétitif, mais je suis en même temps convaincu que la satisfaction générée par une victoire doit être intime et privée. J'ai une certaine aversion pour tout ce qu'une compétition peut avoir de pompeux. Se vanter, se percher sur un podium pour dominer les autres de sa hauteur, suiveurs et perdants, pour que tout le monde sache qui est le meilleur… En fin de compte, la victoire n'est qu'intérieure, individuelle, et ne s'expose pas. Tout comme la défaite.

Ces cérémonies et cette symbolique tuent la compétition. Ils en ont bien conscience sur la Hardrock 100. En ayant supprimé tout ça, ils en ont fait une *vraie* course. Une course absolue, totale, dégagée de tout gadget ou exhibition superflue.

Le jour suivant le coup de pistolet du départ, tout le monde n'attend que le dernier coureur à Silverston, qui est aussi le point de départ, et qu'il embrasse la pierre qui fait office de point final. Oui, la pierre. Ici on ne retrouve pas l'arche habituelle avec sa ligne large, mais une grosse pierre brute de deux mètres carrés estampillée du logo de la Hardrock 100 : un bon morceau de montagne. Après un casse-croûte frugal, les coureurs, les bénévoles et tous ceux qui déambulent dans les environs se réunissent dans le gymnase de l'école pour fêter la fin de ce week-end dément. Les coureurs qui ont embrassé la pierre au maximum quarante-huit heures après avoir pris le départ, la limite établie, reçoivent un diplôme. Les bénévoles des différents points de contrôle et les *pacers* sont aussi appelés et un hommage leur est rendu. Tout le monde a un rôle à jouer dans cette compétition, et tout le monde est mis sur un pied d'égalité. Tous célèbrent l'amour du sport et des montagnes. Voilà ce que toute compétition devrait être.

UTMB (Ultra-Trail du Mont-Blanc) : effervescence, excitation et exposition

Aujourd'hui, le *running* est un sport reconnu et assez médiatisé, alors qu'on en entendait à peine parler il y a dix ans. Tout a changé en 2006, quand l'Américain Anton Krupicka a remporté la course de Leadville, dans l'État du Colorado : l'une des compétitions les plus prestigieuses sur une distance de cent milles. C'était un jeune coureur d'une vingtaine d'années qui, à la surprise générale, a su s'imposer avec un style bien particulier : des baskets minimalistes, un short très court, torse nu, crinière blonde flottant dans le vent. Il défendait, en plus de ça, une philosophie de proximité avec la nature et de refus de la confrontation avec ses pairs, car selon lui, c'était une exploration personnelle qu'il fallait faire prévaloir. La victoire d'Anton et son message ont eu un retentissement beaucoup plus fort que le record établi l'année précédente par le fantastique Matt Carpenter, qui régnait sur le marathon de Pikes Peak depuis presque vingt ans.

Deux ans plus tard, Erik Staggs battait un nouveau record sur la Hardrock et, peu de temps après, je m'imposais moi-même sur l'Ultra-Trail du Mont-Blanc. Un nouvel air soufflait sur ce sport. C'est aussi en 2006 qu'a été publié *Born to Run*, le livre de Christopher McDougall sur l'histoire des coureurs mexicains Tarahumaras qui parcouraient les cent milles chaussés de simples sandales, mais aussi sur l'impressionnante coureuse américaine Ann Trason qui pulvérisait toutes les courses et allait plus vite que tous les hommes, et sur Scott Jurek, invaincu sur toutes les courses de longue distance. De son côté, avec son livre *Ultramarathon Man*, Dean Karnazes ouvrait la pratique du *trail running* aux citadins et aux hommes d'affaires en manque de déconnexion et de défis. Cette succession d'événements, à laquelle il faut ajouter une floraison de courses longues organisées un peu partout, a porté à ébullition la marmite dans laquelle mijotait le succès fulgurant qu'allait connaître ce sport dans les années qui suivirent. Cela dit, les hommes courent en montagne depuis des siècles. On peut d'ailleurs parler de compétition en montagne à partir de l'an 1040, quand le roi Malcolm Canmore fit organiser une *hill race* en Écosse, dans le but de sélectionner ses messagers.

En 2002, alors que je faisais mes premières foulées en compétition, la star du moment était Fabio Meraldi, et il était à l'apogée de ses exploits. Avec Bruno Brunod, Matt Carpenter, Ricardo Mejía ou Adriano Greco, il avait arpenté les sommets les plus hauts du monde en pratiquant cette discipline baptisée *skyrunning* par Marino Giacometti en 1993. Émerveillé par ces coureurs célestes, je rêvais depuis l'adolescence de pouvoir un jour suivre leurs traces. En 2007, j'ai remporté la Coupe du monde de *skyrunning* et la Pierra Menta. C'est alors que je me suis intéressé à la longue distance, que je voulais absolument tester.

En Europe, l'UTMB était la course sur laquelle tous les coureurs spécialistes de la discipline se mesuraient, empreints de désir et de respect, depuis sa première édition en 2003.

J'ignorais en ce temps-là que ma vie allait changer de façon radicale, pas spécialement sur le plan sportif, mais parce que, du jour au lendemain, j'allais me retrouver sous les projecteurs de la machine médiatique qui m'a sorti de l'anonymat. C'est alors que j'ai entamé une relation ambivalente, de l'amour à la haine, avec le *trail running* et tout ce qui l'entoure. Ces courses sont une vitrine où l'on est en représentation et les coureurs s'y inscrivent pour s'exhiber. À cause de tant d'attention médiatique, on oublie souvent les fondamentaux du sport : le respect de la nature et de la communauté avec laquelle elle cohabite.

Je ne pourrai rien dire de très original sur l'UTMB. Vous en apprendriez plus en faisant une recherche sur Google. Par contre, ce que je veux partager ici, c'est l'effervescence et l'excitation qu'on y trouve et qui touche autant les coureurs que les spectateurs. Les temps changent et nous devons nous adapter à de nouvelles réalités hypermédiatiques, je le sais bien. C'est pour ça que je vous propose, dans les lignes qui suivent, une petite fable que j'ai rédigée non pas avec la prétention de faire l'instruction de quiconque, mais plutôt comme une caricature. On pourrait résumer le tout en une phrase très simple : « Le matin, que tu ailles courir ou applaudir, prépare-toi une infusion de tilleul avant de sortir. »

Spectateur, espèce invasive

Le coureur s'engageait droit devant sur la dernière montée du marathon sans laisser le temps au spectateur distrait de terminer son sandwich. Cet homme au bon cœur se sentait le devoir de donner plus que quelques cris d'encouragement, il avait calculé qu'il devait avoir pris quatre bouchées après que le coureur en tête est passé et affirma donc à l'athlète en plein effort : « Allez, tu le suis de près, il est à quarante secondes ! Allez, allez, tu vas le rattraper ! » Le coureur a continué, très motivé, jusqu'à tomber sur un autre spectateur – muni d'une montre dernière génération mais pensant qu'au fond la méthode consistant à observer le mouvement apparent du soleil est plus fiable que la technologie –, qui avait remarqué que l'astre roi était descendu de deux millimètres, et lui lâcha : « Vas-y, mon gars, il est à peine quatre minutes devant. » Déconcerté, l'athlète maugréa entre ses dents : « Putain, je suis déjà explosé et en plus le mec me retire trois minutes et vingt secondes en un kilomètre ! » Peu après, comme il retrouvait sa contenance, lui vint l'idée que, peut-être, les estimations des spectateurs étaient légèrement hasardeuses et il se mit à calculer la moyenne entre les deux temps. Il en était là lorsqu'il passa à côté d'un troisième spectateur qui lui dit : « Cours, cours, cours ! T'es à deux minutes du premier ! » Allons donc. Et qu'a donc fait l'athlète ? Il les a tous envoyés se faire cuire un œuf.

Au ravitaillement, il a retrouvé son équipe d'assistance qui, après avoir rempli ses bouteilles d'eau fraîche et lui avoir donné de quoi manger en un temps digne d'un arrêt au stand de formule 1, l'a accompagné en courant vers la sortie de la zone de contrôle, afin de le stimuler et de lui donner les derniers renseignements : « Allez, tu vas arriver sur une côte de mille mètres et tu connais la suite : du plat et de la descente jusqu'à la ligne d'arrivée. » Et c'est alors qu'ils lui mentirent pour qu'il aille plus vite : « Il est à deux minutes et trente secondes devant toi ! » Le coureur sortit regonflé, ses réserves d'énergie au plus haut niveau et son moral chatouillant les nuages. Ça dura jusqu'aux premiers mètres de la montée sur une forte pente, où ses jambes reprirent un rythme de trot, puis se mirent à marcher. Malgré tous ses efforts pour accélérer, ses jambes ne l'écoutaient pas et menaient leur propre vie. Il avait le moral dans les chaussettes, était sur le point d'écraser ses derniers morceaux d'enthousiasme lorsqu'il distingua au loin le coureur en tête, et calcula le temps qui les séparait : six minutes ! Sa propre équipe l'avait donc piégé.

Malgré tout, il continua à se donner à fond, non pas parce qu'il entretenait encore un quelconque espoir de victoire sur cette course, mais parce que c'était là l'attitude à adopter pour tirer le meilleur de soi. En arrivant en haut de la montée, il se retrouva devant une foule de spectateurs. Grâce à tant de cris de soutien – on l'interpellait même par son prénom –, il puisa de l'énergie alors qu'il pensait n'en avoir plus même une trace. Il accéléra le pas, se remit à courir ; et pris au jeu de l'excitation générale, il levait les mains, le public répondait en hurlant deux fois plus fort et en l'encourageant toujours plus. Puis le coureur sentit une main lui prendre l'épaule pour le pousser vers l'avant, et une seconde lui agripper vigoureusement les fesses, mais il était tellement épuisé qu'il vivait ce bain de foule comme s'il passait au-dessus de la débandade des troupeaux dans le film *Jumanji*. Il dut s'arrêter de courir et écarter les bras pour essayer de garder l'équilibre, son corps étant si rompu par l'effort qu'il manqua faire une chute et s'ouvrir la tête sur le sol.

Une fois passé le sommet, il aborda une portion dans la plaine, composée de montées et descentes légères. Pendant les entraînements, il avait été capable d'aller deux fois plus vite dans le même environnement, mais à force de regarder droit devant et de rester concentré sur l'enchaînement de ses pas pour ne pas perdre le rythme, il était à bout. Quelques coureurs sans dossard l'attendaient. Il ne les avait jamais vus, et fut donc surpris lorsque l'un d'eux se mit à courir à ses côtés pour démarrer la conversation :

« Alors, ça va ?

— Grrrbbbuuu…

— Allez, tu fais une super course. Comment se passent les dernières montées ? Pas trop chaud ?

— Grrrbbbuuu…

— Ça va bien se passer maintenant, tu vas arriver sur une partie que tu maîtrises et tu vas pouvoir attaquer.

— …

— Attaque, putain, attaque ! T'as l'air en pleine forme ! »

Le coureur, patient mais déjà légèrement contrarié, le regarda du coin de l'œil et pensa : « Bordel de merde, si j'étais vraiment en forme, je ne me traînerais pas comme une larve, je bondirais dans tous les sens en prenant des photos pour mon Instagram et je te ferais la causette. Putain, mais comment est-ce que tu fais pour ne pas voir que je suis détruit au point de ne même pas pouvoir t'appeler *imbécile* ? »

Finalement, le coureur sans dossard s'est retiré, un autre prenant la relève. Et à nouveau :

« Allez, allez, allez... Attaque maintenant ! Profite, les autres ont mauvaise mine ! »

« Franchement, je n'en ai rien à foutre de ma mine ou de celle des autres. Tu pourrais m'offrir le visage de Paul Newman que je n'en voudrais pas. Ce que je veux, ce sont les jambes de Kenenisa Bekele ! » se dit en lui-même le coureur exténué, tout en continuant sa course.

Il s'approchait enfin, petit à petit, de l'arrivée, et la troupe des spectateurs aux alentours se densifiait. Ils étaient si nombreux et paraissaient si bien accordés les uns aux autres, que pendant un instant notre athlète s'est mis à chercher Robert Zemeckis dans la foule pour vérifier s'il n'était pas en train de tourner une scène pour son prochain film d'action, mais les seules caméras qu'il aperçut étaient des écrans de smartphones qui cachaient les visages de leurs propriétaires. « Il est loin, le temps où les spectateurs suivaient une course avec leurs propres yeux et non à travers le rectangle de leur téléphone portable ! » Il fut d'un coup pris de frissons en remarquant qu'ils s'agitaient tous de manière étrange, comme s'ils étaient en train de filmer quelque chose d'extraordinaire. Il lui vint à l'esprit qu'il avait dû mettre son short à l'envers, ou que celui-ci devait être bien crasseux, qu'on le filmait pour ça, et que ces vidéos sur YouTube feraient de lui la risée du milieu. Mais après s'être touché les fesses et avoir vérifié que tout était bien à sa place, il sut que ce n'était pas ça. Il en déduisit alors qu'on lui donnait sûrement toute cette attention à cause de son visage défiguré par la sueur et la fatigue, et qu'il devait ressembler à un animal gravement blessé. Ici, personne n'osait le toucher, de peur que la bête sauvage montre les crocs. Les spectateurs restés en retrait pouvaient profiter en direct de l'épisode « La chasse » de la série *Black Mirror* sans avoir à payer un abonnement Netflix !

Coureur, espèce égocentrique

Mais les spectateurs ne sont pas les seuls à se laisser emporter par l'euphorie de l'instant. Nous autres munis de notre dossard attaché par quatre épingles – trois dans mon cas, car je suis un maniaque du poids – permettons aussi à nos neurones de se lâcher pendant que nous faisons tout notre possible pour que nos pieds ne quittent pas le tracé de la course.

Le coureur l'a remarqué le jour où il a changé de rôle et décidé, pour une fois, de faire plaisir à ses parents : au lieu de sortir avec un groupe de filles, il leur a dit qu'il allait les aider sur la course qu'ils organisaient. Au fond il aimait aussi se retrouver en pleine nature, on annonçait du soleil ce week-end-là, il ferait bon, ce serait divertissant. Ce fut une aventure dès le début : ils se levèrent à trois heures du matin et, après avoir positionné plusieurs panneaux sur le parcours et fait livrer des commissions de dernière minute sur la zone de départ, notre homme chargea sa voiture avec quantité de cartons de nourriture et de bidons d'eau, puis il roula jusqu'au bout d'une route très étroite. Là-bas, il retrouva un couple de jeunes au physique athlétique, vêtus de tenues de coureurs, ainsi qu'un homme âgé, ami de ses parents qu'il connaissait, qui portait un pantalon chaud et un vieux blouson. Ils firent le chemin ensemble, avec les sacs à dos remplis et les bidons à la main, éclairés par la lumière de leurs lampes frontales. « La vache, c'est lourd ces machins… », se dit-il en lui-même, haletant, en gravissant la montagne. Au bout de quelques heures, ils arrivèrent sur un pré à deux pas des crêtes, et l'ami de son père sortit de derrière des rochers des tables pliantes qu'il avait cachées deux jours plus tôt, sur lesquelles ils disposèrent la nourriture et les boissons. Il était cinq heures du matin et il leur faudrait attendre quelques heures avant de voir arriver les premiers coureurs. Ils s'installèrent et disposèrent quelques chaises pour que les athlètes puissent se reposer un moment tout en se rassasiant. Ils pensèrent que, avec la grosse chaleur qu'il ferait, les coureurs apprécieraient sûrement de pouvoir se rafraîchir un peu, et firent donc plusieurs allers-retours jusqu'à la rivière, cent mètres plus bas, pour remplir une grande bassine dans laquelle ils jetèrent des éponges. Avec la température qui commençait à monter, l'odeur de la nourriture excita les mouches et nos bénévoles recouvrirent donc les plateaux sur lesquels ils avaient disposé biscuits, sandwichs et morceaux de fruits.

Tout à coup, ils aperçurent le premier coureur derrière la crête et, au summum de l'excitation, ils commencèrent à hurler comme si la fin du monde était imminente. Il arriva au bout de deux minutes. Il devait être épuisé car sans même dire « salut », il attrapa le seau avec les éponges, le renversa au-dessus de sa tête et, juste après, balança sa gourde aux deux jeunes pour qu'ils la remplissent d'eau. C'est alors que tous apprirent qu'il était doué de parole, parce qu'il s'était mis à bougonner puis à hurler qu'il ne comprenait pas pourquoi les plateaux de nourriture étaient recouverts, ce qui lui faisait perdre des secondes très précieuses. Il regardait derrière lui pour vérifier si un second coureur ne s'approchait pas tout en égrenant son chapelet d'injures. Avec précipitation, la fille de l'organisateur découvrit les plats. Elle se sentait coupable car elle n'avait jamais servi sur un point de ravitaillement, et pensait qu'elle était en train de gâcher la course du garçon furibard. Il prit au passage deux barres énergétiques, en mit une dans son sac, et commença à croquer la seconde alors qu'il repartait, reprenant son allure. À peine sorti de la zone de ravitaillement, il jeta par terre l'emballage en plastique, n'ayant sûrement pas remarqué les sacs-poubelle que les bénévoles avaient accrochés sur la table et à la sortie. La jeune fille alla ramasser le morceau de plastique et le jeta dans un sac.

Le deuxième athlète fut plus aimable et les salua, mais en sortant, il abandonna aussi à terre l'emballage de sa collation. Le vent soufflait et les bénévoles mirent la main dessus après une course-poursuite.

Pacer, espèce tyrannisée

N'oublions pas de mentionner le *pacer*, le mec ou la fille qui t'assiste et t'accompagne sur cinquante ou soixante kilomètres, au moment où tu avances si lentement qu'il court à tes côtés avec une veste et un bonnet, à supporter tes gémissements. Il n'a que deux raisons valables pour vouloir faire ça : soit il a des vues sur toi et il abat ses ultimes et plus douloureuses cartes, soit c'est un très bon ami, l'un des meilleurs, voire le meilleur. Il s'est sûrement levé à trois heures du matin, il a roulé – mettons cent cinquante kilomètres – jusqu'au point de départ de la course, et s'étant réveillé si tôt il a ensuite somnolé quelques heures dans sa voiture garée devant l'hôtel dans lequel tu dors. Avant même que tu sois entré dans la course, il a dû s'armer de patience et écouter trois fois ton petit discours rappelant les endroits où tu souhaites récupérer chaque sandwich et chaque paire de chaussettes, et, tout en portant tes vestes, ta bouteille d'eau et toutes les affaires qui te maintenaient au chaud, il a fallu qu'il se dresse au-dessus des spectateurs et qu'il te reconnaisse parmi les deux mille coureurs pour t'encourager, toi et personne d'autre. Il a couru aussi vite que toi pour retourner à l'hôtel et préparer ces fameux sandwichs à la confiture de Garrotxa que tu aimes tant, mélanger deux cuillerées et demie d'électrolyte dans de l'eau à température ambiante – « attention, ça me pique la gorge quand elle est trop froide » –, et il est reparti à toute vitesse en prenant des sentiers forestiers dans des conditions qui feraient frissonner un pilote de rallye, pour arriver juste à temps à ce point de ravitaillement où il est indispensable que tu puisses récupérer ta veste verte et la vaseline, parce que – tu comprends ! – la course en dépend. Le jour suivant, à deux heures du matin, sans avoir dormi et après qu'il s'est traîné de ravitaillement en ravitaillement, tu le retrouves là, à t'attendre mort de froid, en tee-shirt à manches courtes et pantalon, avec un sac à dos rempli de vêtements et de nourriture qui te sont destinés ; et toi tu arrives deux heures plus tard que prévu et furieux parce que sur ta pause précédente les sandwichs étaient à la confiture de fraises et pas de myrtilles, et c'est à coup sûr à cause de ça que tu ne vas pas gagner la course, bordel. Il se met à courir à tes côtés, il te parle et t'encourage, te prévient lorsque se présente un obstacle ou une difficulté, il sprinte à l'approche de chaque ravitaillement pour s'assurer que tu auras tout ce dont tu as besoin, et toi, toujours aussi patient, tout ce que tu trouves à dire à l'arrivée, c'est :

« Merde, mec ! Je te l'avais bien dit et répété que sur le ravitaillement du kilomètre 123 je voulais du Nocilla, pas du Nutella. »

Une autre figure importante est celle de la famille, qui ne se contente pas de subir ta stupidité le jour de la course, mais qui supporte le haut niveau de connerie que tu défends ardemment depuis ce jour où tu as reçu la confirmation de ton inscription, six mois plus tôt. Non, nous autres coureurs ne méritons pas notre famille.

Le kilomètre vertical de Fully (Suisse) ou la sincérité absolue

L'odeur des châtaignes ne trompe pas : c'est l'automne. Malgré la présence de sept cents coureurs, c'est un air de bonne entente qui règne, celui d'une course de village. Tout le monde se connaît ici. D'ailleurs, pour beaucoup, Fully est devenu le prétexte d'un pèlerinage annuel : certains viennent y vérifier que leur entraînement estival porte bien ses fruits en hiver, d'autres souhaitent mettre un point d'orgue à une saison agitée.

Le kilomètre vertical est la course de la sincérité absolue. Il s'agit d'une épreuve sur laquelle on se met complètement à nu. Si on est solide, on est sûr de faire un bon temps ; alors qu'aucune tactique ou technique ne permettra de dissimuler une quelconque faiblesse. C'est justement l'intérêt de cette compétition, qui requiert une préparation intense, un dévouement sans bornes et, surtout, une forme impeccable le jour J.

C'est la pierre de touche de tous les athlètes de montagne, comme le sont les cent mètres pour les cyclistes ou les dix mille mètres pour les coureurs de fond. Tout le monde connaît approximativement son temps sur une montée de mille mètres, ou la distance qu'il peut parcourir sur une heure d'ascension. Ce sont des références qui servent à calculer chaque objectif. « Si tu fais du six cents mètres à l'heure, tu mettras trois heures pour atteindre ce sommet. » Reinhold

Messner avait estimé qu'il gravissait les mille mètres en trente-cinq ou trente-six minutes et, depuis les années 1990, les coureurs de mieux en mieux préparés et suivant un entraînement de plus en plus spécifique ont fait baisser cette moyenne. Et dans cette discipline particulière, la Fully est l'Olympe. Cela fait une vingtaine d'années que des coureurs de tous niveaux considèrent ce rendez-vous comme l'épreuve permettant de montrer de façon irréfutable ce dont ils sont capables, le résultat faisant foi. Tout le monde y vient. Depuis le *nec plus ultra* de l'élite, qui souhaite grappiller les moindres secondes possibles, jusqu'aux plus anciens, heureux ne pas avoir perdu de leur vigueur au fil des années.

La pression commence à monter une heure avant le départ. On trottine sans perdre de vue les autres coureurs et on les contemple en train de se fondre dans un paysage de vignes. On se dirige vers la ligne de départ en laissant sa veste dans un coin, par terre. En levant les yeux, on voit deux rails parallèles, qui filent ensemble dans les hauteurs, tout droit, à mille mètres. Quand la montre indique que le départ est proche, on s'immisce dans les rangs des participants et on se met à jour des nouvelles de ces derniers mois dans le village. On avance petit à petit, jusqu'à ce que ceux de devant nous laissent parler dans le vide car ils se concentrent déjà sur le compte à rebours de la course. Quand enfin vient notre tour, on se retrouve seul devant le chemin, à observer les amis avec lesquels on parlait peu de temps auparavant – de la récolte d'été à Valtellina ou des résultats de la course du week-end dernier – qui s'éloignent déjà, verticalement. Et c'est à notre tour d'ignorer les conversations qui viennent des rangs arrière. On est accaparé par le compte à rebours. Et c'est parti ! On attaque rapidement mais sans s'enflammer. On cherche son rythme. Chaque pas est une conquête alors que l'envie de vomir se fait plus forte chaque fois qu'on doit lever la jambe pour entreprendre une nouvelle foulée. On voit défiler les cent, deux cents, trois cents mètres. Sans s'en rendre compte on vient de passer les six cents, puis les sept cents et huit cents. On s'accroche pour franchir les neuf cents. On voudrait terminer par un sprint mais c'est impossible, l'acide lactique s'étant emparé de nos jambes. On lève la tête, on la rebaisse et on se laisse tomber à terre. On a vu passer la ligne blanche en un clin d'œil. La respiration est forte, les poumons sont sur le point d'exploser, on se sent dans l'incapacité de récupérer un rythme normal et on ne pourra pas parler avant que le calme ne revienne. On se lève, sur des jambes lourdes et gonflées comme des bidons, pour aller consulter son temps, inscrit sur une ardoise suspendue au mur. On garde en soi et pour soi toute satisfaction ou frustration.

Quand on court contre soi, gagner ou perdre deviennent des notions subjectives. Avec son bonheur ou sa déception intériorisés, on emprunte tranquillement le chemin de la descente avec les autres coureurs. On pense aux châtaignes grillées qui nous attendent en bas. On aura bien le temps de faire le bilan de cette course plus tard.

Pierra Menta : mythe et tradition

Une odeur de beaufort stagne dans les couloirs du VTF, un village-vacances qu'on sent sur le déclin, comme beaucoup de ceux qui entourent les stations de ski françaises. Chaque année, la deuxième semaine du mois de mars, les fenêtres de la résidence exhibent une kyrielle de combinaisons de ski aux couleurs criardes. Sur la terrasse, on prend des bières pour se rafraîchir de la chaleur du soleil, qui commence à piquer après des semaines d'hiver plus froides. Dans les chambres, les bouteilles d'eau jonchent le sol, vides, pendant que les coureurs étalés dans leur lit commencent à étirer leurs jambes ou à se masser pour se remettre de leurs efforts sur l'étape. Il est dix heures du matin, et tous profitent à leur manière de cette journée, avec le sentiment du travail accompli. Pas vraiment tous, en fait. Certains s'enfoncent encore dans les montagnes avoisinantes, espérant encore ne pas dépasser la barrière horaire et pouvoir prendre le départ de la nouvelle étape, au petit matin du jour suivant. Comme le dit si bien l'un de mes amis, il y a trois catégories de coureurs sur la Pierra Menta : l'élite, qui cherche une place sur le podium ; le peuple, qui se bat pour être inscrit sur la première page du classement ; et le folklore, qui se contente de terminer les étapes, sur les quatre jours que dure la compétition. En trente ans sur ce rendez-vous savoyard à Arêches-Beaufort, cet ami a eu la chance de faire partie de toutes ces catégories, toutes unies et aussi indispensables les unes que les autres sur cette épreuve qui s'impose comme le chef-d'œuvre du ski de montagne.

Certaines choses ont besoin de changer pour aller de l'avant, et d'autres ne changent jamais, et cela fait tout leur charme, car elles nous font voyager dans un passé que l'on pense meilleur en toutes choses. Avec ses airs rétro et sa patine traditionnelle, la Pierra Menta a su prendre l'ampleur d'une épreuve mythique. Tous les impairs qu'on ne tolérerait nulle part ailleurs, on les accepte ici de bon cœur parce qu'ils font la singularité de cette course. C'est d'ailleurs pour ça qu'elle est la meilleure : elle nous rappelle cette époque où le ski de montagne était une aventure rude et extrême. Comme tout pèlerinage, elle est accompagnée de coutumes qui se transmettent et se répètent d'une année sur l'autre. Je pense aux combinaisons suspendues aux balcons, au prêtre qui joue de l'harmonica pour souhaiter la bienvenue dans sa paroisse, aux montagnes du Beaufortin.

La Pierra Menta, c'est Daniel qui nous attend discrètement à la fin de chaque étape, caché derrière les fans et les journalistes, pour récupérer nos skis, les ranger et les préparer pour le lendemain, sans rien demander en échange, ne recevant que l'intime satisfaction d'avoir participé à notre ascension sur le podium. C'est le petit tour après la seconde étape, le jeudi, à la supérette du village pour faire une réserve de biscuits et en profiter tout l'après-midi pour renflouer nos stocks d'énergie qui commencent à s'essouffler au bout de deux jours. C'est Laurence et les autres bénévoles, toujours les mêmes, qu'on retrouve le mercredi au moment d'aller retirer nos dossards. C'est Pierre-Yves qui vérifie que tous les coureurs sont bien munis de l'ARVA, cet appareil qui émet un signal permettant de retrouver celui qui passerait sous une avalanche, avant de les laisser entrer dans le couloir du départ. Lui s'est levé à trois heures du matin pour tracer le parcours à la lumière d'une lampe frontale. Ce sont tous ces *déjà-vu* qui nous arrachent un sourire complice parce qu'en les revivant, on se sent faire partie intégrante de la Pierra Menta.

Mars 2018, une Pierra Menta sans polenta

Cette année-là, malheureusement, je n'accompagne pas les autres coureurs à la polenta du dimanche après-midi, dans la salle d'Arêches-Beaufort. Je suis à trois cents mètres de là, au centre de soins, allongé, et j'écoute le médecin qui me montre des radios :

« On visualise très bien la fracture du péroné. Quand l'inflammation se sera dissipée, tu vas devoir passer une IRM pour t'assurer qu'il n'y a pas eu rupture d'un ligament. Tu sais bien que, si c'est le cas, les problèmes ne font que commencer. »

Qui aurait pu dire ça hier soir, alors que je me voyais déjà en train de fêter la victoire ? Non, je ne suis pas déçu. Je sais maintenant qu'il ne s'agit que d'une fracture osseuse, qui n'engendrera pas de complications. Bien que je doive annuler une expédition et les premières courses de la saison, je suis convaincu que dans peu de temps je retournerai à mes entraînements et je gravirai à nouveau des montagnes. J'ai surtout de la peine pour mon acolyte Jakob Hermann, qui participait pour la première fois à cette compétition et n'a pu la remporter à cause de ma chute.

Cette dernière journée était fantastique, et remplie de difficultés. Les organisateurs n'avaient pas opté pour le tracé le plus aisé mais avaient concocté des parcours qui pimentaient la course, avec des descentes sur une neige non praticable à skis. Nous nous entendions à merveille avec Jakob, alors que nous ne courions ensemble que pour la seconde fois. Nous étions en haut du classement avant de nous lancer sur cette dernière étape, avec un peu plus de trois minutes d'avantage sur nos concurrents, et nous nous sentions chaque jour plus forts alors que nos rivaux, eux, s'essoufflaient. Nous avons pris un départ tranquille au matin, mais en constatant que nous en avions encore sous le pied, nous avons vite décidé de mettre le turbo pour ne pas risquer notre place. Presque sans le vouloir, nous avons gagné trois nouvelles minutes sur ceux qui étaient derrière nous dans la dernière montée. Il neigeait abondamment, ce qui ne dissuada pas les milliers de spectateurs, qui acceptaient ces conditions avec stoïcisme, de rester pour nous encourager. À notre passage devant eux, bras levés, nous avons provoqué un tonnerre de cris et d'applaudissements.

Ni trop rapides, ni trop lents, nous avons amorcé la descente en dessinant de larges courbes. Dans l'un de ces virages, je sens que l'un de mes skis s'engouffre sous la neige, y reste planté, et que tout mon corps bascule et tombe sur le côté. Je me relève tout de suite et reprends immédiatement la descente, mais je ressens une vive douleur quand le poids de mon corps repasse sur la jambe qui a enduré le choc. Je continue la descente comme je peux, en m'appuyant à peine sur le côté gauche, et quand j'arrive au pied de la nouvelle montée, Jakob m'attend, déjà prêt. Alors qu'il m'aide à fixer les peaux de phoque, je lui avoue que je me suis fait mal, que je n'arrive pas à mesurer l'étendue des dégâts mais que quelque chose ne va pas. Sur la montée, je sens la douleur me prendre toute la jambe. « Mon genou ? Un os ? Les ligaments ? » J'essaie d'ouvrir la voie sans souffrir, et la douleur semble pendant un moment s'estomper grâce à la chaleur de l'effort, mais après deux cents mètres de dénivelé arrive un tronçon de virages sur lequel je n'arrive pas à m'appuyer sur cette jambe au moment de tourner. J'entends un « clic-clac » à chaque mouvement, et je sens que quelque chose est en train de se déformer à l'intérieur lorsque mon poids passe à gauche. Jakob voudrait m'aider, mais il n'y a rien à faire.

« Tu veux qu'on arrête là ?

— Non, je réponds. On continue. Ça devrait aller avec la chaleur, et il ne reste que cent ou deux cents mètres à faire. »

J'avance de quelques mètres. Les autres ne nous ont pas encore rattrapés, mais nous les voyons à l'approche. Chaque pas m'arrache un cri de douleur que j'essaie d'étouffer. Au bout de quelques mètres supplémentaires, je comprends que je ne pourrai pas aller plus loin. Ma jambe ne peut plus me soutenir et je me sens à deux doigts de défaillir sous les assauts de la douleur. Nous sommes à quelques mètres de la réalisation d'un rêve, mais un gouffre monumental nous empêche d'y accéder. Je me laisse tomber sur un côté de la piste et je regarde passer les autres coureurs, qui se dirigent tous vers la victoire.

Je n'avais que vingt ans la première fois que j'ai participé aux quatre jours de course de la Pierra Menta. C'était ma première saison dans la catégorie senior, et j'étais alors tout en force et très peu dans le contrôle. J'avais débuté avec une quatrième place sur la première épreuve de la Coupe du monde, mais j'avais donné le rythme aux coureurs les plus expérimentés qui avaient profité de la dernière descente pour me passer devant. Sur la seconde course, dans le Valais suisse, j'avais créé la surprise en passant devant Florent Troillet, le coureur local, dans la dernière côte et j'avais eu droit à ma première couronne de lauriers, l'ayant emporté sur mes deux idoles, Florent Perrier et Guido Giacomelli. Après la course, Florent Troillet s'était approché de moi et m'avait demandé si je faisais déjà partie d'une équipe pour la Pierra Menta. Et moi, n'ayant pas tout de suite saisi sa proposition indirecte, je lui avais répondu que j'adorerais y participer, et que je trouverais peut-être quelqu'un de l'équipe espagnole ou française pour m'y accompagner. Florent est quelqu'un de timide et de peu de mots, un trait de son caractère qui m'a toujours plu, et c'est peut-être pour cela que nous avons formé un si bon duo dans les années qui suivirent. Il ne m'a rien répondu sur le coup, et s'est installé l'un de ces silences qui mettent si mal à l'aise, quand on attend que l'autre prenne la parole et qu'on se regarde dans le blanc des yeux. Ce n'est qu'au bout d'une minute qu'il m'a demandé si je voulais faire équipe avec lui. En mon for intérieur, j'en faisais des bonds de joie : l'un des meilleurs coureurs du moment voulait prendre avec moi le départ de la course la plus importante du monde !

Il neigeait fort lorsque je suis arrivé à Arêches-Beaufort, et nous sommes tout de suite partis skier avec Florent pour échauffer nos jambes. Au bout d'une heure, il m'a demandé :

« Ça te va si je fais quelques accélérations ? »

Qu'est-ce que je pouvais bien répondre à ça ? Allons-y ! Je l'ai suivi sur quatre ou cinq accélérations et nous sommes redescendus jusqu'à la chambre que nous allions partager pendant les prochains jours. Le lendemain, le soleil est apparu et aucun nuage ne l'a caché durant les quatre journées de compétition.

Nous nous parlions à peine, même pendant les épreuves, où nous ne nous disions que des choses comme « on y va tranquille et on accélère doucement » au moment d'attaquer une montée, et d'autres choses du même genre. Nous n'avions pas non plus de longues conversations lorsque nous nous retrouvions dans la chambre. Nous nous racontions quelques anecdotes, des trucs drôles que nous avions vécus sur des entraînements, et ce qui nous passait par la tête pour briser le silence, de façon très ponctuelle... Parfois, il n'est pas nécessaire de parler pour se sentir bien avec quelqu'un.

Dès le premier jour, aucun de nous deux n'a eu besoin de parler pour savoir ce que l'autre voulait. Qu'il s'agisse de ralentir ou d'accélérer le rythme, de boire ou de prendre un gel. Qu'il ait besoin d'être aidé ou qu'il doive venir en aide. Qu'il souhaite rester tranquille ou qu'il ait besoin de partager quelque chose. Ce que disent les vétérans du ski de montagne est bien vrai : deux amis prennent le départ mais deux frères franchissent la lignée d'arrivée. Ce fut le cas pour nous.

Sans débordement de joie et sans vouloir vraiment y croire, nous avons remporté la première étape ; le lendemain, la seconde ; et encore une le troisième jour. Le quatrième jour, nous sommes partis pas tout à fait confiants. Cette course est si longue que, finalement, peu importe l'avantage pris lors des étapes précédentes, le résultat de la dernière épreuve peut tout chambouler. Mais par chance il ne nous est rien arrivé de mal et, quand nous avons aperçu pour la dernière fois l'arche d'arrivée, nous nous sommes enfin mis à y croire. Ce n'était que du bonheur. Une sensation qui peut se manifester de différentes façons. Ce sont des fourmis qu'on a dans les jambes et qui grimpent petit à petit jusqu'au cœur pour y former une boule d'adrénaline qui finit par exploser. J'aurais pu me casser un tibia ou démolir un mur à la force de mes poings sans ressentir la moindre douleur. Ça saute du cœur jusqu'à la tête puis la sensation se diffuse dans tout le corps. La joie que l'on ressent en terminant une course en équipe est très particulière. Notre ego est gonflé à bloc, mais l'adrénaline se dilue en une forme d'amour, sous l'effet des souvenirs de moments importants partagés à deux, et surtout celui de la conscience d'avoir aidé quelqu'un d'autre à être aussi heureux. Ce n'était que le commencement de plusieurs années de bonheur à venir. Avec Florent, nous avons formé un binôme redoutable, et je me mettais en parallèle à accumuler les victoires dans les épreuves individuelles, aussi bien en course à pied qu'à skis.

Je ne ressens plus rien de tel aujourd'hui, et ça me manque un peu. Ces sensations se sont manifestées pour la première fois l'année qui avait précédé cette édition de la Pierra Menta, alors que je quittais tout juste la catégorie junior et participais à la dernière épreuve de la Coupe d'Europe chez les seniors ; après cette victoire à laquelle je ne m'attendais pas, j'ai réalisé que j'avais assez de potentiel pour aller plus loin et pour remporter les plus grandes courses. Ces sensations sont revenues m'habiter à Valerette, en Suisse, pendant la première Coupe du monde. Puis sur ma première Pierra Menta, et sur ma première participation à la Coupe du monde de *skyrunning*, sur cette Zegama que j'ai courue à peine sorti de l'adolescence et d'autres courses pendant encore quelques années.

Incidemment, petit à petit, mon niveau d'excitation au moment de passer la ligne d'arrivée en cassant le ruban de la victoire a perdu de son intensité. La charge d'adrénaline que je recevais en fin de course n'était plus la même. La joie qui s'emparait de moi ne me mettait plus dans un état d'ivresse et, au fil des compétitions, j'ai fini par me contenter d'être simplement satisfait. Dans beaucoup de cas, éprouver de la satisfaction est suffisant, mais quand on a connu des sensations aussi intenses et qu'elles s'appauvrissent sous l'effet de la routine, la joie perd de son relief, devient un sentiment banal. On en demande plus. Mazouni le disait très bien dans les paroles de sa chanson : « Le bonheur ne suffit pas, nous exigeons l'euphorie. »

Un jour, après beaucoup de temps passé à la recherche de ces sensations perdues, je me suis rendu compte qu'il valait mieux en rester là et abandonner cette quête. La réminiscence d'un bien-être passé nous empêche de nous projeter vers les possibilités que nous offre le présent. C'est du moins ce que je pense aujourd'hui. On garde toujours le doux arrière-goût de ses bons souvenirs, et notre cerveau s'occupe naturellement d'isoler tout ce qui pourrait leur nuire. Il n'est pas nécessaire de garder en mémoire ces moments d'extase pour se donner à fond sur une course, surtout lorsqu'on sait qu'à l'arrivée, même après avoir lutté comme un titan sur une compétition de première importance, on ressentira au mieux la satisfaction de constater qu'on est toujours en forme. Et c'est largement suffisant pour se motiver à tout donner.

Cette révélation nous libère d'un énorme poids lorsqu'elle nous parvient, car elle sous-entend que, bien qu'on puisse ne plus revivre la première euphorie, on ne sera jamais déçu. Aïe, je me souviens maintenant de mes crises de larmes à Baqueira lors de cette première Coupe du monde, quand ma chaussure s'est cassée sur la dernière descente alors que j'étais en tête, et que je n'ai pas pu monter sur le podium. J'ai cru pendant plusieurs années ne jamais pouvoir me remettre de ce moment où mes fixations se sont brisées dans le premier virage de la descente alors que j'imposais mes deux minutes d'avance sur les champions. J'étais dans un état de rage et j'ai passé plusieurs semaines à ronchonner. Mais j'ai plaisir aujourd'hui à me rappeler ces états de frustration.

Ce n'est pas la recherche d'une récompense *égotionnelle* qui me motive réellement à faire ce pèlerinage à la Pierra Menta année après année, mais le plaisir immédiat, l'odeur du beaufort, les après-midi ensoleillés sur la terrasse du VTF. Monter par l'arête du Grand Mont, étroite et sauvage, et entendre le vrombissement des spectateurs qui se fait de plus en plus proche.

Au fond, c'est la superposition de toutes ces petites choses, et de beaucoup d'autres, que nous cherchons à vivre et c'est pour ça que nous y revenons. La victoire n'est que la cerise sur le gâteau. Mais n'oublions jamais que le moelleux du biscuit et la bonne consistance de la crème sont ce qui importe vraiment, parce qu'au final, de cerise il n'y en a qu'une, et elle ne revient qu'à une seule personne au moment de se partager le gâteau. Des années plus tard, personne ne se souviendra de son goût, mais tout le monde gardera le souvenir d'une crème unique.

Les J.O.... à la télé !

C'était l'une de ces journées passées intégralement en plein air et à la fin de laquelle on rentre chez soi avec une faim de loup. En deux temps trois mouvements, je me suis préparé quelques tartines de fromage que j'ai commencé à manger avant même d'arriver à la table. Mon ordinateur était resté allumé et j'avais en fond sonore le début de la retransmission :

« Bonjour à toutes et à tous ! Nous sommes sur le point de vivre une journée des plus excitantes, et, comme toujours, nous sommes ici sur la NBC pour vous faire suivre cet événement en direct. Bonjour Kristine ! L'émotion est palpable dans ce superbe stade olympique de Doha. La grande finale va commencer dans quelques minutes mais cela fait déjà un moment que le stade est plein à craquer. On en parlait depuis une semaine et, enfin, nous y voilà !

— En effet, à qui le dites-vous, Matt. Et nous sommes ici, sur la NBC, pour vous faire suivre cette finale comme si vous y étiez, comme nous le faisons tous les jours depuis le début de ces jeux Olympiques. Dans quelques minutes viendra le coup d'envoi de cette finale de skimo. L'une de celles où la médaille d'or va se disputer comme jamais, j'en suis certaine.

« Et nous voyons enfin les cinq finalistes, qui sortent de la zone d'échauffement. La compétition va commencer dans un instant, et pendant que les skieurs finissent de se préparer, nous vous présentons l'un des plus grands fans de cette discipline, William Dop, qui est aussi l'heureux gagnant de notre jeu-concours Instagram et qui aura la chance de suivre la finale ici même, dans notre studio, situé au pied du stade olympique. Et où est-il au moment où je vous parle ? Dans la tribune VIP de McDonald's bien sûr, le sponsor principal de ces Jeux, mais aussi, comme vous le savez, de notre émission. Ça y est, William est devant le micro ; bonjour William !

— Bonjour Kristine, c'est vraiment une chance pour moi d'être ici, merci pour ça et pour les hamburgers, ha ! ha ! Je nage dans le bonheur.

— Will, désolé de vous interrompre. Vous êtes de Houston, au Texas, n'est-ce pas ? C'est fou, comment un Texan peut-il devenir l'un des plus grands fans de ski de montagne ?

— Alors voilà, Matt, je n'avais jamais vu ni skis ni neige de toute ma vie, jusqu'à ce jour, il y a quatre ans, où je suis resté hypnotisé devant une vidéo de la finale de ski de montagne aux précédents jeux Olympiques, alors que je naviguais sur YouTube. Et ça a été un coup de foudre ! Ces athlètes ont une telle puissance ! Si vous me permettez, je dirai même que oui, eux, ce sont de vrais athlètes. Il faut s'entraîner dur pour arriver à faire ce qu'ils font.

— Et vous, William, vous êtes-vous déjà essayé au ski de montagne ?

— Ha ! ha ! Vous m'avez bien vu, Kristine ? Bien sûr que non ! Je ne pourrais pas franchir le moindre obstacle du parcours. D'ailleurs, c'est la première fois que je vois une piste de mes propres yeux, en direct. Mais j'ai vu toutes les vidéos de compétitions qui sont disponibles sur Internet, je suis abonné aux réseaux sociaux de tous les coureurs et je connais parfaitement leur préparation et leurs points faibles.

— Et donc, fort de toutes ces connaissances, quels sont vos pronostics pour cette finale ? Qui est, selon vous, le plus à même de remporter l'or olympique ?

— Matt, je pense que ça va être très serré, mais pour moi, Reirrep sortira vainqueur. Il fait une saison tout en progression, il est de plus en plus fort, et je crois savoir qu'il s'est préparé comme une bête pour ces Jeux... Gui est un vrai phénomène, c'est vrai aussi, mais je ne le vois pas remporter la victoire. Il manque encore d'expérience et il y est allé trop fort en début de saison.

— Merci beaucoup, Will. On vous laisse profiter de cette finale dans les tribunes de McDonald's, d'où aucun détail ne pourra vous échapper.

— Kristine, je vois les coureurs qui sont en train de se placer sur la ligne de départ. Vous nous les présentez ?

— Mais bien sûr. C'est Francis Reirrep qui est dans le couloir numéro 1, et qui représente les États-Unis. Ce sont ses seconds Jeux et, bien qu'il se soit fait discret en début de saison, il est allé *crescendo* jusqu'à avoir sa place ici, aujourd'hui. C'est l'un des concurrents qui a le plus de potentiel, et nous espérons qu'il pourra cette fois décrocher mieux que le bronze, qu'il avait eu il y a quatre ans.

« À sa gauche, c'est Gui Odiug qui enfile son sac à dos dans le couloir numéro 2, le jeune prodige italien qui a fait un début de saison spectaculaire pour une première année en catégorie d'élite. Il est donné favori après ses six victoires sur les huit dernières courses, mais est-ce que la fatigue et son manque d'expérience ne seront pas un handicap ?

« Lui n'aura pas à se soucier de ça : le Chinois Yuan Remle, dans le couloir numéro 3, est le vétéran de cette course et l'actuel champion olympique. Malgré ses trente-six ans et une saison sur laquelle il s'est fait discret, il a réussi à se qualifier une nouvelle fois pour cette finale. En comptant ceux de cette année, il aura donc enchaîné quatre jeux Olympiques ! Il détient toujours le record mondial de points enregistrés sur une saison, établi en 2030, avec 13 530.

— Je me permets de vous interrompre, Kristine, mais je crois me souvenir qu'il a aussi participé à des compétitions *outdoor* à ses débuts et, comme vous l'avez déjà dit, il a marqué l'année 2030 avec une saison extraordinaire. Il a remporté toutes les épreuves de la ligue mondiale !

— Oui, Matt, c'est exactement ça. Yuan a été le premier à faire reproduire en intérieur un circuit de ce qui s'appelait alors le "ski de montagne", dans le pavillon de Beijing. Grâce à ça, il a pu perfectionner ses mouvements ainsi qu'un enchaînement particulier sur les phases transitoires qui laissaient ses rivaux derrière, le contemplant comme s'il était déjà à des années-lumière. Son stratagème n'a été découvert qu'en deuxième partie de saison et, à partir de ce moment, les stades équipés de circuits pour pratiquer le ski de montagne se sont mis à fleurir dans toutes les grandes villes. Yuan est sans conteste un grand visionnaire qui a fait beaucoup pour ce sport.

— Puisque nous parlons d'histoire, rappelons qu'au XXe siècle, la pratique de ce sport alors appelé "ski-alpinisme" était très marginale. Elle s'est peu à peu répandue et son nom s'est transformé en "ski de montagne" au XXIe siècle. C'est là que cette discipline a commencé à s'écarter des montagnes pour se démocratiser en se pratiquant sur des pistes intérieures. C'était sans aucun doute une étape décisive avant qu'elle ne devienne le skimo que nous connaissons aujourd'hui, dont les compétitions peuvent se tenir dans n'importe quelle grande ville munie d'un stade.

— Mais arrêtons-nous là pour l'histoire, Matt, et revenons à nos candidats car il reste peu de temps avant le départ. C'est Fah Idlarem qui est dans le couloir 4, coureur local qui, à n'en pas douter, a puisé dans le soutien des supporters les forces nécessaires pour arriver jusqu'à la finale. C'est d'ailleurs, sur toute sa carrière, sa première participation à une finale, que ce soit sur des mondiaux ou sur les Jeux. Je pense que c'est déjà une victoire pour lui d'être arrivé jusqu'ici, mais nous ne sommes pas à l'abri d'une surprise, surtout dans cette discipline.

« Et c'est l'un des athlètes les plus suivis sur les réseaux sociaux qui attend dans le couloir numéro 5. Je parle du Norvégien Johanes Essorb, champion des mondiaux de l'année dernière. Cette année, il a été surpassé par Gui, mais il a beaucoup d'expérience et saura sûrement en tirer parti.

« Enfin, pour terminer, notre dernier finaliste est l'Allemand Josh Regechier, un coureur très solide. Il n'aime pas particulièrement s'exposer mais il a dix-huit victoires sur les championnats mondiaux à son compteur. Il ne lui manque plus que la médaille olympique pour compléter son palmarès. Va-t-il repartir avec celle d'aujourd'hui ?

— Merci, Kristine, pour ces portraits complets des finalistes. Rappelons aussi qu'ils dépassent tous en moyenne les 10 000 points, et c'est une première historique sur une finale. C'est tout simplement énorme !

« Allez, sans perdre de temps, car il ne nous reste que quelques secondes, faisons le tour du circuit sur lequel vont évoluer les athlètes pour ceux qui ne le connaîtraient pas encore. Après un premier sprint de cent mètres se dresse le premier obstacle, une pente de cinquante pour cent qui est un véritable test d'explosivité pour les quadriceps. La cascade de glace arrive en deuxième obstacle, ces dix mètres que les athlètes vont devoir franchir à la force de leurs bras. Puis on arrive au troisième obstacle, une autre côte, cette fois sur une pente de trente pour cent, mais où la neige est gelée et où les coureurs devront faire preuve d'adresse technique et mettre en œuvre tout un travail chorégraphique pour garder leur équilibre et ne pas tomber. Le quatrième obstacle se passe à pied, skis sur les épaules ; c'est une phase de transition sur laquelle ils doivent être très rapides, puis c'est à nouveau l'explosivité qui joue à fond pour arriver jusqu'en haut en courant. Nous arrivons au cinquième obstacle, l'un des plus exigeants, où les athlètes doivent traverser une arête étroite et mouvante, sur laquelle souffle – en plus ! – un vent violent qui leur fera perdre l'équilibre. Après ça, ils seront arrivés au point culminant de l'épreuve, où ils retireront les peaux de phoque de leurs skis aussi vite que possible pour s'élancer dans une descente de cent mètres. Ils passeront par les trois derniers obstacles : la forêt, une partie de la descente pleine de dangers et de surprises, le skicross, avec des courbes relevées qui peuvent les faire éjecter de la piste, et enfin, juste avant la ligne d'arrivée, le *Big Jump*, un saut de dix mètres de haut.

RRIÈRE-PLAN : Un entraînement avec Ueli Steck et Hélias Millerioux dans la région du Khumbu, au Népal.

HOTO : Ému d'avoir gagné une course qui, peu de temps avant, ne me semblait être qu'un rêve irréalisable. À Valerette, dans le Valais suisse, après être arrivé à mes fins et avoir remporté ma première victoire en Coupe du monde de ski de montagne en 2007.

ARRIÈRE-PLAN : En pleine escalade d'un sommet de sept mille mètres au nord de l'Everest, pour ensuite faire la descente à ski. Si la montagne que tu désires gravir se refuse à toi, il y a toujours de quoi faire autour pour s'occuper.

À GAUCHE : En train de me laisser glisser sur une descente, avec le Changtse en face de moi, lorsque je suis arrivé sur l'arête nord de l'Everest après avoir passé une nuit entière perdu sur sa face nord.

À DROITE : La traversée de la rimaye du col nord de l'Everest, après nous être sortis d'une tempête, avec Jordi Tosas et Seb Montaz.

Kilian, Jordi et Seb

Descente de l'Everest !

ARRIÈRE-PLAN : Courir en montagne fait naître une synergie entre le mouvement, le moment présent et le paysage. Romsdal, Norvège.

À GAUCHE : Depuis mon plus jeune âge, je me plais à imaginer de nouveaux matériels, comme ce modèle de chaussures de montagne, adapté pour les skis et les crampons… et que j'ai dessiné alors que j'avais sept ans.

À DROITE : Après plus de cinquante-six heures de course, j'ai retrouvé Emelie sur le dernier sommet de cette aventure, et nous avons terminé le voyage ensemble.

MES CHAUSSURES
EMELIE

SEB À MA RECHERCHE

ROMSDAL, NORVÈGE

ARRIÈRE-PLAN : À la recherche du mouvement constant, tout en jouant avec les couleurs du jour et de la nuit.

EN HAUT : Seb en train de scruter la montagne, à ma recherche alors que je suis en pleine descente. Nous avions essayé de grimper par les éperons sur la gauche pendant l'été 2017.

EN BAS : En plein escalade à Romsdal, en Norvège. Les jours sont courts en hiver, et ils révèlent des montagnes sauvages et extraordinaires.

ARRIÈRE-PLAN : Moi qui observe le Shigatse, au Tibet. Entre tradition, développement et montagne, chaque voyage est une immersion dans le passé, le présent et le futur.

PHOTO : Entraînement et apprentissage aux côtés de Ueli Steck sur un sommet népalais.

« Soyons clairs : seuls ces super-athlètes, qui sont des forces de la nature, sont en mesure de franchir tous ces obstacles. Et, qui plus est, en à peine plus de trois minutes !

— Bien dit, Matt. Alors que nous attendons le coup de pistolet qui marquera le départ, faisons un rappel des changements qui ont transformé ce sport il y a dix ans, c'est-à-dire au moment où a été homologué ce circuit spectaculaire, inspiré d'un célèbre jeu télévisé qui s'appelait *Ninja Warrior*. Hobie Hurly a été un véritable visionnaire qui a su faire de ce vieux ski de montagne ce qu'il est aujourd'hui, en s'inspirant de ce qui était en vogue à l'époque et des spectacles sportifs qui faisaient l'unanimité sur les réseaux sociaux. C'est ainsi que cette discipline est passée d'une pratique de niche à laquelle on s'adonnait dans des zones reculées, loin des grandes villes, à un sport olympique, mais aussi au sport d'hiver le plus suivi sur YouTube. Plus de dix millions de personnes suivent chaque compétition en direct !

« Et aujourd'hui, il y a sûrement beaucoup plus de spectateurs qui regardent la finale, connectés à la NBC. Attention, avec McDonald's, nous vous demandons le silence. Ça y est, ça y est… ça va partir dans un instant ! Allez, Matt !

— Le coup de pistolet est parti ! Départ en flèche de Gui Odiug. Mais quelle force ! Il devance déjà ses rivaux d'un mètre. Il arrive au pied du premier obstacle et, oh ! là ! là ! on le voit à peine zigzaguer, on dirait qu'il saute d'une pierre à l'autre. Derrière lui se livre une bataille acharnée, terrible, entre Reirrep, Essorb et Regechier. Remle a plus de mal à suivre le rythme sur ce départ qui a été pris si rapidement, et apparemment Idlarem commence à décrocher. Odiug arrive à la cascade. Mon Dieu, cette transition ! Il n'a mis que quatre secondes et trente-cinq centièmes pour placer ses crampons ! Et il est déjà arrivé en haut, en deux bonds ! Une force à l'état brut. Oh, non, quel dommage, Reirrep a eu un souci avec l'un de ses crampons et vient de perdre quelques précieuses secondes. Il vient peut-être ici de perdre la possibilité de continuer la course pour la médaille. Remle le rattrape. Gui continue en tête et arrive maintenant au troisième obstacle, la pente gelée. Ne se sont écoulées que quarante-quatre secondes avant qu'il s'y confronte. Cette façon qu'il a de planter la tranche de ses skis dans la glace ! Je n'avais jamais rien vu de tel. Oh, attention ! Reirrep attaque très fort et arrive au niveau de Regechier, il vient de le dépasser. Il est maintenant sur le point d'atteindre Essorb, qui se maintient à la seconde position. Cet Odiug est impressionnant, on dirait qu'il évolue sur une course parallèle. Il devance tous les autres de cinq mètres alors que nous arrivons presque à la moitié de l'épreuve. Ils arrivent sur le passage qui se fait à pied. Vas-y ! Une accélération démente de la part d'Essorb, qui, avec Reirrep, est en train de réduire la distance qui les sépare de Gui.

— En effet, ils ont grappillé deux secondes. Ils ne sont plus qu'à trois secondes de Gui !

— Et ça continue... Attention à cet obstacle, l'arête, dont la difficulté est plus technique que physique. Gui s'y lance très rapidement et, aïe ! la première rafale de vent l'a presque mis à terre. Il poursuit plus lentement, avec précaution désormais, mais il ne peut rien faire contre le Nord-Américain et le Norvégien qui arrivent à sa hauteur et... Mais, mon Dieu, quel étalage d'habileté ! Quelle adresse ! C'est là qu'on prend toute la mesure du poids de l'expérience de Remle, qui vient de dépasser l'Allemand et de récupérer trois secondes sur le trio de tête.

« Il est maintenant sur la zone de transition. Alors qu'Essorb n'a mis que quatre secondes avant de se jeter dans la descente ! Mais il sent que ses rivaux sont à ses trousses. Kristine, on entend le public qui crie, que se passe-t-il ?

— Idlarem, l'idole locale, vient de tomber sur l'arête. Il n'est plus dans la course, malgré ses bonnes performances jusqu'ici.

— Quel dommage ! Mais la compétition continue. Et ce qui se passe en tête de course est très intéressant. Ils sont quatre à avoir encore la possibilité de décrocher la victoire. Attention, on me souffle depuis le studio d'enregistrement que Reirrep aurait fait une action non réglementaire. Pouvons-nous vérifier ça ?

— On dirait bien, Matt. Il aurait franchi la ligne bleue de sortie de la zone de transition, démarquée par quatre piliers, sans avoir bien mis l'une des dragonnes de ses bâtons. C'est dommage, parce qu'avec une pénalité de quatre secondes, la possibilité d'une victoire semble lui échapper définitivement.

— Alors qu'Essorb s'envole devant, avec Gui qui le poursuit, quelques centimètres derrière. Et Remle a encore la possibilité de prétendre au titre. Il descend comme s'il était sur une piste de ski. Les trois premiers ont dépassé la forêt comme si de rien n'était ! Et… Ça y était presque ! Après une manœuvre efficace, Gui a tout risqué pour doubler Essorb, il en est presque tombé, mais ça y est, il est maintenant en tête ! Remle, lui, se contentera apparemment de la troisième place sur le podium. Gui ou Johanes, Johanes ou Gui, les deux arrivent sur le *Big Jump*. Qui sera le nouveau champion olympique ? Nous le saurons dans quelques secondes ! En ce moment, les deux athlètes foncent en parallèle en direction du grand saut. Regardez ça ! Ils se suivent dans les airs… Leurs bras se touchent presque et… Gui est à terre ! Il est tombé ! Impossible ! Essorb remporte la médaille d'or ! Hallucinant. C'est un nouveau record mondial qui vient d'être établi sur ce circuit avec un temps époustouflant de trois minutes et vingt-deux secondes ! Et avec quel style… Et Remle, qui finalement reçoit la médaille d'argent en passant juste devant Odiug, qui a vraiment essayé, qui y est allé avec toute sa témérité dès le départ en imposant un rythme dément, vraiment dément, dès le coup d'envoi. Ce déséquilibre sur le saut final, sûrement dû à l'épuisement lié à ses efforts en début de course, lui a coûté la victoire. Mais ce jeune homme écrira un chapitre remarquable dans l'histoire de ce sport, j'en suis persuadé. Quelle finale, mes amis, quelle finale ! Je vous le dis, c'est la plus rapide mais aussi la plus impressionnante qu'il m'ait été donné de voir ! »

Je venais à peine de terminer ma tartine, et j'ai eu l'envie de m'en faire une nouvelle, à la confiture.

Sierre-Zinal (Suisse), la plus belle des courses de montagne

Le soleil va darder ses rayons dans peu de temps et, dans l'atmosphère froide et somnolente de l'aube, on entend des bruits de pas rapides et des voix encore rauques de sommeil. Comme chaque année, j'ai dû me faire violence pour me lever, m'activer et monter dans le car avant qu'il ne ferme ses portes. Une simple veste sur mes vêtements de course, je cherche une place libre. J'en trouve une au fond, je m'y assieds et le car démarre presque au même moment. Le silence est quasi complet, mais la succession de virages à cent quatre-vingts degrés entre les rochers empêche quiconque de piquer du nez. Malgré l'adresse du chauffeur, nous mettons cinquante minutes pour faire ce trajet de vingt-quatre kilomètres qui relie le village de Zinal, au bout du glacier, là où s'effacent les vallées, à la ville de Sierre, dans la plaine du Valais, où les vignobles, le parc industriel, les châteaux médiévaux et le bruit de l'autoroute contrastent avec l'étendue verte des champs parsemée de minuscules villages et le silence qui y règne, à peine rompu par le chant des fleuves qui descendent des hauts sommets enneigés. J'ai pris ce car pour la première fois il y a dix ans. Comme j'étais anxieux ! J'étais si excité et j'avais si peur d'échouer que je n'avais pas fermé l'œil de la nuit. C'est marrant de voir comment le sport a modifié ma personnalité à cette époque. Avant de devenir la personne calme que je suis aujourd'hui, qui peut se confronter à des objectifs ambitieux avec sang-froid, j'étais une boule de nerfs qui ne tenait pas en place les jours de course.

Les championnats d'Europe de ski de montagne se sont tenus à Andorre quand j'avais dix-sept ans. Comme c'était assez proche de chez moi et que j'avais été champion du monde chez les juniors l'année passée, une surprise pour moi, j'ai voulu concourir et tout le monde autour de moi voulait que j'y aille. Je m'étais beaucoup appliqué sur ma préparation, je m'étais entraîné comme jamais, et j'étais même parti un jour de Montallà avec mes skis sur les épaules faire le trajet à vélo jusqu'à la vallée de Llosa, d'où j'étais allé en marchant jusqu'à Andorre par le Montmalús pour atteindre Canillo et m'entraîner plusieurs fois sur le parcours vertical avant de rentrer à la maison.

Le jour de la course, sans avoir pu dormir de la nuit, je suis allé rejoindre le reste de l'équipe dans la zone de départ avec une heure d'avance. Après un échauffement au rythme soutenu, j'étais prêt à y aller. Les coureurs sortaient un à un, et à cause de cette organisation, j'ai été incapable pendant la course de savoir si j'allais assez vite – je ne pouvais appliquer aucune stratégie –, et j'ai dû tout donner du début à la fin. La queue jusqu'à la ligne de départ se faisait de plus en plus petite. J'avais retiré mes écouteurs et je n'avais plus dans les oreilles l'une de ces dix chansons que j'avais sélectionnées pour me motiver, mais même sans ça, je ne comprenais rien à ce qu'il se passait autour de moi. Je n'entendais que les « bip-bip-bip » qui annonçaient, toutes les minutes, le départ des autres juniors devant moi. Mon cœur battait de plus en plus vite, et retentissait de plus belle à chaque bip. Quand le coureur qui me précédait est parti en une accélération soudaine, que je me suis retrouvé seul devant la ligne rouge marquée à la bombe sur la neige, j'ai cru cette fois que mon cœur allait s'arrêter. Ses battements marquaient peu à peu un rythme plus lent, mais je sentais comme une bombe exploser en moi à chaque pulsation. L'arbitre m'a dit quelque chose mais je ne l'ai pas compris. *Bip !* J'ai regardé devant pour la première fois, en essayant d'estimer la vitesse à laquelle allaient mes rivaux. *Bip !* Il faisait froid, mais je suais des mains, et tout mon corps tremblait à chaque battement de mon cœur. *Bip !* Le signal du départ était allumé et j'ai senti toute la force de mes jambes m'échapper ; pendant un instant, j'ai eu peur de me laisser tomber en boule ici même. Mais non. Sans que j'en sois conscient, mes extrémités ont réagi, j'ai senti mes muscles s'activer et se contracter comme ils avaient l'habitude de le faire. J'ai fait un départ rapide. Très rapide. Trop rapide. J'ai fait un sprint sur mille mètres comme si ma vie en dépendait, mais la course comportait mille mètres de dénivelé et, peu de temps après mon départ, j'ai commencé à payer le prix de cet effort inutile qui était une véritable connerie. Heureusement, j'ai pu m'en remettre et réparer autant que faire se peut l'erreur de cette sortie sauvage et de mes mouvements dictés par les nerfs plus que par mon cerveau, qui étaient sur le point de me faire perdre cette course.

Au contraire, maintenant, dans ce car, j'ai du mal à rester éveillé. Même si l'envie de faire cette course est bien là, je ne ressens plus aucune manifestation de cette anxiété et de cette tension qui bouillonnaient en moi il y a quelques années. Pour me réveiller un peu et commencer à me mettre dans la course, je révise le parcours, que je connais bien après huit participations.

Si je devais décrire la course de montagne typique que je n'aime pas, je dirais assurément qu'elle est courte, avec peu de descentes, de longs tronçons sur des chemins ou des pistes larges, et beaucoup de kilomètres sur du plat. Son parcours n'est pas parsemé de pierres, et ne comprend aucun terrain technique. Il longe de hauts sommets qui ne demandent qu'à être gravis, mais qui ne sont ici que pour la décoration, car on doit se contenter de courir à leur pied, sans jamais passer sur les parties les plus hautes. S'il y a bien une course qui intègre tous ces paramètres, c'est la Sierre-Zinal. Et, étonnamment, je l'aime à la folie.

En fait, j'imagine que c'est précisément la raison pour laquelle je suis attiré par cette course. Elle se déroule sur un terrain qui m'oblige à sortir de ma zone de confort, où je sais que je vais devoir me confronter à mes points de faiblesse comme coureur, et lutter contre eux si je veux gagner. C'est ce qui, pour moi, donne tout son sens à la compétition. Rechercher la difficulté et s'y engouffrer. Et c'est justement parce que son parcours est fait de tout le contraire de ce qui en général me plaît que je l'envisage comme un défi qui porte en lui tous les ingrédients pour ranimer ma fascination. L'organisation est parfaite, l'environnement sublime, et une longue histoire s'est déjà constituée autour de cette course. Les meilleurs spécialistes du monde s'y réunissent chaque année et forment un étrange mélange de coureurs sur route et d'autres de montagne, de *skyrunners* et d'habitués des courses d'orientation. Tous se rejoignent ici, sur un terrain favorable en partie aux uns, défavorable aux autres. Trop plat pour ceux qui trouvent leur bonheur sur les crêtes haut perchées. Trop escarpé pour ceux qui font les quarante-deux kilomètres sous la barre des deux heures et dix minutes. Trop long pour les coureurs de montagne ou ceux qui font de l'orientation. Trop court pour les coureurs de fond. On devine déjà qu'avec cette variété dans le profil des participants le scénario est idéal pour donner lieu à un vrai spectacle, une bonne bataille, et faire transpirer chacun de nous. C'est bien pour cette raison que nous sommes tous impatients d'accrocher notre dossard.

Un mélange d'émotions allant de la joie à l'angoisse est palpable sur la ligne de départ. Certains sont tout sourire, d'autres complètement stressés et ils essayent de gagner quelques centimètres pour se retrouver au plus près de la première vague de départ. Moi, je n'aime pas partir tout devant et je me place en première ligne seulement quand je sens que le départ va être compliqué, que le chemin deviendra rapidement trop étroit, ou si je pense risquer facilement de chuter. Je préfère en général me placer sur la deuxième ou la troisième ligne. La plupart des coureurs partent trop vite et il n'est pas rare de se faire bousculer sur les premiers mètres ou, en ski de montagne, que quelqu'un te casse un bâton ou t'arrache une peau de phoque sans le vouloir. Qui plus est, la tension est plus forte chez ceux qui sont sur la première ligne. On dirait qu'ils s'apprêtent à réaliser quelque chose dont ils surestiment l'importance, et il y a toujours un journaliste dans les parages qui voudrait te faire poser ou te faire dire n'importe quoi.

Un son de klaxon retentit et la bousculade commence. De la troisième rangée, je me retrouve à la sixième ou septième, tous me passent devant en jouant des coudes sur le sprint d'ouverture. J'ouvre légèrement mes bras pour préserver mon espace et ne pas perdre l'équilibre, j'accélère le pas et je trouve mon rythme. Après cent mètres, la plupart de la cinquantaine d'hommes et de femmes qui sont partis devant moi ont ralenti d'un coup, et je les dépasse en me mettant sur un rebord du chemin pour atteindre le peloton de tête.

Nous avons parcouru un peu plus d'un kilomètre et abordons un chemin terreux qui grimpe. Nous sommes une dizaine de coureurs à avancer ensemble, et nous nous connaissons pour nous être croisés sur d'autres courses. Il y a deux Kényans, deux Colombiens, Petro Mami d'Uganda, l'Anglais Robbie Simpson et un autre Européen ainsi qu'un Nord-Américain. Arrivés à la moitié de cette côte bien raide, Petro, qui a remporté il y a seulement deux semaines le championnat du monde des courses de montagne organisé par l'Union internationale des fédérations d'alpinisme (plus connue sous son sigle anglais, IAAF), commence à faire des accélérations courtes et puissantes pour casser le groupe. Après plusieurs attaques, on le laisse partir devant. La course est encore longue, et faire ce genre d'efforts si tôt sur le parcours pourrait me coûter cher au final, ai-je pensé. L'un des Kényans, Geoffrey Ndungu, le spécialiste des courses de montagne qui a fait des marathons en deux heures et huit minutes, et William Rodríguez, un Colombien qui a ses habitudes sur la Sierre-Zinal, le suivent. Derrière, nous sommes au comble de l'effort, l'acide lactique vient se loger dans les mollets à chaque pas, et les poumons réclament plus d'espace dans la cage thoracique. Le trio de tête est à un peu plus d'une minute devant nous, et il n'arrive pas à nous distancer plus que ça.

Une fois terminé la montée, c'est une longue piste bien plate en forêt qui nous attend. C'est ici que, en général, mes jambes fatiguées de coureur des montagnes me donnent l'impression d'être un escargot entouré de gazelles habituées à la route ; mais cette fois, et j'en suis étonné, nous avançons tous ensemble rapidement et nous rattrapons les trois premiers juste avant d'atteindre Chandolin, à mi-parcours de la course. Nous laissons derrière nous le village et une dizaine de kilomètres de faux plat sur routes et sentiers nous conduisent jusqu'au point culminant de la course, l'Hôtel Weisshorn, à presque deux mille cinq cents mètres. Mes jambes me rappellent alors que je ne suis pas un coureur rapide sur ce type de terrain, mais plutôt un tracteur, et je ne peux rien faire pour rester au niveau des coureurs sur route qui se mettent à voler, enchaînant leurs foulées aériennes. J'ignore le conseil avisé de cette petite voix qui me recommande de ralentir pour rester à l'aise, et je continue de me battre contre la lourdeur de mes jambes en tentant d'allonger un peu chacun de mes pas et de donner des impulsions plus rapides. Pendant une à deux minutes, je lutte en ayant en tête qu'après l'hôtel nous arriverons sur un terrain qui me sera plus favorable, et dans la petite montée qui mène au point le plus haut, je passe devant William et Petro, qui regrettent apparemment leurs efforts du début de la course.

Je passe devant l'Hôtel Weisshorn, et je vois les trois coureurs qui me devancent, à un intervalle d'une minute. Le temps n'est pas au tourisme, mais j'aperçois du coin de l'œil les silhouettes des montagnes qui nous entourent. Le paysage est idyllique, une carte postale suisse typique avec ses cabanes en bois au milieu de champs d'un vert intense, où les vaches paissent de-ci de-là. Je reconnais la crête aiguisée qui unit les sommets du Zinalrothorn et de l'Ober Gaberhorn, et la pyramide parfaite du Cervin derrière. À gauche, l'impressionnante face nord du Weisshorn, qui donne son nom à l'hôtel, illumine toute la vallée, et à droite, la dent Blanche qui lui fait de l'ombre. J'essaye de rester concentré et de ne pas me disperser dans les souvenirs des bons moments que j'ai pu passer sur ces sommets. « En voilà, des parcours que j'aime ! Putain, mais qu'est-ce que je fais ici à souffrir pour rattraper ce troupeau de gazelles ! » Mes jambes, en revanche, ne se posent pas de questions. Je cours toujours, je tente d'accélérer et de grappiller du temps sur chaque foulée. Je sais bien, au fond, que j'aime la compétition, ce jeu si stupide et basique. Je me recentre sur la course, parce que nous arrivons maintenant sur mon terrain favori, en descente, où ma technique de coureur de montagne me donne l'avantage sur les autres.

Peu à peu, je réduis la distance qui nous sépare et je double Geoffrey Ndungu, puis le Colombien José David Cardona, et pour finir, à trois kilomètres de l'arrivée, sur la seule partie en pente descendante de la course, je passe devant l'Écossais Robbie Simpson, l'un des jeunes coureurs britanniques, des plus talentueux et plein d'avenir, aussi bien sur route qu'en montagne.

Après ça, tout ce qui suit m'est bien connu : parcourir ce qui reste de route jusqu'à la ligne d'arrivée sans se relâcher, mais en faisant attention.

C'est fini. J'ai retrouvé mon souffle et nous faisons une photo de groupe avec les premiers arrivés. Je me dirige vers le centre de contrôle antidopage et, en chemin, je suis arrêté plusieurs fois pour des *selfies* et des autographes.

« Félicitations ! Tu fais partie des grands ! » me dit-on.

C'est une femme d'une quarantaine d'années. Comme elle est en short et qu'elle transpire encore, je lui demande comment ça s'est passé pour elle.

« Bien, enfin, ça a été difficile. J'ai mis cinq heures : un temps deux fois plus long que le tien ! Mais bon, je suis professeure et je n'ai pas le temps de m'entraîner sérieusement. Je ne fais mes sorties que le week-end, et parfois en fin d'après-midi, la semaine. »

Après l'avoir félicitée très sincèrement, je reprends mon chemin vers le centre de contrôle et, après quelques mètres, je me fais à nouveau intercepter.

« Bravo, mec, bon boulot ! » me dit un garçon qui doit avoir mon âge, et affiche une petite bedaine sous son tee-shirt. « C'était beaucoup trop long pour moi. Je n'ai jamais fait de sport de ma vie et, l'année dernière, alors que nous construisions un chalet par là-bas, dans les hauteurs, nous avons vu passer la course avec mon pote et j'ai fait le pari de m'inscrire. Mais je n'en pouvais déjà plus au kilomètre 20, et j'ai fini en marchant. Mais toi… toi, t'es un extraterrestre, mec ! »

Je parviens enfin à l'immeuble où a lieu le contrôle antidopage, et après m'être laissé tomber sur la chaise avec une bouteille d'eau qui doit m'aider à extraire de ce corps déshydraté les quatre-vingt-dix millilitres nécessaires pour le contrôle, je me mets à repenser aux brèves conversations que j'ai eues sur le chemin. Ces coureurs étaient des anonymes et, d'une certaine façon, lents.

Courir est chose facile pour moi, et courir rapidement aussi. En revanche, il est déjà plus difficile de gagner, et cela exige des heures et des heures d'entraînement, et beaucoup d'efforts. Mais au fil des années, et sans vouloir paraître arrogant, gagner est devenu pour moi quelque chose de relativement facile aussi. Au fond, je ne fais presque rien d'autre de mes journées, et mes pensées sont presque exclusivement tournées vers la course. Je cours et je gagne de l'argent avec ça. Aujourd'hui, j'ai gagné et je repars avec quelques milliers d'euros, et grâce à mes victoires, des marques veulent me parrainer. Par contre, cette professeure et ce maçon n'apparaîtront jamais dans les journaux télévisés, et ne signeront jamais d'autographes. Quand on y pense, c'est un paradoxe, parce qu'en réalité, la société continuerait de fonctionner sans problème s'il n'y avait pas de coureurs professionnels ; alors que sans maîtresse d'école pour nous apprendre à écrire et compter, ou sans maçon pour élever les murs des maisons dans lesquelles nous vivons, la vie serait bien plus difficile.

J'ai mauvaise conscience. Aujourd'hui, j'ai gagné de l'argent en récompense d'une activité inutile. J'ai monopolisé l'attention et l'admiration d'enfants et d'adultes pour n'avoir fait rien d'autre que mettre un pied devant l'autre un peu plus vite qu'ils ne le font. Individuellement, je suis en accord avec moi-même sur le fait que courir m'a tout donné. En revanche, si j'y réfléchis en me replaçant dans le tissu de la société, je reconnais la stérilité de cette occupation.

« Voyons, Kilian, tu ne peux pas simplifier les choses comme ça. »

Je ne peux en effet pas complètement adhérer à l'idée que le sport ne remplit aucune fonction sociale. Déjà, chez les Romains, ne servait-il pas à distraire les gens ? Dans notre ère moderne et avec l'avènement du concept de bien-être, il a été à l'origine de la promotion d'une vie saine, de régimes alimentaires équilibrés mêlés à la pratique d'une activité quotidienne ; il a aussi été une source d'inspiration pour des modèles qui démontrent le bien-fondé de l'effort et de la discipline au travail. Malgré tout, le sport revient apparemment aujourd'hui à ses origines, celles du spectacle, du cirque romain, mais dans une version moderne où des millions de spectateurs regardent une poignée de sportifs réaliser leurs acrobaties derrière un écran, tout en célébrant ces moments à coups de gorgées de bière ou en se goinfrant de n'importe quelle cochonnerie achetée en fast-food.

Et puis plus nous surestimons le sport de haut niveau, plus la part obscure de ses acteurs est mise en lumière. La monétisation et la mythification des pratiques sportives nous ont amenés à simplifier la compétition en lui prêtant les attributs classiques d'un *show*, où les résultats sont systématiquement hiérarchisés. Dans le modèle olympique, seuls comptent la position et le podium sur lequel, rien que visuellement, le premier se situe au-dessus du deuxième et du troisième, et ces trois-là nous font oublier l'existence de tous les autres athlètes. Les gens ne retiennent que les noms des vainqueurs et leurs résultats. Et les États, de leur côté, profitent des exploits de leurs sportifs pour renforcer des discours nationalistes, même quand leur pays est en crise. Comme des alpinistes peuvent planter un drapeau sur un sommet en signe de conquête, les insignes nationaux dans les championnats du monde ou aux jeux Olympiques sont des outils de propagande.

Nous autres athlètes avons fini par croire que celui qui gagne une course est forcément meilleur que le deuxième, parce que tout le monde applaudit et félicite le premier, ce qui lui permet ensuite de signer des contrats et le fait nager dans le bonheur d'une gloire relative. Dans ce contexte, le sport perd son essence et s'aventure sur un autre terrain, celui de l'obsession de la victoire, coûte que coûte. Tous les sportifs travaillent évidemment leur technique pour y parvenir, mais il est tout aussi certain que la tentation de tricher s'accentue. Il y en a toujours pour faire fi des règles du jeu afin d'accroître leurs chances d'être auréolés de gloire, vaine pourtant si elle n'est pas méritée.

Les sports que je pratique reposent encore, heureusement, sur un solide socle d'amateurisme. Ils ont évité les éclaboussures de l'époque noire du dopage d'État ou des grandes équipes, lorsqu'on considérait que la publicité et la réputation étaient beaucoup plus importantes que la valeur de l'exploit sportif.

Même si dans le monde de l'alpinisme la victoire était plus exaltée au point que l'usage d'oxygène ou de drogues comme les amphétamines et les corticoïdes était devenu chose courante, dans le *trail running* et le ski de montagne, sports minoritaires et marginaux, la médiatisation n'avait qu'une répercussion de peu d'importance. D'une certaine façon, c'est ce qui a maintenu ces sports sains et saufs. Le boom qu'ont connu les courses de montagne, les ultra-trails et, dans une moindre mesure, le ski de montagne dans les dix premières années de ce siècle, a apporté son lot de changements, les réseaux sociaux s'étant mis à dicter ce qui relevait de l'intérêt de tous, plus que les médias traditionnels, et la lumière ayant été ainsi faite sur ces sports minoritaires. Le *trail running* a été le sport le plus touché par ce nouveau succès. Avec cette évolution s'est naturellement instaurée la mythification des champions, le sentiment de gloire superficiel des vainqueurs, et certains ont commencé à user de la tricherie.

Quelques mois après sa participation à la Sierre-Zinal, la Fédération d'athlétisme a prononcé une suspension de six mois envers Petro Mamu pour l'usage d'un médicament interdit pendant les championnats du monde, qu'il avait disputés deux semaines avant la course suisse. J'enrage quand un coureur se fait coincer pour dopage, non pas parce que je pense que j'aurais pu gagner à sa place, mais parce qu'il n'a pas fait preuve d'une performance réelle, qui puisse compter comme point de référence. Et parce que ça nuit à l'image du sport.

Il faut donc être strict et soutenir la lutte contre le dopage. Tout ne se vaut pas et ce qui importe vraiment est de connaître nos limites sans franchir les interdits. Mais la meilleure arme contre le dopage et autres tricheries serait peut-être de démythifier le sport et d'éliminer les podiums. Les héros n'existent pas ici.

Rien n'est tout blanc ou tout noir. S'il est vrai que les jeux Olympiques et le système sportif actuel ont déformé les valeurs portées par la compétition, ils ont aussi aidé à faire progresser beaucoup de choses. Beaucoup d'argent a été investi, pour faire émerger de nouveaux concurrents de haut niveau, mais aussi pour faire avancer prodigieusement les recherches sur la biomécanique et mettre au point des méthodes d'entraînement fabuleuses. Les murs d'entraînement sont un outil très simple, mais qui a permis de travailler sur la performance maximale des techniques d'escalade. Les circuits techniques, qui sont aujourd'hui devenus l'épreuve appelée « sprint », ont permis aux skieurs de s'entraîner sur les phases de transition et de se donner à fond sur les courses de montagne. Les courses verticales sur des pistes de ski ont permis de développer de nouvelles méthodes pour améliorer la physiologie et la résistance, ce qui n'aurait pas été possible en montagne, où la technique requise demande de mettre d'emblée en œuvre tout son potentiel technique. Mais on ne doit pas confondre toutes ces épreuves, aussi intéressantes soient-elles en matière de performance et de potentiel de progression, avec la nature première du sport. Si un jour, en entendant parler de ski de montagne, la première image qui nous vient à l'esprit est celle d'une course de trois minutes sur un circuit *indoor*, ou que l'évocation de *trail running* nous fait visualiser un coureur enchaînant des tours dans le parc d'une grande ville en franchissant des obstacles artificiels, c'est que tout va mal et que nous nous sommes trompés de chemin. Pour résumer, je serais loin d'être enchanté si ces sports qui se pratiquaient originellement en courant d'un point à un autre en venaient à se métamorphoser définitivement jusqu'à être réduits à faire tourner des athlètes dans un stade où les feux d'artifice seraient aussi attendus que les résultats.

Soyons clairs, il s'agit pour moi et pour la plupart des Occidentaux d'un point de vue très facile à défendre. Nous avons la chance de pouvoir pratiquer un sport simplement pour le plaisir que nous procure cette activité ; et lorsque nous participons à une compétition, c'est avant tout pour faire mousser notre ego. Alors que dans beaucoup d'endroits sur cette même planète, faire du sport n'est pas une finalité en soi, mais un moyen de gagner de l'argent et de vivre. Dans ces pays où la vie est dure, la compétition sportive devient une possibilité de survie. La gloire, si elle arrive un jour, permet alors d'acheter une ferme où toute la famille pourra travailler, plutôt que de servir un orgueil personnel. Mais ne soyons pas tout à fait aveugles non plus : cette gloire est si gourmande, et l'argent est si appétissant, que n'importe qui, d'où qu'il vienne, peut au final perdre de vue la raison pour laquelle il court.

En ce qui me concerne, j'avoue sans problème gagner pas mal d'argent grâce aux compétitions, mais j'en dépense aussi beaucoup pour pouvoir continuer à y participer. Je suis né en Europe, alors oui, j'ai eu la chance de faire du sport pour le plaisir sans avoir à envisager cette activité comme un moyen de gagner ma vie, même si je mentirais en disant que ça n'est jamais entré en ligne de compte dans mon parcours. Surtout lorsque j'étais adolescent et que je commençais ma carrière sans un sou en poche. Mais dans le fond je sais que, si je m'en étais mal sorti, j'aurais pu gagner ma vie autrement, ou poursuivre mes études et m'orienter vers une autre trajectoire qui m'aurait tout autant plu. Oui, je vis dans un pays dit « développé ».

Tout ça fait que je me suis toujours considéré comme étant un *amateur*. Ce mot, lui aussi, a été emprunté par la langue espagnole au vocabulaire français, et signifie « celui qui aime ». Je suis sans aucun doute amoureux des sports que je pratique. Si je suis aujourd'hui un professionnel c'est pour moi uniquement dans le sens où je participe à des cérémonies, des films, des sessions de photographies, où je donne des conférences, où j'aide à créer de nouveaux matériels et équipements avec des marques de sport.

Je me suis toujours demandé ce que j'aurais fait si le sport n'avait pas été au centre de ma vie. Je n'en ai vraiment pas la moindre idée. Je pense que la compétition a joué un rôle essentiel dans ma vie pour différentes raisons.

J'ai grandi dans un environnement rural, loin de tout, et j'ai fait mes premières classes dans une école où les parents comme les professeurs étaient tous foncièrement des *hippies*. Je suis allé au collège dans une petite ville, assez grande cependant pour que les stéréotypes sociaux soient plus exacerbés et les différences moins acceptées. Jusqu'alors, je ne savais pas que j'étais un gamin timide, très introverti, qui comprenait à peine les autres enfants ; eux non plus ne me comprenaient pas. J'ai appris qu'il existait une distinction entre ce qui était considéré par tous comme normal et ce qui était perçu comme anormal. Moi, je faisais partie du second groupe. Ma passion pour les sports de montagne était la seule de mes préoccupations que je partageais avec les autres. C'est la raison pour laquelle les autres élèves se mettaient à entonner une chanson à mon passage, qui s'est vite répandue dans tout le collège : « Gnignigni, il saute de montagne en montagne et traverse les vallées, Kilian est déjà là, la-la-la-la-laaaa. » La mélodie était tirée du générique d'une série qui, m'a-t-on dit, triomphait à la télévision dans ces années-là.

Je pense que c'est par besoin de reconnaissance et parce que j'étais en pleine recherche de mon identité pendant l'adolescence que je me suis lancé dans la compétition. Il fallait que je puisse me situer sur le plan social, pour m'aider à savoir qui j'étais, mais aussi pour le faire savoir aux autres. Comme je ne supportais pas l'idée de perdre depuis mon plus jeune âge, ma timidité ne s'est jamais érigée en obstacle, elle a plutôt été un avantage pour lutter, et pour aviver en moi un feu féroce lorsque c'était nécessaire. C'était ma façon de dire : « Hé, j'existe ! Et celui qui vient de faire ça, c'est bien moi ! »

Les premières années, les victoires se sont enchaînées un peu par surprise et m'ont apporté une certaine satisfaction intime, parce que personne n'attendait rien de moi et que je m'amusais en essayant de faire de mon mieux sur telle ou telle course. Presque sans que je m'en sois rendu compte, on a commencé à m'inviter à participer à plusieurs épreuves en me demandant de faire toujours mieux. À partir de là, la compétition n'était plus un jeu. Par chance, même si ma mère, qui m'accompagnait partout, et mes entraîneurs se réjouissaient de chacune de mes victoires, ils ne donnaient jamais trop d'importance à mes résultats et ne me fixaient pas d'objectifs. Je crois que leur attitude m'a sauvé.

Le besoin de reconnaissance s'en est allé l'adolescence passée. J'aurais pu arrêter la compétition, ressentant déjà une aversion pour les podiums, pour la hiérarchie imposée par les résultats, la mythification… Mais une fois qu'on y a goûté, la joie ressentie après une victoire est un sentiment dont on a du mal à se passer. Très sincèrement : chaque victoire apporte sa dose d'euphorie, te fait sentir plus fort et aimé. Qui donc, alors qu'il pourrait choisir l'euphorie, se contenterait du simple bonheur ?

Finalement, en glissant sur la vague des sentiments depuis sa crête, j'arrive à visualiser ce que la compétition m'apporte réellement : grâce à elle, je me remets toujours en question, elle me fait douter de mes capacités et m'interroger constamment sur ma préparation. Je ne sais jamais si je me suis assez entraîné ou si je me laisse aller, et comme je veux toujours être au maximum de mes capacités, je décèle et j'analyse le moindre détail qui me permettrait de progresser et qui me fait explorer mes limites. Et la motivation pour s'entraîner dur vient d'autant plus facilement lorsqu'on est attendu par d'autres concurrents dont la réputation n'est plus à faire. Plus le résultat d'une course est imprévisible, plus je suis stimulé.

Oui, j'aime gagner, ça ne fait aucun doute ; mais j'aime aussi perdre. J'aime être au contact de nouveaux coureurs encore plus motivés que moi, mieux entraînés et qui sont habités par l'envie de conquérir le monde. Courir à leurs côtés recharge mes batteries, ça me pousse à apprendre d'eux pour, si je le peux un jour, leur livrer bataille pour arriver le premier. La compétition se transforme alors en partie en une *check-list* grâce à laquelle je vérifie si je suis capable de me maintenir au niveau que j'exige de moi-même, et si mon entraînement et les modifications que j'y introduis portent leurs fruits. À part ça, quelqu'un peut-il me dire s'il existe une meilleure méthode d'entraînement intensif que de participer à un championnat du monde, à l'UTMB ou la Sierre-Zinal ?

Everest, automne 2016

Les pluies arrivent sur l'Europe, les journées deviennent de plus en plus courtes et s'habillent de gris. Pendant ce temps, sur la chaîne de l'Himalaya, les nuages quittent avec tristesse les sommets et le soleil vient s'installer de façon permanente. Le Népal est magnifique en automne. Rien qu'avec un petit sac à dos pour transporter quatre choses basiques, on peut s'en aller courir de vallée en vallée, dormir et manger dans les villages, et attaquer chaque jour un nouveau sommet.

Cet automne de l'année 2016, je l'ai passé à la maison. Nous sommes rentrés du Tibet début septembre. Après quelques courses qui m'ont servi à sonder l'état de mon corps après une expédition d'un mois, j'ai débarqué chez moi en plein automne. Ce sont des mois gris dans le Nord, durant lesquels les gens s'enferment dans leurs maisons et passent leurs journées à attendre. Dehors, il pleut et il neige. L'obscurité s'étend et les jours se font courts quand on sort gravir les sommets. C'est le temps qui, pour moi, signe la fin d'une année et le début d'une nouvelle ; un moment durant lequel je me pose pour réfléchir et analyser la saison passée. Que faire ? S'entraîner, s'entraîner et s'entraîner encore. La routine d'un travail difficile et simple à la fois, qui ne s'arrête jamais le reste de l'année, allant toujours de course en course et de montagne en montagne.

À mon retour de l'Everest, les réactions ont été nombreuses et variées. Certaines étaient empreintes d'incompréhension et de rejet, parce qu'il y a toujours des gens pour être en désaccord avec ce qu'on fait ou qui ne comprennent pas, soit parce qu'ils ne cherchent même pas à comprendre, soit parce qu'ils associent d'emblée ces expéditions au mensonge, au dopage et à la tromperie. D'autres exprimaient de l'admiration ; même s'il y a une mauvaise interprétation de ce que j'ai fait, certaines personnes sont immédiatement impressionnées par des noms comme celui de l'Everest et par les chiffres, qui sont des réalités que tout le monde assimile et peut comparer, bien qu'on ne sache pas vraiment avec quoi. Il y a aussi les indifférents, peut-être les plus sensés ; et, enfin, la petite minorité de ceux qui comprennent très bien et qui élaborent les théories les plus folles pour se motiver ou pour affronter leurs projets avec une nouvelle perspective.

L'adaptation est compliquée quand on revient d'une période vécue en solitaire et qu'il s'agit de se réimplanter dans une vie en société. Dans mon cas, je dois redevenir Kilian Jornet, pas la personne, mais le nom, le personnage. La vie que les gens me prêtent et dans laquelle ils me reconnaissent me fait peur et m'inspire un effroi que j'ai du mal à expliquer.

Au Népal, la partie la plus asociale de mon être avait vécu paisiblement. Au retour, j'étais fatigué d'avance à l'idée de revêtir à nouveau le masque de l'asservissement communautaire.

Nous étions encore sur le camp de base quand ces pensées ont commencé à me perturber. Alors que nous dépliions les tentes et rangions notre matériel pour nous en aller, une idée m'a traversé l'esprit :

« Eh, Seb, écoute. Et si on envoyait un message pour annoncer que je suis mort ? Je suis sûr que ça se répandrait sur Twitter comme une traînée de poudre, jusqu'à devenir *vrai.* On annoncera ensuite à Émelie, à mes parents et à ma sœur que c'est un mensonge, et que j'ai voulu faire circuler le message pour récupérer l'anonymat et ma liberté. »

Je trouvais l'idée géniale mais Seb n'a pas partagé mon enthousiasme.

« Ça va pas, non ? Tu penses vraiment devoir y aller si fort ? Ça t'est venu à l'esprit que, même sans le vouloir, tu ferais du mal à beaucoup de gens ?

— Mais je m'en fous des gens ! » ai-je répondu immédiatement. J'ai ruminé la chose pendant un certain temps et après quelques minutes, je me suis rangé à son point de vue, bien que pas tout à fait convaincu : « Bon, allez, d'accord, ce n'est peut-être pas le bon moment... »

Tête basse, j'ai continué à récupérer les dernières choses éparpillées sur le camp, tout en pensant au retour qui aurait lieu dans peu de temps, et à la masse de personnes qui allait me tourner autour et à laquelle j'allais devoir me réhabituer. Oui, tu as raison, je vais finir comme un vieux con. Si je suis déjà comme ça à trente ans, il y a fort à parier que dans quelques années je serai l'un de ces vieillards qui entrouvrent légèrement le rideau lorsqu'un inconnu passe devant leur fenêtre, pour l'observer d'un œil suspicieux ; ou de ceux qui restent silencieux lorsqu'un ami frappe à la porte, à attendre qu'il s'en aille en pensant qu'il n'y a personne. J'en tremble. Personne n'aurait la force de me supporter !

De la même façon que, quand je termine une course, il me faut quelques secondes ou quelques minutes pour me remettre les idées en place, j'ai besoin d'un temps de digestion et d'atterrissage après une longue expédition. Mais le public et les journalistes n'ont pas de patience. Ils veulent savoir tout de suite ce qu'on a vécu et comment on l'a vécu. « Même moi je ne réalise pas encore ce que j'ai vécu et ce que j'en retiens ! » Quand ils m'abordent et m'interrogent, à vrai dire, je me sens mal, et quand j'arrive à m'exprimer, ce n'est que pour sortir une stupidité censée être drôle, ou pour donner par automatisme une réponse d'une banalité crasse, sans aucun intérêt, qui pourrait même se retourner contre moi. Dans ces cas-là, j'ai l'impression qu'on me met les doigts au fond de la gorge pour me faire vomir tout ce que j'ai pu vivre avant que j'aie eu le temps de le digérer.

C'est justement la déconnexion complète d'avec le reste du monde qui me plaît le plus dans les expéditions : pouvoir me couper de tout et tous, n'être en relation qu'avec des gens que j'aime et avec la montagne, sans être constamment épié par ces yeux qui analysent le moindre de mes faits et gestes, et ces oreilles qui décortiquent mes paroles. De retour dans le monde réel, j'ai donc absolument besoin d'un temps de réadaptation, d'acclimatation.

Un jour, j'ai eu une autre idée de génie : j'ai raconté à Émelie et à mon agent que je voulais disparaître. Bien qu'ils n'aient pas été plus surpris que ça, ils ont accueilli ma demande avec scepticisme, et m'ont expliqué que j'avais une fonction et une responsabilité : celles de motiver le plus de monde possible à faire du sport et à se rapprocher de la nature... Bref, c'était non.

Je n'ai jamais cherché à être admiré. C'est d'ailleurs quelque chose que je ne supporte plus par moments. Je n'ai jamais souhaité être un modèle pour quiconque ; non, désolé, mais je n'ai pas choisi ça. Et en même temps, je ne veux pas être obligé de faire ou d'arrêter de faire quoi que ce soit pour ou à cause de quelqu'un d'autre. Jamais.

Les feuilles des arbres virevoltent depuis les branches jusqu'au sol, et la neige a déjà passé son coup de pinceau blanc sur les montagnes. J'ai appris à me réhabituer au contact des gens, petit à petit, et, réfugié en Norvège, me sont revenus les rêves de ces montagnes, celles que seul peut comprendre celui qui les imagine, parce qu'en elles il ne cherche pas la difficulté, la hauteur ou l'esthétique, mais lui-même.

Chaque montagne prend la forme de celui qui désire y grimper, l'ascension en solitaire ne se fait pas avec les mains sur la pierre, elle se ressent plutôt en palpitations dans le creux du corps qui lutte à l'extérieur. Loin du bruit, là où un sommet ne semblerait être qu'un point géographique, on vit pleinement. Car chaque montagne gravie, chaque ami perdu et chaque ascension avortée nous laisse des cicatrices indélébiles.

Peut-être que la vieillesse se résume à ça : un corps qui ne peut plus recevoir de cicatrices par manque de place. Est-ce à partir de ce moment que je serai en mesure de gravir des montagnes avec une liberté authentique, garantie par la maturité ? Lorsque j'aurai intégré que l'amour implique de renoncer à la liberté, et que la liberté est l'acceptation d'un amour inconditionnel ? Ce moment venu, mon corps n'avancera plus sur les injonctions de mon esprit, et mes cicatrices auront la nostalgie d'un corps vigoureux. Je veux être un jeune de quatre-vingts ans, qui ressentirait l'urgence de l'instant présent sans la nécessité de penser à l'avenir. Je veux vivre à la folie tous les registres de mon amour pour la montagne, avec les yeux qui pétillent et le cœur qui bat la chamade, sans aucun contrôle, et les jambes qui tremblent rien qu'à l'idée de monter là-haut. Jusqu'à ce que, la vieillesse touchant à sa fin, mon corps s'éteigne.

Chapitre 4

Des compagnons de rêve

Été 1938. Anderl Heckmair, Fritz Kasparek, Ludwig Vörg et Heinrich Harrer arrivent au sommet de l'Eiger, dans l'Oberland suisse, ils sont passés par la face nord. Une première. Ainsi, le dernier des défis alpins est enfin relevé, comme l'écrit Heckmair dans son livre *Les Trois Derniers Problèmes des Alpes*. Les deux autres avaient été résolus pendant cette même décennie et, tout comme l'Eiger, ils étaient aussi faits de glace et de roche : les faces nord du Cervin et des Grandes Jorasses. Ce sont les frères Schmid qui sont venus à bout du premier en 1931 ; trois ans plus tard, Martin Meier et Rudolf Peters se sont occupés du deuxième. Gaston Rébuffat, grand alpiniste et guide français, a été le premier homme à avoir gravi ces trois faces nord, entre 1945 et 1952. Puis les défis ont évolué sur ces mêmes terrains, qu'on s'est mis à escalader en hiver, en solitaire, le plus rapidement possible jusqu'à enchaîner l'ascension des trois sommets en quelques heures.

Aujourd'hui, l'ascension de ces sommets n'est plus considérée comme une prouesse et toutes les variantes de l'alpinisme y ont été testées. Malgré tout, ces murs gelés et faits de roches à la consistance incertaine continuent de faire rêver des milliers d'alpinistes. Je me demande parfois ce qui les fait encore fantasmer à leur sujet, et j'en suis arrivé à cette conclusion que, quand on se déplace au milieu de cette géographie et qu'on s'imagine atteindre les hauteurs de l'Eiger, on est d'abord attiré par cet immense mur noir, mais aussi et surtout par toute l'histoire qu'il porte en lui, toute sa mémoire, et se ranime alors la fascination liée à tout ce qu'on a pu entendre et lire à son sujet. Non seulement on franchit des murs de glace et de roche, mais on le fait accompagné, intérieurement, par l'expérience de Heckmair. On voit Reinhold Messner et Peter Habeler escalader devant nous, parcourant ces parois en à peine dix heures et être sur le point de révolutionner l'alpinisme grâce à cet exploit, ici même, dans les Alpes. Et l'on se souvient de beaucoup d'autres péripéties qui ont habité nos rêves d'enfants. Ces montagnes-là, on ne sait jamais si on y monte pour leur beauté, ou si on les trouve extraordinaires à cause de ce qu'elles représentent pour nous, magnifiées par ce qu'on nous en a raconté ou ce qu'on en a lu.

Dans la liturgie de l'alpinisme, peu de parois auront été aussi populaires que ces trois alpines qui ont cessé d'être un « problème » dans les années 1930. Bien que dès mon enfance je me sois imaginé y grimper, je ne m'étais encore jamais décidé à retranscrire dans un carnet ce que la réalisation de ce rêve signifiait pour moi. Jusqu'à ce qu'un jour, je croise par hasard Simón Elías sur le mont Blanc.

Avec Simón Elías, aux Grandes Jorasses

Chamonix est la seule ville du monde où, à la mi-août et lorsque le thermomètre affiche trente degrés, on peut se balader tranquillement en pleine rue avec des bottes de ski et en Gore-Tex sans passer pour un fou. J'en suis même venu à penser qu'il y a sûrement des gens qui vont la journée au bureau en jeans et chemise et qui, après le dîner, chaussent leurs bottes de montagne et s'enroulent une corde autour du cou en guise d'accessoire pour aller boire un verre au bar du coin.

Le panneau annonçant fièrement « Chamonix-Mont-Blanc » souligné par « La capitale mondiale de l'alpinisme » est la première chose qu'on voit en arrivant de l'autoroute. D'autres surnoms bien connus lui ont été donnés, comme celui que lui a attribué l'alpiniste nord-américain Mark Twight : « La capitale mondiale des morts ». On pourrait aussi l'appeler « la capitale mondiale du plus gros ego au mètre carré », la ville accueillant de façon permanente, sur des périodes plus ou moins longues, les meilleurs spécialistes de toutes les disciplines sportives se pratiquant en montagne. Depuis le VTT de descente jusqu'à l'alpinisme, en passant par le *base-jump*, le parachutisme, le *trail running*, l'escalade glaciaire, le ski extrême et une longue liste d'*et cætera.*

Chamonix a été le point de départ de la première expédition vers le sommet du mont Blanc en 1786 : une prouesse qui a donné naissance à l'alpinisme. C'est aussi la ville dans laquelle est né le métier de guide de haute montagne. Avec le temps, Chamonix s'est équipée pour faciliter la pratique de tous les sports de montagne possibles et imaginables. Des télésièges et télécabines qui partent du centre-ville et amènent là-haut en quelques minutes ont été construits, ainsi que des refuges autour de toutes les parois faites de roche, de neige ou de glace, et de plusieurs zones à partir desquelles on peut s'envoler dans la direction de son choix. Un système d'accès aux conditions météorologiques et aux informations topographiques des voies et pistes, unique en son genre, a aussi été mis en place ; et il n'y a rien à redire sur le service de secours et de sauvetage.

Tout cela a évidemment fait de Chamonix la grande université mondiale des sports de montagne, et la ville attire une quantité incroyable de personnes désirant pratiquer l'une ou l'autre des disciplines au plus haut niveau, vingt-quatre heures sur vingt-quatre, sept jours sur sept. Ici, les activités extrêmes ou exceptionnelles rythment le quotidien, et l'on vit au sein d'une effervescence de créativité, d'ego surdimensionnés et de cimetières où gisent plein de rêveurs.

Parmi ces grands ego naviguait le mien, installé que j'étais depuis plusieurs années dans une vallée où les noms de Charlet ou Terray étaient plus connus que celui de Kennedy aux États-Unis, où la hiérarchie sociale reposait sur la difficulté des voies qu'on avait escaladées et où les membres de la célèbre élite étaient reconnaissables parmi tous grâce à un insigne d'argent qui resplendissait sur leur Gore-Tex ou sur la visière de leur casquette pendant les beaux jours, lorsqu'il était permis de laisser sa veste à la maison.

Un seul exemple suffira à illustrer le genre d'esprit qui règne ici : une nuit, protégée par l'obscurité, une bande de contre-révolutionnaires insolents a accroché de grands panneaux sur plusieurs monuments de la ville, ainsi libellés : « Quelle différence y a-t-il entre Dieu et un guide de montagne ? Dieu n'est pas un guide. » Blague à part, Chamonix est un microcosme singulier et replié sur soi, comme la plupart des individus qui l'habitent.

C'est dans ce monde parallèle, où les vrais problèmes qui touchent la vallée, comme l'énorme pollution atmosphérique, restaient bien cachés sous le tapis du joyeux cirque des activités et records quotidiens, que je m'étais installé et fait une place, bien qu'éloigné du centre-ville et de sa vie sociale. J'y ai passé dix années et je peux compter sur les doigts des deux mains les amis que je m'y suis faits, et je n'aurais besoin que d'une seule main pour énumérer mes sorties en montagne à deux. Quoi qu'il en soit, dans cette espèce de paradis entre les montagnes, j'avais pour moi l'envie et l'espace nécessaires à ma progression.

C'était la fin du mois de juin, les jours étaient longs et l'anticyclone qui nous accompagnait depuis plusieurs semaines paraissait confortablement installé. En guise de remerciement à son égard, je passais le plus clair de mon temps au-dessus des quatre mille mètres. Et, selon toute logique, j'y trouvais chaque jour des centaines d'alpinistes et, bien entendu, un nombre incalculable de guides menant des clients vers la conquête de leur rêve. Comme je vivais dans les environs depuis un bon moment, je n'étais plus reçu de façon aussi hostile qu'au début, où l'on me regardait avec dédain quand j'allais m'entraîner à courir ou à escalader le mont Blanc. J'en avais même entendu m'insulter à cause du style de grimpe que j'adoptais sur *leur* montagne.

Simón Elías était l'un ces guides que je croisais assez souvent. Il venait de La Rioja, au nord de l'Espagne, et s'était installé depuis plusieurs années dans la vallée, où il alternait entre la saison des déferlantes de touristes, pendant laquelle il travaillait sans relâche, et les mois morts durant lesquels Chamonix devient une ville fantôme, qu'il fuyait pour rejoindre des massifs éloignés et tenter d'y ouvrir de nouvelles voies d'escalade. Par exemple, la face nord du Meru, dans l'Himalaya, ou la face ouest du Cerro Torre en Patagonie. Je le connaissais depuis plusieurs années et pas seulement pour avoir vu dans les magazines les récompenses bien méritées qu'il collectionnait. Nous nous sommes rencontrés une première fois après ma première participation à la Pierra Menta, que j'avais courue en catégorie junior à l'époque, lorsque je suis allé passer quatre jours à Chamonix avec tous les membres du Centre technique national pour apprendre quatre concepts basiques de sécurité, comme les actions à mener si l'un de nos compagnons tombait dans une crevasse, ou la meilleure façon de s'encorder pour parcourir un glacier. Nous étions une douzaine d'adolescents surexcités, et l'arrogance de certains d'entre nous était démultipliée par l'effet des podiums de la Pierra Menta. Endorphine et adolescence, on sait ce que peut donner ce mélange !

Le hasard a voulu que Simón soit notre guide et notre formateur. Le premier jour, nous sommes montés en téléphérique jusqu'à l'aiguille du Midi, à trois mille huit cents mètres. Première erreur : ne pas nous avoir obligés à monter à pied, parce qu'au moins nous serions arrivés là-haut légèrement épuisés, avec un peu d'acide lactique dans les jambes et notre taux d'endorphine serait descendu. Au lieu de ça, nous sommes sortis de la cabine comme des lions affamés qui auraient vu un troupeau de gazelles blessées à leur portée. Arrivés sur la neige, tandis que nous fixions nos skis, Simón essayait de nous expliquer avec toute la bonne volonté du monde les concepts clés à intégrer pour skier sur un glacier. Mais, sûrs de nos connaissances et nous croyant invincibles, nous ne lui prêtions pas la moindre attention. Nous ne faisions qu'attendre nerveusement le signal qui nous donnerait l'autorisation de nous lancer dans la descente, impatients de savoir qui arriverait le premier en bas.

À peine Simón nous eut-il donné l'autorisation d'y aller que ce fut la débandade. Nous avons tous foncé en coupant le versant en ligne droite, le corps tassé en arrière pour garder l'équilibre et sentir la neige défiler à quelques centimètres de nos fesses. Et bien entendu, nous nous sommes lavé les mains de toutes les règles de sécurité que l'instructeur nous avait données quelques minutes plus tôt. Nous sommes descendus par le glacier de la vallée Blanche sans effectuer un seul virage – bien agencés, en parallèle –, nous en remettant à tous les dieux du ciel chaque fois que nous approchions d'une crevasse et, au lieu de freiner, nous mettions tout en œuvre pour prendre encore plus de vitesse en vue de sauter par-dessus, tout en nous surveillant les uns les autres du coin de l'œil, à espérer qu'il y en ait au moins un qui se dégonfle, freine et reste à la traîne. Simón, les yeux écarquillés, contemplait avec effroi ce spectacle affligeant et nous suivait quelques mètres plus haut, hurlant pour que nous cessions de faire les abrutis.

Nous ne nous étions pas revus jusqu'à ce que j'aille vivre à Chamonix. Nous nous croisions régulièrement sur les montagnes, sans pour autant nous parler beaucoup, mais nous partagions l'envie de planifier une activité qui serait un défi à relever pour chacun de nous : il serait fondé pour Simón sur la résistance et la vitesse, et pour moi sur la difficulté technique. Mais les plans que nous fomentions là-haut partaient en fumée une fois redescendus dans la vallée, confrontés à la réalité de nos emplois du temps respectifs bien trop chargés ; et les jours passaient sans que nous puissions trouver un seul moment de libre commun.

Ce lundi de fin juin, j'étais parti skier avec Vivian Bruchez et Seb Montaz sur un nouvel itinéraire de la face ouest du mont Maudit. De retour à la voiture, vers midi, j'ai vu sur mon portable que Simón m'avait envoyé ce message : « Salut mec, on se fait les Grandes Jorasses jeudi ? » J'ai vérifié mon agenda : le lendemain, mardi, j'étais réquisitionné pour une session de photos avec un sponsor ; j'avais mon mercredi de pris par une sortie avec Karl Egloff ; et je participais au kilomètre vertical de Chamonix le vendredi après-midi. Mais je n'avais encore rien de prévu le jeudi et je lui ai tout de suite répondu que j'en étais. L'idée de Simón était très simple : faire une ascension comme on en faisait dans le temps. C'est-à-dire partir de Chamonix et alterner course et marche jusqu'au pied d'un mur qu'aucun de nous ne connaissait encore, grimper par une route technique – la Colton-McIntyre – jusqu'au sommet et descendre par l'autre versant jusqu'à Courmayeur.

Tout nous oppose, Simón et moi : il fume et il boit, je n'ai jamais fumé de ma vie et l'alcool n'est pas fait pour moi ; il aime l'animation des grandes villes alors que je commence à paniquer quand trop de gens m'entourent ; c'est la difficulté qui le passionne dans l'alpinisme, alors que pour moi c'est le mouvement ; il s'éclate en amenant chaque jour des groupes de personnes en montagne, et moi je voue un culte à la solitude ; il considère que le sport de haut niveau est un fléau et je ne peux vivre sans m'entraîner.

Malgré nos styles de vie radicalement différents, nous nous rejoignons autour d'une même passion, la montagne. Nous avons trouvé en elle un lieu qui nous met d'accord, et nous lui faisons face avec la même joie que des enfants qui s'apprêtent à étrenner un nouveau jouet.

Le mercredi soir, après avoir dîné, nous nous sommes retrouvés sur le parking du Montenvers pour choisir notre matériel. Nos sacs chargés, guidés par les lumières de nos frontales, nous avons entamé la montée en marchant sur les sentiers boisés que j'empruntais habituellement en courant. Une fois laissé derrière nous la chape protectrice des arbres, un spectacle magnifique s'est offert à nos yeux : la lumière des étoiles éclairait la nuit et illuminait tous les versants des sommets qui nous entouraient. Les Grandes Jorasses nous attendaient, resplendissantes, recouvertes d'une pellicule à la blancheur intense. Était-ce la couleur d'une neige dure qui nous permettrait de grimper rapidement et en sécurité, ou s'agissait-il d'un amas de neige fraîche et inconsistante qui effleurait à peine la roche ? Avec cette question en tête, nous nous sommes aventurés sur la Mer de Glace, un glacier qui s'étendait autrefois sur des kilomètres et dont la masse se réduit chaque année de centaines de mètres cubes. Son nom n'est plus tout à fait approprié aujourd'hui, et nous ferions mieux de l'appeler « langue de glace ». Nous avons pu nous réapprovisionner en eau en nous approchant de l'une des rivières qui traversent ce bloc, un litre pour Simón, un demi-litre pour moi. Cela nous suffirait pour atteindre l'autre côté de la montagne.

Au pied du mur, l'ombre des mille deux cents mètres de roche nous plongea dans une obscurité profonde. En pleine nuit, dans un lieu comme celui-ci, on se sent encore plus petit et insignifiant que nulle part ailleurs. Nous avons passé plusieurs heures à monter et redescendre par un soubassement du mur, parsemé d'éperons et de tranchées, cherchant une voie par laquelle nous aurions eu envie de monter. Finalement, alors que le soleil levant nous envoyait un premier brin de clarté, nous avons traversé les pentes de glace bleue qui nous ont permis de débuter l'ascension à bon rythme jusqu'au premier tiers de la paroi. Quand le jour a fini par s'installer franchement, un air frais a chassé ce que nos yeux portaient encore de rêverie et nous a tout à coup rappelé que nous étions en plein milieu d'un versant nord. Les premières difficultés se présentant, nous avions besoin de sécuriser nos pas, et notre escalade était maintenant beaucoup plus statique tandis que le froid nous rongeait les os. Nous pensions alors aux coureurs à peine vêtus de débardeurs dans le fond de la vallée, et à ceux qui devaient mourir de chaleur en escaladant les versants ensoleillés à cette heure-ci.

« Mais merde, Simón, on était si bien hier… À profiter des rayons chauds du soleil, à plus de quatre mille mètres, la journée passée à faire de l'escalade en tee-shirt avec des vues imprenables… Pourquoi est-ce qu'on va toujours à la recherche de ce putain de froid ? râlais-je, sarcastique.

— C'est vrai, on aurait pu faire bronzette au sud et revenir tout beaux ; et on est là, à se les geler de froid et de peur. Mais vois la chose du bon côté : si ce temps nous glace le corps, imagine-toi comme il doit aussi nous rafraîchir l'esprit ! »

Simón avait l'art de la formule, de la réponse simple et précise, ce trait d'esprit qui fait de toi le roi des soirées entre amis. J'avais lu son livre, *Alpinisme bisexuel*, peu de temps auparavant : un recueil de notes et de récits tranchant et drôle. Mais je dois avouer que c'est avant tout sa couverture qui m'a interpellé alors que je passais devant une librairie. Une photographie amateur sur laquelle il apparaît, maigrichon, jambes velues, avec une tignasse et une barbe qui lui recouvrent la figure, ne portant en tout et pour tout qu'un string noir et des bottes d'alpinisme, et posant comme un acteur porno des années quatre-vingt. Et tout ça, grand Dieu ! en plein milieu d'un glacier de Patagonie, avec son matériel d'escalade et de la nourriture de bivouac éparpillée tout autour. *Kitschissime* !

Tout ce qu'il fait y est passé au crible de son esprit caustique, et il expose toute l'ironie de son travail de guide de haute montagne, qui consiste à mettre les gens en danger pour ensuite aller à leur rescousse. Je perçois en l'accompagnant la passion qui l'anime, avec cette façon qu'il a, sans entrer dans un dédale d'explications, d'arriver à transmettre ce qu'il ressent à chaque moment de son escalade. Il reste avec ça dans la lignée d'un esprit montagnard authentique, en expliquant à ses clients que le plus important n'est pas l'escalade jusqu'au sommet, mais ce qu'on a vécu sur le chemin, qu'on ait atteint ou non l'objectif qu'on se donnait au départ.

Il m'a parlé de son livre pour me révéler qu'il s'agissait en fait d'une « ode à l'échec », parce que « les faits héroïques autour d'ascensions épiques, qui sont des défis lancés à la vie et à la mort pour atteindre un sommet, ne manquent pas dans l'histoire de l'alpinisme ; mais nous savons bien qu'en fait, dans quatre-vingt-dix-neuf pour cent des cas, il n'y a ni sommet ni héroïsme, parce que l'alpinisme n'en a que faire : il est bisexuel, en ce sens qu'il consiste à optimiser l'utilisation de toutes les ressources qui sont à notre disposition et, en temps normal, ne donnent pas lieu à la domination d'un sommet, ce qui ne veut pas pour autant dire qu'il s'agit d'un échec. C'est même tout le contraire. »

Nous continuons à monter et nos échanges sont succincts. Quelques commentaires sporadiques sur la beauté du paysage ou la difficulté du tronçon que nous venons de dépasser et, ce faisant, nous nous passons le matériel de main en main, nous nous éloignons l'un de l'autre. Quand nous progressons corde tendue, avançant de pair et séparés par soixante mètres de corde, nous communiquons via ce lien qui nous unit. Si la corde se détend, cela signifie que celui qui est en tête aborde un passage difficile ; si la corde redescend, c'est que nous ne sommes pas sur le bon chemin ; si elle avance lentement, c'est que l'un d'entre nous est fatigué ; si l'on ressent des à-coups, c'est le signal que nous sommes arrivés au but ou bien qu'il faut ralentir.

Grimper avec Simón est chose aisée. Même si nous voulons avancer à bon rythme, sans perdre de temps, il n'hésite pas à rechercher le meilleur emplacement où positionner chaque protection, et quand je l'entends marmonner parce que nous nous retrouvons bloqués, la solution pour tracer notre route et aller de l'avant lui vient immédiatement en tête, avec calme et sans qu'il se départe jamais de son sourire.

Dix heures après notre départ, le soleil réchauffe nos visages lorsque nous atteignons le sommet et nous devons nous découvrir d'urgence à cause de la chaleur qui nous arrive du sud. On aurait quand même voulu qu'elle arrive un peu plus tôt sur notre trajet pour faire fondre la petite couche de neige qui dissimulait la voie que nous avons empruntée et qui a accentué la difficulté de notre ascension toute la matinée !

D'un seul coup, avec la chaleur et le corps qui se décontracte après s'être donné tant de mal, c'est notre estomac qui se manifeste. « Aïe, j'ai de ces crampes ! » Nous nous regardons, conscients qu'il n'y a pas âme qui vive à des kilomètres alentour, nous baissons nos pantalons et évacuons avec force les doutes qui nous ont assaillis toute la nuit jusqu'au petit matin.

« Connais-tu d'autres toilettes qui te permettent de chier en profitant d'une vue comme celle-ci ? » me demande Simón.

Et nous nous mettons à rire tous les deux, perdus dans la contemplation des Alpes.

L'été a suivi son cours et, comme cela devait arriver, après nos vingt-trois heures de sortie en duo, nous sommes repartis chacun de notre côté, à rayer les obligations et engagements inscrits dans nos agendas à mesure que nous les respections. Et nous n'y avons trouvé aucun créneau sur aucune page pour concrétiser la moindre des activités que nous avions envisagées au moment de descendre vers Courmayeur, avançant au flair en direction des pizzas qui nous étaient réservées.

Le lendemain, Simón a remis son uniforme de guide de montagne et, toujours serein et patient, a continué de dispenser des cours d'amour de la montagne à des centaines de clients désirant faire l'ascension de sommets comme le mont Blanc. Forts de leur apprentissage, ils s'en retournaient tous chez eux conscients que le sommet qu'ils recherchaient à la base n'avait finalement pas été ce que leur aventure leur avait apporté de plus important. Alors oui, il est bien possible que les guides comme Simón portent en eux quelque chose de divin ; ils ont ce pouvoir d'illuminer les autres grâce à leur amour pour la montagne, et de les aider à faire leurs premiers pas sur ce chemin fait à la fois de sacrifices et de plaisirs.

Le jour suivant cette expérience magistrale en compagnie de Simón, j'ai épinglé un nouveau dossard sur l'un de mes tee-shirts et j'ai poursuivi mon ordinaire procession estivale.

Avec Ueli Steck, à l'Eiger

Je suis perdu dans les ruelles étroites de Ringgenberg, un village proche d'Interlaken. Cette commune suisse a su garder un charme rural où l'on se laisse porter par les fragrances de la nature. Elle se distingue de ses voisines françaises, hameaux ou stations, dont les habitants ont laissé la massification du tourisme massacrer l'architecture. Ici, toutes les rues sont pavées et les maisons sont bâties avec de gros troncs soigneusement travaillés. Aucune ne fait plus de deux étages, et leurs fenêtres et balcons sont garnis de fleurs de toutes les couleurs, sans un seul pétale fané. L'eau jaillit en abondance de la fontaine sur la place centrale, et les anciens s'installent sur les bancs qui l'entourent pour prendre l'air et faire la conversation.

Je suis passé deux fois devant la fontaine et n'ai toujours pas trouvé la maison que je cherche. Je coupe finalement le moteur de la voiture et baisse la vitre pour demander à l'un des anciens : « *Sorry, do you know where is Ueli Steck's house?* » Je ne saisis pas tout à fait sa réponse formulée dans un dialecte suisse allemand, mais j'en devine le sens grâce aux gestes qui accompagnent sa parole, et c'est bien assez pour faire de moi un homme heureux.

J'arrive devant la maison d'Ueli, je l'appelle et il sort pour me montrer où je peux me garer. Nous entrons immédiatement dans le vif du sujet et il ne nous faut pas plus de dix minutes pour préparer tout le matériel dont nous aurons besoin pour gravir l'Eiger par sa face nord le lendemain matin. Les sacs faits, nous partageons un plat de pâtes au parmesan pour dîner.

J'ai entendu parler d'Ueli pour la première fois en 2007, en lisant dans un magazine qu'il avait fait l'escalade de l'Eiger, celle-là même que nous sommes sur le point de refaire ensemble, en moins de quatre heures. L'année suivante, il explosa son propre record en montant en moins de trois heures. En comparaison, ce que nous nous apprêtons à faire n'est qu'un simple entraînement pour lui. Je suis tout de même submergé par un flux de sensations variées, allant de l'excitation au respect. La peur de ne pas être à la hauteur et de me ridiculiser devant un homme qui a déjà escaladé trente-neuf fois ce mur est aussi bien présente.

Quelques semaines auparavant, nous nous étions retrouvés sur l'Himalaya. J'avais deux semaines de vacances, entre la fin de la saison de *trail running* et un voyage au cours duquel je devais présenter des produits pour un sponsor d'Asie du Sud-Est, et j'en avais profité pour aller me balader dans le Khumbu, la région du Népal qui abrite tous ces sommets emblématiques :

l'Everest, le Lhotse ou l'Ama Dablam... Je m'étais arrêté quelques heures à Katmandou le temps d'accomplir les démarches pour obtenir mes permis de *trekking*, j'avais pris un vol direct jusqu'à Lukla et, à peine arrivé, j'étais parti courir avec mon petit sac à dos qui contenait tout le nécessaire pour déambuler une longue semaine dans les montagnes. Après quelques jours passés dans les vallées de Gokyo et sur le sommet du Lobuche, j'avais mis les pieds à Chukhung, le dernier village de la vallée avant la route qui conduit aux faces nord du Lhotse et du Nuptse, à presque cinq mille mètres. Je m'étais tout de suite dirigé vers le *lodge* de Pemba, où j'avais séjourné plusieurs fois auparavant, et j'étais tombé sur Ueli Steck et Hélias Millerioux en franchissant la porte de la salle de restauration. Ils étaient ici depuis un bon moment, m'avaient-ils dit, pour s'acclimater et attendre des conditions optimales avant de tenter l'escalade de la face nord du Nuptse en mode alpin. Ils passaient leurs journées à courir et à grimper dans les alentours.

J'aime beaucoup le Khumbu car on y trouve tous les types de terrains pour s'entraîner. On peut monter jusqu'à six ou sept mille mètres et évoluer comme si on était dans les Alpes, à faire l'ascension d'un trois ou quatre mille. Les villages se trouvent à une altitude de cinq mille mètres et on y trouve toutes les ressources nécessaires pour bien vivre et s'entraîner : des lits avec couvertures, des pièces munies de cheminées qui protègent des nuits froides, de la nourriture en abondance et, si on se trouve à Dingboche, on peut même compter sur la dégustation de délicieux croissants au chocolat sortant tout juste d'un four à bois.

Un jour, j'avais accompagné Hélias et Ueli sur l'une de leurs sorties, et nous étions montés en baskets jusqu'au pied de l'un de ces pics sans nom de six mille mètres qui pullulent dans les parages. Nous avions avancé ainsi jusqu'à la zone enneigée, mis nos crampons et attaqué l'escalade d'une arête rocheuse acérée, d'où nous avions une vue incroyable sur l'immense muraille de pierres que forment les faces sud du Lhotse et du Nuptse. Le Makalu est juste à côté, et nous étions encerclés par des centaines de fines pyramides de neige. Nous avions atteint le point culminant et, après un court arrêt, nous avions entamé la descente par le versant ombragé. Comme nous n'avions pas pris de corde avec nous, nous étions descendus en maintenant une bonne distance entre nous, pour ne pas asperger de neige celui qui se trouvait en dessous. J'avais suivi les traces d'Ueli mais quand j'étais arrivé au bout du mur de neige, un passage vertical de dix mètres m'avait fait stopper net. Je m'étais concentré sur les marques laissées par Ueli et émerveillé à l'idée qu'il avait pu passer à l'aide d'un seul piolet. J'avais sorti de mon sac un deuxième piolet et désescaladé jusqu'au glacier. J'avais rejoint Ueli et, alors que nous attendions Hélias, il m'avait demandé si j'étais déjà allé à Grindelwald, en Suisse. Je lui avais répondu que non. Il avait voulu savoir si j'avais déjà fait l'ascension de l'Eiger. Je lui avais répondu que non. Il m'avait proposé de la faire un jour avec lui. Je lui avais répondu oui.

Le lendemain, j'avais dû partir précipitamment pour ne pas louper mon avion pour Kuala Lumpur. Après plusieurs jours à errer dans de gigantesques villes asiatiques, j'avais retrouvé enfin la normalité de mes automnes à Tignes, où je profitais de l'altitude et des glaciers enneigés pour faire mes entraînements de ski et accumuler un volume nécessaire de kilomètres avant que la neige n'arrive chez moi. On appelle ça « faire le hamster » sur les pistes de ski : en haut, en bas, en haut, en bas, et ainsi de suite, sans sortir de la roue, à faire le compte pesant des heures passées et des mètres parcourus.

Puis un jour, en revenant d'un entraînement, j'avais reçu un message d'Ueli : « *Hi, conditions look great in Eiger, I'm free tomorrow.* » Wouah ! J'avais relevé la tête de l'écran de mon portable et jeté un œil à ce qui traînait dans la voiture : des crampons, un piolet et un harnais fin. Hum, ce n'était pas suffisant. Heureusement que Chamonix était à côté, j'allais pouvoir compléter mon matériel.

En général, il en coûte aux personnes avec qui je sors en montagne de devoir renoncer à charger leur sac de tout un tas de choses et de faire le tri pour monter en traînant le moins de poids possible ; mais avec Ueli, c'est tout le contraire. Après y avoir mis une corde de trente mètres et une dégaine, deux broches à glace et un demi-litre d'eau, nos sacs de vingt litres étaient à moitié vides, et nous nous sommes demandé si nous n'avions pas oublié quelque chose. Ce qui nous a pris le plus de temps a été de choisir le type de chaussures et de crampons que nous allions utiliser. Pour ma sortie aux Grandes Jorasses avec Simón, j'avais enfilé une paire de baskets imperméables qui, grâce à leur flexibilité, rendaient l'approche plus agréable, et qui restaient assez fermes lorsque je les munissais de mes solides crampons pour attaquer la glace et la neige, ce qui m'avait épargné de supporter dans mon sac le poids de chaussures d'alpinisme. Même si cette innovation a fonctionné et m'a donné des pistes pour développer de nouveaux prototypes, j'ai souffert d'un manque de maintien de mes pieds sur les parties glacées les plus abruptes. Ueli voulait tester ces nouvelles chaussures sur l'Eiger, mais nous avons finalement décidé qu'il serait plus raisonnable de porter des baskets légères et de mettre dans nos sacs une paire de chaussures d'alpinisme, que nous sortirions au moment de commencer l'escalade. Le concept de baskets-crampons serait mis à l'épreuve une prochaine fois.

Nous partons au petit matin. Nous courons à travers champs et les vaches nous reprochent de les déranger, elles qui dormaient si paisiblement jusqu'ici. Bien qu'Ueli connaisse ces lieux comme s'il y était né, jamais il n'était parti de Grindelwald pour aller jusqu'à l'Eiger en courant, un train à crémaillère faisant le chemin jusqu'au pied de la montagne. Sa passion lui vient de l'époque où il faisait de l'escalade technique, il gravissait des murs à la difficulté toujours plus grande et ouvrait de nouvelles voies. Quand il observait une montagne, c'est en fait un mur qu'il cherchait, sa partie la plus droite, et le reste ne l'intéressait pas plus que ça. Malgré ses préférences, il m'a suivi avec plaisir lorsque je lui ai proposé d'y aller depuis le village en courant.

Nous avançons à une bonne allure et, à mesure que nos corps prennent le pli de cette nouvelle journée, nous reprenons notre conversation de la veille. Quand il me pose des questions sur mes entraînements et l'alimentation sur les courses de fond, mes réponses me plongent dans une bulle de sécurité et écartent de mon esprit l'angoisse qui me saisit lorsque je pense à ce qui m'attend plus loin, l'abandon du confort sur des terrains qui ont une pente à soixante degrés pour me livrer aux difficultés de la verticalité. Ueli veut savoir si notre rythme de course est bon et je lui réponds qu'il n'a pas à s'inquiéter de ça, qu'il est un bon coureur, et que beaucoup de coureurs professionnels envieraient sûrement sa vingt-deuxième place sur l'OCC – une course cousine de l'UTMB, longue de cinquante kilomètres.

« C'est ça, oui ! me répond-il avec ironie. Je suis arrivé une heure après le premier, Marc Pinsach, avec un temps plus long que le sien de dix-huit pour cent ! Je ne suis pas un coureur, mais j'aimerais m'entraîner pour aller plus vite, et participer à des courses de cent kilomètres. »

Je vois dans ses yeux qu'il s'y voit déjà et qu'il imagine ce que cela pourrait apporter à ses futurs projets de montagne, et je l'encourage en lui disant que, à en juger par la course que nous sommes en train de faire, il n'aura pas de mal à tenir les longues distances s'il décide de s'y mettre et qu'il s'entraîne comme il se doit.

« Tu sais quoi ? continue-t-il. On dit qu'on progresse en escalade juste à force de faire de la grimpe et en sortant en montagne, mais je n'y crois pas. Beaucoup d'alpinistes se contentent de ça et ne suivent jamais d'entraînement spécifique. S'ils ont du temps à tuer, par exemple, ils en profitent pour se lancer dans l'escalade d'une paroi intéressante, mais jamais il ne leur vient à l'esprit d'aller courir ou faire de l'exercice dans une salle de sport, encore moins de faire des séries anaérobies. Je sais bien, moi, que si je veux mener à bien tous les projets que j'ai en tête et exceller sur les escalades les plus difficiles et exigeantes, je dois m'entraîner dur et varier mes activités. »

Ce n'est pas tous les jours qu'on rencontre quelqu'un comme Ueli, qui prend vraiment au sérieux la rigueur de l'entraînement. Même si on cherche au-delà des alpinistes, chez les sportifs en général. Chaque jour de chaque année, il suit à la lettre les règles que lui fixe un coach sportif qui a l'habitude de travailler avec des athlètes olympiques, et j'observe avec intérêt les similitudes et les différences entre son activité et la mienne.

« Moi, ce que je fais, c'est de diviser chaque saison en plusieurs périodes, lui dis-je. Et comme chaque année mes objectifs sont répartis sur les mêmes dates, de janvier à avril pour ceux qui concernent le ski, et de mai à septembre pour la course, l'enchaînement et la construction de mes plannings se font très facilement. Du coup, je sais d'avance que je dois emmagasiner du volume en automne, travailler sur l'intensité quand vient l'hiver, et ainsi de suite, bloc après bloc.

— Je fonctionne aussi par blocs d'entraînement, m'explique-t-il, mais qui ne sont pas figés en cycles annuels. Ils se succèdent aléatoirement, en fonction de mes objectifs du moment. Par exemple, si je me donne pour but d'aller en Californie pour faire l'escalade *freeride* d'El Capitán, je vais auparavant faire quelques mois de travail spécifique sur la force et l'escalade sportive, avec une semaine d'entraînement de fond au milieu, pour ne pas trop perdre en masse musculaire. Si ensuite je jette mon dévolu sur un grand mur de l'Himalaya, je vais me concentrer sur la résistance, en répétant des séances avec beaucoup de dénivelé sur des terrains faciles, entrecoupées par quelques semaines de focalisation sur la technique. »

Technique, force ou résistance, Ueli s'avale environ mille deux cents heures d'entraînement par an, un volume comparable à celui des champions du monde de ski de fond ou de cyclisme. Si mon terrain favori pour faire le hamster en automne se trouve à Tignes, sur les pistes de ski, pour lui c'est la face nord de l'Eiger.

Tout en discutant, nous arrivons presque sans nous en rendre compte au pied de la paroi. Nous avons mis un peu plus de deux heures à faire le trajet. Je lève les yeux pour la première fois depuis que nous sommes partis. Je me laisse intimider par les mille huit cents mètres de roche noire. Bien qu'elle soit la moins haute des trois montagnes qui forment le massif, elle est la plus effrayante. Elle jouxte les deux autres pics, qui l'un comme l'autre – le Jungfrau (la Demoiselle) et le Mönch (le Moine) – imposent le respect. Le nom de ce qui se dresse devant moi parle de lui-même : l'Eiger, l'Ogre.

Nous retirons nos baskets et enfilons nos chaussures que nous munissons de crampons. Sans perdre de temps en bas, nous commençons l'ascension sur les plaques de roche qui se laissent assez bien escalader, et après être passés au travers de vires de neige inclinées, nous nous hissons à la moitié du parcours. Et c'est là que les vraies difficultés se présentent. Avec une petite dose d'imagination, si nous voulions faire la descente à partir du point où nous nous trouvons, on pourrait l'envisager à skis. Avec une petite dose d'imagination, je répète. Mais pour le moment, nous allons de l'avant, et tout n'est que verticalité.

Nous nous encordons, laissons quelques mètres entre nous, et nous poursuivons la montée de concert en ancrant une protection ici ou là, quand le terrain devient trop raide. Mètre après mètre, mon angoisse d'être incapable de grimper et de me retrouver paralysé par la peur disparaît, et c'est l'agréable sentiment d'être en train de m'amuser et de jouer qui prend le relais. La voie est très longue, elle fait presque trois kilomètres et comporte de nombreuses fissures qui traversent la paroi de droite à gauche, sur un terrain où on ne prend pas trop de temps à franchir les passages les plus compliqués. Des petites saillies verticales de vingt ou trente mètres laissent ensuite place à des parties plus simples sur des bancs neigeux qui, perchés comme ils le sont au-dessus du vide, instillent en moi la sensation d'être désemparé.

Nous sommes seuls sur la paroi, et même si nous devons entamer l'ouverture d'une trace, Ueli connaît si bien cette montagne qu'il ne doute pas un seul instant de l'itinéraire à suivre ; à mesure que nous montons, il me montre les voies qu'il a déjà escaladées.

« Là, c'est la voie Metanoia, de Jeff Lowe, que j'ai tentée il y a quelques jours. Et là-bas, ce sont les voies Pacienca et The Young Spider, que j'ai ouvertes il y a quelques années.

— Est-ce qu'il y a quelque chose, Ueli, que tu n'as pas encore fait sur cette paroi ?

— Waouh, beaucoup de choses, vraiment beaucoup… J'ai beau avoir la quarantaine et me faire vieux, je redécouvre chaque fois les mêmes parois sous un nouvel angle. Aujourd'hui même : je n'étais jamais monté ici en partant de Grindelwald !

— Un de ces jours, tu devrais penser à descendre d'ici à skis, lui dis-je pour le titiller, sachant bien qu'il n'est pas un fervent adepte de cette discipline.

— Bah, en effet, je n'ai jamais fait de ski ici, mais j'ai eu l'occasion de faire quelques descentes lorsque je m'entraînais pour l'Annapurna.

— Comment ? »

Ça m'a échappé, stupéfait que je suis.

« Mais… Mais… C'est déjà assez compliqué d'escalader un mur comme celui-là… Et descendre sur un terrain technique l'est encore plus !

— C'est que je voulais être certain d'être en mesure de faire une désescalade sur un terrain technique de longue distance, pour ne pas me retrouver coincé et en danger sur l'Himalaya. J'ai donc réfléchi à une bonne façon de m'entraîner, et je n'ai pas trouvé mieux que d'escalader la face ouest, la plus simple, et de descendre en désescalade la face nord, que je connais par cœur et sur laquelle je pourrais me balader les yeux fermés. »

Je n'arrive pas à articuler un mot en réponse, ébahi par ce qu'il me raconte. Il continue dans son élan à me dire ci et ça, à me livrer des récits d'ici et là-bas, arguant qu'en réalité la face sud de l'Annapurna n'est pas plus raide et difficile que ce mur-là – « mais oui, bien sûr, Ueli » –, et que par conséquent, il est assez facile de la descendre en désescalade. Incroyable. Je m'efforce d'assimiler comme je le peux ce qu'il me raconte alors que nous grimpons.

Quand Ueli a fait en solitaire l'ascension de la face sud de l'Annapurna il y a quelques années de ça, avec un mur de deux mille mètres et une paroi culminant à huit mille neuf cents mètres, tout le monde était stupéfait. Ce mur contient des passages d'une difficulté phénoménale et l'altitude est un obstacle en soi. Il a fait cette escalade seul et d'un trait, en vingt-huit heures. Quelques semaines plus tard, les alpinistes français Stéphane Benoist et Yannick Graziani ont emprunté la même voie, et dix jours se sont écoulés entre leur montée et leur descente, au cours desquelles ils ont connu beaucoup de complications dues à l'altitude et au froid. Difficultés qui se sont soldées par l'amputation de quelques-uns de leurs doigts.

Son récit me laisse bouche bée :

« Pendant la montée, je me sentais complètement coupé du monde. Mon escalade était ma seule réalité, et les notions de futur et de passé n'existaient plus. Je me trouvais dans le pur ici et maintenant. Un coup de piolet, puis un autre, un pas, puis le suivant. Les piolets qui s'enfonçaient dans la neige et la glace étaient tout ce que je voyais. Ma vision était complètement resserrée. J'étais là, en plein milieu d'un mur gigantesque avec un équipement réduit au minimum. Je me sentais léger, mais aussi totalement vulnérable. Je savais que si je commettais la moindre erreur, même infime, je mourrais. Et malgré ça, je n'ai à aucun moment eu peur de me tromper. Je me donnais des ordres, et je contrôlais cette personne qui était en train d'escalader la face sud de l'Annapurna. Je n'étais plus moi-même. Je ne me sentais pas concerné par la possible chute de cette personne. Parce qu'à ce moment-là, le futur n'existait pas. »

Ueli a pratiquement goûté à l'au-delà. Il avait accepté, avant d'y aller, la perspective d'un voyage à sens unique ; et il avait assumé de pouvoir trouver la mort, comme une possibilité du destin. Une fois redescendu, sain et sauf, son esprit était tout entier occupé par le vide, de celui qui s'installe lorsqu'on a la certitude d'avoir atteint une limite qu'on ne pourra jamais dépasser. Jamais plus. Il a vécu un instant sur la limite.

En plus du malaise lié à cette sensation de vide, Ueli a dû subir au retour les critiques de personnes qui ont mis en doute son exploit, sous prétexte qu'il n'a pas pu le prouver par des photographies. « Oh, pardon, toute la nuit passée à escalader, à éviter le vent et les éboulements de pierres, sans mon appareil photo que j'ai perdu dans une petite avalanche qui s'est abattue sur le mur. » Le Piolet d'or lui a été remis, ce prix qui récompense la meilleure activité de l'année dans le domaine de l'alpinisme. Malgré cela, les critiques et autres manifestations d'incompréhension l'ont longtemps affecté.

« Mais, a-t-il poursuivi, que savent-ils, tous ces gens, de ce que c'est que d'escalader un mur comme celui-ci en solitaire ? Comment peuvent-ils s'imaginer les décisions que j'ai eues à prendre s'ils n'ont jamais fait d'escalade dans une situation qui les aurait mis en danger à ce point ? »

Cela arrive, parfois : lorsque quelqu'un a imaginé et exécuté quelque chose que tout le monde considérait jusque-là comme impossible, nombreux sont ceux qui, au lieu de s'en inspirer, s'entêtent à nier. Il est plus facile de réfuter que de questionner et d'assumer ses propres limites.

Avec le temps, cependant, les blessures finissent par cicatriser. Enfin, c'est ce qu'on dit…

Ueli avait retrouvé la motivation pour enchaîner tous les sommets de quatre mille des Alpes, retourner faire de l'escalade à l'Himalaya ou s'entraîner pour continuer à progresser dans d'autres domaines. Je n'arrive toujours pas à croire, même s'il le dit et le répète, ce qu'il a promis à sa femme : qu'il n'escaladera plus jamais en solitaire des voies d'une difficulté extrême. C'est que, tandis que nous montons, il n'arrête pas d'observer le mur et ses conditions dans les moindres recoins, et de parler passionnément de diverses stratégies, et d'idées pour l'élaboration d'un matériel plus léger, ou de nouvelles façons de boire et de s'alimenter sur le parcours, plus efficaces, dans le but d'avancer à un rythme plus soutenu.

« Oui, j'ai dit à Nicole que je ne recommencerais pas, dit-il, mais sur l'Eiger c'est différent. Je peux y grimper rapidement et sans prendre le moindre risque. »

Le temps est magnifique aujourd'hui. Sans un brin de vent ou de chaleur – alors que nous nous trouvons sur une face nord et à presque quatre mille mètres d'altitude. Nous pouvons donc escalader en gardant nos vestes et nos gants, et profiter pleinement de l'ascension. Observer Ueli se mouvoir sur ce terrain est un spectacle qui n'a pas de prix. On a l'impression qu'il se promène sur du plat. Et cette façon qu'il a d'interpréter la qualité de la glace, et la facilité avec laquelle il exécute chacun de ses mouvements… J'essaie de tout absorber, tout ce que je vois et tout ce qu'il me dit. C'est le genre de montagne que je préfère, assurément, celui où les difficultés requièrent de la concentration et se vivent comme un certain défi, mais où elles ne sont pas non plus démesurément grandes au point de devoir monter et s'arrêter constamment pour s'assurer à chaque pas. Sur deux des tronçons les plus compliqués, Ueli me sécurise en me passant la corde derrière le dos, et nous continuons ainsi, en maintenant le rythme, jusqu'aux fissures où se termine l'escalade, et où il se met presque à courir sur un terrain qui reste difficile. Je le suis comme je peux, en retrait de quelques mètres, avec la corde bien tendue. Je copie ses mouvements et je n'ai pas le temps de voir où je pose mes pieds et mes mains. Piolet dans la glace, crampon dans la roche, piolet dans la roche, crampon dans la glace. En un rien de temps, nous nous retrouvons sur l'arête qui mène au sommet.

Deux mille mètres plus bas, dans les champs verts, les vaches qui ce matin nous ont détestés paissent maintenant en paix. Il est midi, et seulement sept heures après que nous sommes partis de Grindelwald, nous entamons la descente sur l'autre versant de la montagne. Cette sortie aura été pour moi un exercice remarquable, et un entraînement de routine pour Ueli. Je lui suis très reconnaissant pour ce cours magistral sur les clés du plaisir dans l'alpinisme. Nous ne mettons même pas deux heures à descendre la face ouest et nous passons devant le funiculaire. Nous remettons nos baskets pour courir jusqu'à la voiture. Nous l'avions quittée juste dix heures plus tôt. J'achète deux boissons et des biscuits. Nous les mangeons rapidement et nous nous changeons. Lui revêt un débardeur et s'en va retrouver un mur rocheux dans la zone d'Interlaken, pour faire de l'escalade sportive. Moi, je retourne à Tignes où j'aurai le temps de faire une dernière montée dans l'après-midi.

Quatre jours s'écoulent, chargés en entraînements bien intenses. Je reçois un nouveau message d'Ueli sur mon portable : « *Today it was great conditions. 2 hours 22 minutes ;)* ».

Escalade en solo au Cervin

J'enchaîne les montées et les descentes sur les glaciers et je compte les jours par tranches de milliers de mètres. Depuis que je suis revenu de l'Eiger, une idée s'est implantée dans mon esprit et y a germé à mesure que défilaient mes heures d'entraînement, jusqu'à virer à l'obsession. Le temps est bon et frais depuis plus d'une semaine, il est donc probable que les conditions en montagne soient encore favorables à l'escalade. Avec tout ce que j'ai appris en juin aux côtés de Simón, et il y a quelques jours avec Ueli, j'aimerais écrire le dernier tome de cette trilogie personnelle en mettant en pratique mes acquis, mais seul cette fois. L'escalade en solitaire est pour moi la plus directe et la plus vraie. On s'y retrouve seul devant le doute et la peur, et nos décisions propres sont les responsables uniques de notre destin.

Après une matinée entière passée à m'entraîner, je retourne à l'appartement, les jambes engourdies par la fatigue. Je jette un œil aux prévisions météorologiques. Je vois sur Google Maps que le trajet pour rejoindre Zermatt, au pied du Cervin, est de cinq heures. Sans tergiverser, je dis à mes compagnons que je ne serai pas des leurs pour la séance du lendemain. Je charge la fourgonnette de tout le nécessaire pour cette aventure. La route s'arrête à Täsch. Je me fais cuire un peu de pâtes à l'huile d'olive, puis je m'endors sans demander mon reste.

Le jour se lève et je monte jusqu'à Zermatt, où je croise quelques touristes à l'air hagard, qui déambulent au bord du coma éthylique et tentent de retrouver l'hôtel où les attend leur chambre louée à mille euros la nuit. Je traverse les rues et m'arrête au niveau de la ligne de départ de la Patrouille des Glaciers. Cette fois je n'ai pas deux mille autres coureurs dans le dos et je ne ressens pas l'excitation de la compétition, mais je suis habité par une énergie similaire au moment de sortir du village et de m'engouffrer dans les vallées.

J'arrive au refuge de Hörnli sur le coup de dix heures, et j'en profite pour boire un peu et manger les quatre biscuits que j'ai emportés. Alors que j'échange mes baskets contre des chaussures de randonnée, je constate que personne n'a dormi ici cette nuit. Cela signifie que je ne croiserai sûrement aucune cordée sur mon chemin. Sans perdre de temps, je sors et me mets à la recherche du pied du mur. Il fait bon. Je ne serai pas dérangé par le froid, ni par trop de chaleur qui pourrait entraîner des chutes de glace et de pierres.

Je commence l'ascension sur une dalle de neige et de glace à soixante degrés. Je suis en forme et en mesure d'avancer très vite sur ce terrain, si confortable pour moi que je peux presque y courir. J'arrive au pied de la rampe, une espèce de couloir fait de glace et de roche, et je remarque, surpris, que les parois sont complètement sèches. J'ai un doute. Ce sera plus laborieux que ce que j'imaginais. Mais je suis venu pour ça, non ? Pour pouvoir prendre des décisions comme celle-ci… Et je décide de poursuivre. J'ai sur moi une fine corde de trente mètres et un peu de matériel que je pourrais laisser en chemin, ou qui pourrait m'aider si je devais descendre en rappel ou m'assurer pour aller plus haut. Je choisis d'attaquer la rampe en plaçant mes piolets et mes crampons dans les fissures du schiste noir avec précaution. Après une centaine de mètres parcourus avec une relative facilité, je me retrouve dans une cheminée complètement verticale. Je monte encore de quelques mètres, mais je ne sais plus vraiment où prendre prise pour pouvoir poursuivre en sécurité et, en regardant en bas, je réalise que la chute me serait… Non, tomber n'est vraiment pas une option. Je fais marche arrière sur quelques mètres jusqu'à me retrouver devant un piton assez bien ancré. Je le renforce en l'enfonçant à coups de piolet, et, quand il devient assez stable à mon goût, je sors la corde de mon sac et j'en accroche l'une des extrémités à mon harnais. Je passe la corde dans le trou du piton, et je l'accroche à nouveau à mon harnais en faisant un nœud de huit. Je m'auto-encourage tout en grimpant, et j'espère que, si je tombe, le piton tiendra le choc. Si tel est le cas, je ne devrais *a priori* pas sortir trop gravement blessé d'une chute de vingt ou trente mètres, et je pourrais reprendre mon ascension, ou redescendre. Mais je ne suis sûr de rien. Aussi, je pèse les conséquences de chacun de mes pas comme si je n'étais pas sécurisé. Petit à petit, mon stress s'évanouit. Et lorsqu'enfin je retrouve de la glace recouverte d'une couche de poudreuse sur la rampe, je récupère la corde. Je peux désormais planter mes crampons et piolets dans un mur qui m'inspire plus confiance. C'est déjà ça.

Trois heures plus tard, je me hisse sur l'arête, proche du sommet. La montée a été intense et m'a demandé une concentration maximale, et je sens mon corps se vider de toute son énergie alors que l'adrénaline pure prend la relève lorsque je laisse ce mur derrière moi.

Les jours sont courts en automne et l'après-midi est déjà bien entamé quand j'arrive devant la croix métallique qui a été plantée sur le sommet du Cervin. Je regarde en bas et m'aperçois que l'obscurité commence à prendre possession du paysage dans le fond de la vallée. J'aurais préféré parvenir ici en été, pour admirer les arêtes débarrassées de toute cette neige. Il y a deux ans, je suis descendu d'ici pour aller jusqu'au village, Cervinia, en cinquante-six minutes seulement. Cette fois, je sens que la descente par l'arête sera beaucoup plus longue et délicate, car elle est entièrement recouverte de neige et de glace, et aucune marque indiquant le chemin à suivre pour filer rapidement vers la vallée n'apparaît.

J'amorce la descente avec précaution, alors que l'ombre du Cervin s'étire vers l'est en dessinant une immense flèche dont je dois suivre la pointe. Je me retrouve pris dans la nuit. J'allume la frontale et je me mets à la recherche du meilleur chemin à emprunter. L'arête n'est pas un terrain technique-ment compliqué, mais il est en revanche dangereux, et dans ces conditions je ne peux pas m'amuser à sauter de pierre en pierre, bien que je me sente en sécurité et que j'arrive à avancer à un rythme convenable.

D'un coup, je sens que le crampon de mon pied droit s'accroche à quelque chose au niveau de ma jambe gauche, mon corps se penche lentement en avant vers le sol, je tente de libérer mon pied pour le poser devant, mais le crampon est coincé dans mon pantalon et retient toute ma jambe prisonnière. Je ne peux rien faire. Mon corps se précipite dans le vide et je plonge tête en avant. Je ressens le premier impact au niveau des épaules et je continue de rouler encore plus bas vers l'obscurité. Je ne comprends rien de ce qui est en train de se passer. Un second impact dans le dos.

Tout au long de mon existence, jusqu'ici, j'ai eu à deux reprises la conviction que j'étais en train de vivre mes dernières secondes sur terre. La première fois, ce fut ce jour-là. J'ai cru que tout allait s'arrêter là.

Pendant ma chute, je n'ai pu que murmurer un « Merde ! », tout bas, comme s'il fallait que je ne réveille personne, mais avec le besoin de libérer cette rage contre moi-même. Je ne pensais à rien d'autre que me mettre en boule pour encaisser les coups le moins douloureusement possible, et je luttais de-ci de-là avec mes bras, cherchant à m'agripper à quoi que ce soit et me persuadant ainsi que l'issue ne serait pas forcément fatale.

Grâce à l'un de ces mouvements, l'un de mes bras s'est retrouvé coincé entre deux blocs et ma chute s'en est trouvée ralentie puis stoppée. Je me suis relevé comme j'ai pu. Mon corps tout entier était pris de tremblements et ma respiration s'est accélérée sous le coup d'un trop-plein d'adrénaline. J'étais tétanisé, et je ne savais pas si je devais crier de toutes mes forces ou bien me plier au désir de me fondre dans le décor et me laisser disparaître. Après une minute nécessaire pour me remettre de cette frayeur, j'ai rapidement vérifié ce qu'il en était des coups que j'avais reçus. Je m'étais déboîté l'épaule qui avait subi le premier impact, mais ce genre de blessure ne représentant rien de nouveau pour moi, je l'ai vite remise en place. Mes jambes étaient couvertes de bleus et j'avais une petite plaie là où s'était pris mon crampon, qui avait fini par déchirer mon pantalon sur toute sa longueur. Je m'en sortais apparemment sans rien de grave, et je pouvais reprendre la descente. Sur les premiers pas, je dénotais encore un tremblement incontrôlable dans mes jambes et je me suis efforcé d'avancer en trottinant. Petit à petit, j'ai pu récupérer un rythme normal.

Dix heures et demie après mon départ, j'étais de retour à Zermatt. Je me suis arrêté acheter une portion de pizza dans un supermarché que j'ai dévorée sur le chemin du retour à Tignes. Mes coéquipiers et entraîneurs m'ont toujours dit que j'étais né sous une bonne étoile. Mais certaines étoiles sont filantes.

Stéphane Brosse, « le Boss », mon ami…

Non, la chance n'est pas une amie toujours fidèle.

Comme chaque année, je passais la moitié de mes vacances d'été au refuge de Malniu, dans la Cerdagne. J'y aidais mes parents pendant une partie des vacances scolaires. Je préparais des sandwichs et des œufs accompagnés de haricots, je faisais le café, je pliais le linge de lit, je passais le balai dans les chambres et mettais le couvert du dîner pour les montagnards qui parcouraient le GR 11 ou allaient voir les lacs. On est obligé de se lever tôt et de se coucher tard lorsqu'on travaille en refuge, car les petits-déjeuners se servent à l'aube, et il faut tout laisser propre et rangé le soir ; mais entre le premier repas du jour et l'heure à laquelle commencent à arriver les nouveaux hôtes, vers midi, s'écoule plusieurs heures de temps libre. Avec ma sœur, nous en profitions pour partir à l'aventure autour du refuge, pas en courant, mais en escaladant les rochers, nous agrippant aux fissures qui se forment entre les blocs de pierre. L'après-midi, en attendant de servir le dîner, nous mettions du bois à chauffer dans le poêle s'il faisait froid et nous feuilletions quelques-uns des nombreux magazines qui étaient éparpillés dans la salle à manger. Nous étions en l'an 2000, j'avais treize ans, et je suis resté bouche bée en voyant la couverture d'un numéro de *Desnivel*, sur laquelle apparaissait un skieur, protégé des pieds à la tête par plusieurs couches de vêtements, les jambes bien écartées qui laissaient deviner la forte inclinaison de la pente sur laquelle il se trouvait. Le titre principal était : « Davo Karnicar skie sur l'Everest. »

« Punaise ! Regarde ! » ai-je crié à ma sœur en lui mettant le magazine sous le nez. « Tu crois vraiment qu'on peut descendre l'Everest à skis ? »

Nous avons immédiatement parcouru les pages intérieures, où il était expliqué avec plus de détails comment Davo s'y était pris. J'étais émerveillé par la ténacité et la technique de ce skieur slovène.

Je ne m'étais jamais adonné à la descente sur paroi, mais sans trop savoir pourquoi, j'ai longtemps été convaincu que je mourrais à vingt et un ans à skis, sur une pente du K2. Les derniers jours de ce même été, j'ai participé à ma première compétition de ski-alpinisme – la discipline s'appelait encore comme ça, avant d'être connue sous le nom de « ski de montagne » –, et j'ai laissé de côté, pendant plusieurs années, Davo et les descentes impossibles. J'avais décoré mon trieur de collégien avec deux photographies, une première de l'Éthiopien Kenenisa Bekele, qui remportait alors toutes les compétitions d'athlétisme, entre cinq et dix mille mètres d'altitude, et une seconde du Français Stéphane Brosse en pleine montée lors d'un championnat de ski-alpinisme, sur le point de faire un nouveau pas en avant et les yeux dirigés vers les hauts sommets, anticipant peut-être les mouvements qui l'amèneraient à gagner la course, une fois encore, celle de la Coupe d'Europe à Morgins, en Suisse, où j'ai ensuite moi-même fait mes débuts sur la scène internationale.

En 2007, Stéphane se retirait du monde de la compétition alors que j'intégrais la sphère des seniors. Le skieur français était maintenant un spectateur de luxe qui venait nous encourager pendant les quatre jours de lutte que nous menions tous pour remporter la Pierra Menta. Quelques années plus tard, j'ai décidé de quitter les Pyrénées pour aller vivre dans les Alpes, et avec deux amies, Mireia Miró et Laetitia Roux, nous avons trouvé un petit chalet de bois à louer au bout d'une route dans les Aravis, d'où nous pouvions partir skis aux pieds depuis notre porte et monter sur les collines surplombées de pics escarpés comme l'Étale ou le Charvin. C'était aussi le terrain d'entraînement privilégié de Stéphane, qui vivait dans un bourg voisin, et j'avais l'habitude de le croiser là, sur les montagnes, rapide et précis, comme dans mes souvenirs de son âge d'or en tant que compétiteur.

J'ai commencé à monter le projet « Summits of My Life » en 2012, et j'ai immédiatement voulu en parler avec Stéphane, car nous partagions la même vision de la montagne, sur laquelle nous aimions évoluer avec rapidité, fluidité et constance. Le premier des défis consistait à traverser le massif du Mont-Blanc à skis, d'est en ouest, en passant par ses principaux sommets. J'allais donc devoir faire face à des descentes musclées. Stéphane, lui, était un skieur de descente hors pair. En compétition, à l'époque, il faisait toute la différence dans les pentes, avec une technique sublime, et il savait lire le terrain comme personne. Après avoir mis les dossards de côté, il a été à l'origine de quelques-unes des descentes les plus vertigineuses qui aient été vues. Avec Pierre Tardivel, il a franchi avec succès, toujours en descente, le glacier du Nant Blanc, sur l'aiguille Verte, sans faire aucun rappel. Stéphane a été un pionnier quant à l'utilisation de matériel de compétition, très léger, qui lui permit de filer rapidement en montée sur ces espaces, ouvrant la voie à des enchaînements que personne n'aurait pu imaginer avant. Pour moi, le projet de la traversée du Mont-Blanc en était toujours à un stade embryonnaire, mais lorsque j'en ai parlé à Stéphane, il m'a dit qu'il y pensait depuis un moment et qu'il avait bien étudié la question. Il a déplié plusieurs cartes de la zone sur le sol et a dessiné d'un trait qui était d'une précision absolue les différents itinéraires possibles pour cette traversée.

Afin d'assurer ma préparation, nous avons fait plusieurs sorties ensemble et il m'a ouvert la porte menant au monde du ski de descente. Nous sommes d'abord allés sur la face nord des Courtes, puis au couloir Barbey de l'aiguille d'Argentière, sur la face nord des dômes de Miage et sur les Droites. C'est presque sans faire usage de la parole qu'il m'a appris à skier sur ces reliefs. Je ne peux pas dire de Stéphane qu'il est le mentor le plus prudent qui soit. Il a eu un problème de matériel sur chacune de nos sorties, mais sa technique divine lui permettait de descendre sur un seul ski ou avec une chaussure endommagée sans que personne ne puisse le deviner. Et même dans ces conditions, j'avais du mal à le suivre.

Quand nous avons jugé que les conditions étaient bonnes, nous sommes partis faire cette fameuse traversée. Nous étions arrivés à bout d'un parcours plus ou moins similaire dans les Aravis, quelques semaines auparavant, et nous nous sentions tout-puissants. En une semaine, nous avons quadrillé la zone à skis pour parfaire notre entraînement et tester toutes les conditions que nous allions être susceptibles de rencontrer. Mais la traversée s'est terminée d'une façon que nous n'imaginions pas, la pire qui soit. Alors que nous cherchions un point d'entrée sur l'ultime descente, après plus de vingt heures de bonheur, une corniche s'est brisée sur le sommet de l'aiguille d'Argentière et a emporté Stéphane avec elle dans le vide.

Avec Vivian Bruchez, au Chardonnet

Pendant les mois qui ont suivi la mort de Stéphane, j'ai combattu le sentiment de culpabilité à coup d'alcool et de prises de risques inconsidérés en montagne. Heureusement, j'étais entouré d'amis qui m'ont aidé à retrouver la sérénité, à échapper au piège de ces pulsions dangereuses. Parmi ces amis, il y avait Seb Montaz et Vivian Bruchez, qui nous avaient filmés sur les Aravis et pendant la traversée du Mont-Blanc, ainsi que Jordi Tosas.

Je n'avais eu l'occasion de rencontrer Vivian que quelques fois avant ces événements. Et même s'il nous avait suivis pour nous filmer, nous n'avions jamais escaladé ni skié ensemble, et c'est pour cette raison que j'ai été surpris de son appel à la fin du mois d'octobre.

« Kilian, comment ça va ? J'ai vu que tu es allé faire un tour au Chardonnet aujourd'hui. La neige est comment ?

— Oui, je suis monté par la voie normale. Il y a beaucoup de neige mais elle est stable. Je dirais donc que les conditions sont bonnes, ai-je déclaré en voulant donner l'impression d'être sûr de moi, mais ayant peur de me tromper en parlant à quelqu'un qui connaissait mille fois mieux que moi les caractéristiques de ces montagnes.

— Est-ce que tu as pu voir l'état de la face nord ? Elle était blanche ou verglacée ?

— Euh… je crois me souvenir qu'elle était assez blanche. Je n'en suis pas sûr à cent pour cent, mais c'est ce que j'en retiens. » Je tentais de la visualiser mais je doutais de moi. J'étais passé dessus sans y faire vraiment attention.

« D'accord, merci », m'a-t-il dit, puis nous avons raccroché.

Un court instant plus tard, j'ai reçu ce message : « Ça te branche de venir skier sur le Migot demain ? » Je lui ai répondu que oui sans y réfléchir à deux fois, et nous nous sommes donné rendez-vous le lendemain au pied de la montagne. Je me suis alors rendu compte que je n'avais aucune paire de skis plus larges que ceux de compétition, qui étaient dans un sale état. J'ai donc retourné le matériel qui traînait chez moi, en quête de skis non montés et de fixations et je suis allé en courant dans un atelier pour les faire assembler.

Le Chardonnet est une montagne spéciale pour moi. Elle n'est pas aussi connue que toutes les autres qui entourent Chamonix, mais c'est justement parce qu'on ne peut pas s'en approcher en téléphérique, et parce qu'elle ne comporte aucune voie spécialement facile menant à son sommet, qu'elle se dresse tel un totem en première ligne au-dessus de la vallée et qu'elle constitue un défi très intéressant et excitant à relever. Stéphane en avait testé presque toutes les voies d'ascension et il m'avait confié que c'était la montagne du massif qu'il préférait. Après Stéphane, Vivian m'a fait découvrir sous toutes ses faces un nouveau domaine des possibles qui a changé pour toujours ma façon de voir les montagnes.

Vivian n'est pas beaucoup plus âgé que moi, mais il avait plus d'expérience en ski sur ce genre de descentes abruptes. Cela dit, il me considérait comme son égal chaque fois que nous devions prendre une décision et il m'a formé comme l'avait fait ma mère lorsqu'avec ma sœur elle nous demandait de lui indiquer le chemin du retour vers la maison. À ses côtés, je me suis toujours senti dans le contrôle et en sécurité, dans un état d'esprit qui frôlait la sérénité, car il faisait en sorte de mettre à distance les sensations extrêmes de notre activité, et il éliminait de son vocabulaire les mots *risque* et *peur*, les remplaçant par *plaisir* et *bonheur*.

D'autres descentes ont suivi celle du Migot, sur le massif du Mont-Blanc jusqu'en Himalaya ou en Alaska, mais nous revenions, de temps en temps, refaire notre tour au Chardonnet avec Vivian. Il observait depuis plusieurs années une ligne de la face ouest de cette montagne, pleine d'éperons de granite rouge qui constituaient un mur de roches excellentes à escalader en été. À force de réflexion et d'imagination, il avait décelé une possibilité de relier des petits couloirs de neige qui se chevauchaient en bandes sur les rochers et que l'on pourrait parcourir à skis du sommet jusqu'au pied du mur presque sans interruption.

Durant les derniers jours de décembre 2015, nous avons fait un premier essai. Nous étions arrivés trop tard sur le mur et, à cause de son exposition au soleil variable selon les endroits, la consistance de la neige se transformait ici et là plus ou moins vite, ce qui augmentait dangereusement la difficulté. Nous y sommes retournés une seconde fois à Noël. La montagne nous a offert une journée parfaite, ciel bleu et pas un souffle de vent. Nous étions en plus seuls dans toute cette vallée d'ordinaire excessivement occupée. Sûrement parce que nous étions le 25 décembre. Alors que tous les gens, ou presque, étaient chez eux, à découper la dinde ou à surveiller la cuisson du bouillon, nous étions en train de chercher une solution au passage par la face ouest du Chardonnet, à presque quatre mille mètres d'altitude. Nous sommes montés au sommet et nous avons fait la descente sur cette face de la montagne en un mélange intéressant de ski et de *dry ski*, un concept inventé par Vivian pour décrire une désescalade skis aux pieds. Lorsque nous atteignions un endroit où la neige n'était plus présente, ou seulement par petites touches, impliquant logiquement de devoir faire du rappel jusqu'à la portion de neige suivante, nous poursuivions la descente avec nos skis, en les appuyant contre la roche et en les utilisant comme des crampons ou des chaussons d'escalade, nous laissant déraper en nous aidant de nos mains ou de nos piolets jusqu'à retrouver un banc neigeux.

Il s'agissait au début d'une technique destinée à nous épargner de sortir nos cordes et à nous éviter de laisser traîner nos ustensiles sur la montagne, mais la désescalade en *dry ski* est devenue au bout d'un moment si difficile, et exigeait de nous une telle concentration et capacité d'imagination, que le temps que nous passions à planifier nos mouvements et à les mettre en pratique est devenu deux fois plus long que celui que nous aurait pris le montage d'un bon rappel. C'était à n'en pas douter un exercice complètement absurde car pour faire face à de telles difficultés, il aurait été plus rapide et plus sûr de poser une corde pour se laisser descendre, ou bien de prendre nos skis sur le dos et d'y aller crampons aux pieds. Mais cette absurdité était la nôtre. Et au fond, n'est-il pas déjà absurde de grimper jusqu'à un sommet par une voie complexe quand il est possible d'y parvenir par un chemin plus facile et balisé ? Et si l'on prolonge ce raisonnement, pourquoi aller gravir n'importe quelle montagne ?

La voie que nous avions ouverte n'était pas celle imaginée par Vivian, celle qui l'obsédait depuis tant de temps. Il aura dû attendre jusqu'au printemps suivant, jusqu'à ce que soient réunies toutes les conditions nécessaires, pour faire une nouvelle tentative. J'ai reçu un nouveau message, juste après la dernière étape de la Pierra Menta que nous avons remportée avec Mathéo Jacquemoud : « Salut l'artiste ! Félicitations ! Ça te dit de retenter le Chardonnet mardi ? »

La Coupe du monde allait se disputer le dimanche qui suivait. J'y faisais figure de favori. Mais avec le temps et l'expérience, j'ai appris qu'il fallait laisser le repos de côté, surtout lorsque l'opportunité nous est donnée de passer un bon moment en montagne. Et ce que me proposait Vivian en valait la peine.

Tout en l'escaladant, nous avons d'abord pris conscience de la beauté de cette ligne sur laquelle nous nous imaginions déjà glisser en descente. Pour le ski, cette pente n'impressionnait pas par son inclinaison. Ni par la longueur de son tracé. Ni par les difficultés des passages en *dry ski*. Ni par l'escalade réalisée pour arriver à son point de départ. Il s'agissait d'un véritable voyage à skis sur un grand mur. Les mots *ski* et *alpinisme* trouvaient ici tout leur sens. Nous avons vécu une longue orgie de sensations, cinq heures durant, et une apothéose de plaisir, soulignée par un coucher de soleil, alors que nous retrouvions le glacier. Nous avons réussi à avancer en toute fluidité, en skiant sur des bandes de neige en forme de croissant de lune au beau milieu d'un mur de granite rougeâtre.

Everest, hiver

Le Népal évoque des images de montagnes majestueuses, de forêts tropicales et de villas rustiques éparpillées dans des vallées silencieuses. Mais la première fois que j'ai mis les pieds à Katmandou, j'ai été plongé dans une chaleur insupportable, mêlée au vacarme et à la poussière échappés de centaines de milliers de voitures klaxonnant les unes plus fortes que les autres. Là, alors que j'étais perdu au beau milieu de ce chaos, Jordi Tosas et Jordi Corominas, qui m'avaient récupéré à l'aéroport, m'ont pris par la main pour me sauver et m'ont guidé vers les hauts sommets. Nous étions en mai 2012.

Nous sommes tous les trois partis vers la frontière entre le Népal et le Tibet, et pendant quatre semaines, nous sommes devenus un élément supplémentaire dans le paysage de ces hautes montagnes qui caressent le ciel et les nuages, dépassant ce qu'on appelle la *zone de la mort*. Nous avons skié sur des pentes remplies de poudreuse, escaladé d'immenses murs de glace et marché sur des moraines infiniment longues pour arriver toujours plus haut.

Nous n'avons atteint aucun sommet, mais pendant nos voyages sur ces montagnes et leurs parois, sur chaque épreuve et à chaque pas, je me suis nourri comme jamais d'un tas d'enseignements. J'y ai appris que la simplicité est la chose la plus difficile d'accès dans ce monde aux proportions inhumaines.

Je peux résumer rapidement notre expédition : trois amis, trois sacs à dos, trois paires de skis, une petite tente et une cuillère pour se partager la nourriture, un sachet d'aliments lyophilisés pour trois chaque jour. C'était tout ce dont nous disposions pour vivre ici pendant un mois complet, durant lequel ils m'ont fait voir le vrai visage des montagnes himalayennes – solitaires, lointaines, dépeuplées –, et en ne laissant derrière nous que les traces de nos pas dans la neige, amenées à disparaître au bout de quelques heures, fondues par le soleil ou ensevelies sous les couches de neige fraîche. Ils m'ont fait comprendre qu'un sac de quarante litres peut contenir tout ce qui est réellement nécessaire pour l'ascension de n'importe quelle montagne de ce monde si l'on souhaite le faire dans le style le plus simple, celui recommandé par les Jordis. Ce sac, à dire vrai, je l'ai aussi rempli à ras bord en y mettant d'autres trésors : les silences qui entrecoupaient le peu de mots que ces deux-là échangeaient et l'idée qui les guidait que le « moins » est le plus, le « faire » n'est rien du tout, et le « comment » est tout ce qui importe.

Il y a des alpinistes qui militent pour que cette discipline n'évolue pas. Ce sont des espèces d'amish des montagnes, qui refusent toute avancée technique émanant des nouvelles technologies et ne veulent pas entendre parler de matériels sophistiqués qui leur permettraient de se hisser plus facilement sur les sommets. Ces intégristes n'empruntent pas les téléphériques pour s'élever vers les cimes, et ne s'accrocheraient sous aucun prétexte aux cordes fixes que l'on peut trouver en hauteur, même si leur vie en dépendait. L'oxygène en bouteille qui leur apporterait plus de vivacité sur les montées ne les intéresse pas, et ils choisissent volontairement de camper dans des tentes petites et étroites, se partageant à trois un sachet de nourriture lyophilisée, alors qu'ils pourraient profiter du grand air dans un campement tout confort, comprenant entre autres une connexion Internet et de délicieux repas. Et ils ne veulent surtout pas faire de trajets entassés dans un hélicoptère !

Arrivés sur la montagne, ils préfèrent tout porter sur leurs propres épaules plutôt que d'engager des porteurs pour répartir la charge, alors que ces derniers vivent du revenu de ce travail. C'est à se demander : ces gens ne vont-ils pas jusqu'au supermarché en voiture pour faire leurs courses ? Ne prennent-ils pas l'ascenseur de l'immeuble pour rentrer chez eux ? Se servent-ils de bougies comme lampes de chevet ?

J'avais entendu parler de ces individus depuis un moment déjà, et j'avais même lu plusieurs articles les concernant. J'en avais déjà croisé quelques-uns, mais on ne les repère pas facilement dans la masse des gens dits normaux, car ils sont doués dans l'art du camouflage en société. Ce prof de physique-chimie ou de philosophie dont nous suivions les cours faisait peut-être partie de ce clan sans que nous l'en ayons jamais soupçonné. Ou ce programmeur informatique qui utilise un vocabulaire opaque lorsqu'il parle de son travail, ou le caissier du supermarché qui passe ses journées à scanner des codes-barres, ou cet agent qui régule la circulation quand il y a des travaux. Croyez-moi, le vrai visage de ces gens ne se révèle que lorsqu'on les voit se mouvoir joyeusement sur les montagnes.

En cette année 2012, n'ayant pas du tout conscience qu'il était déjà trop tard en acceptant leur invitation, je me suis fait enrôler dans un voyage au Népal avec deux des membres de cette secte : Jordi Tosas et Jordi Corominas. Et depuis lors, je fais moi-même partie de cette bande de fous. J'ai ressenti les premiers symptômes de ce ravissement en me surprenant à prononcer naturellement certains préceptes des gourous de cette secte comme : « Nous ne devons pas chercher à modeler les montagnes pour qu'elles se plient à nos besoins, mais travailler sur nos capacités pour nous adapter à elles. » Et je pense aujourd'hui, moi aussi, qu'aller à l'encontre de l'évolution en matière d'alpinisme c'est peut-être esquisser son évolution la plus parfaite.

2017. L'hiver touchait à sa fin. Je devais retourner en Himalaya dans quelques semaines. Depuis l'été de cette même année, je n'avais cessé de réfléchir aux aspects que je devais améliorer pour gagner en efficacité et devenir, comme disait Jordi Tosas, un franc-tireur. Les premières modifications que je devais apporter avaient trait à ma façon de voyager. Il était indispensable de prévoir un voyage court, très court, afin de préserver ma motivation et mon énergie. Je devais donc travailler sérieusement sur la logistique. Qu'il s'agisse des employés de l'association sino-tibétaine d'alpinisme (CTMA), qui délivre les autorisations pour les ascensions dans la région, ou bien des agences, tous devaient comprendre que nous n'allions pas là-bas en tant que touristes. Nous ne voulions pas visiter Katmandou, ni faire de pause à chaque monument qui se trouverait sur le chemin pour nous acclimater lentement. Non. Nous voulions arriver aussi vite que possible car nous aurions déjà travaillé sur notre acclimatation. Il s'agissait justement du second point sur lequel il me fallait plancher, et j'ai pour cela conçu un protocole, à partir de toutes mes expériences vécues au fil des années, consistant à passer trois cents heures en altitude, à m'entraîner et dormir, avant d'entreprendre une ascension. Les entraînements étaient très intenses, étant donné que je partais le matin en montagne avec mes skis, pour une durée qui pouvait aller de quatre à dix heures, et que j'enchaînais avec une heure de course à vitesse bien soutenue, en altitude, les après-midi. Je terminais sur les rotules et tellement à bout que j'en restais ensuite plusieurs heures avec le tournis. Les heures matinales servaient à ma préparation physique aussi bien que mentale, l'objectif étant qu'à terme je sois complètement à mon aise en montagne. Je crois que c'est dans la différence de conditions par rapport à celles de notre quotidien que réside la plus grande difficulté que nous rencontrons en haute montagne, celle qui engendre un malaise. Je devais donc façonner mon corps et mon âme pour appréhender plus confortablement toutes les situations que j'étais susceptible d'y rencontrer. Je me préparais en fait à vivre dans ce qu'on a coutume d'appeler « l'acceptation du moment présent », qui n'est rien d'autre que d'assumer le fait qu'on ne maîtrise pas tout ce qui peut advenir sur notre route.

Quand on se retrouve dans une situation délicate et qu'on ne sait pas immédiatement comment réagir, il faut avant tout être capable de contrôler ses émotions, voire de les éliminer pour que seuls la raison et l'instinct nous dictent la marche à suivre.

Mon cœur battait fort, très fort. *Poum-poum, poum-poum.* Pas plus rapidement, mais plus intensément. Chaque percussion parcourait mon corps en une vibration générale, comme si je cherchais à me prouver à moi-même que j'étais vivant, que mon cœur était bien à sa place et qu'il œuvrait à mon maintien dans le monde des vivants. Mes jambes voulaient aller de l'avant, mais quelque chose, je ne savais quoi, les bloquait, me ralentissait, peut-être dans l'attente du surgissement d'un signal qui aurait été une excuse pour faire demi-tour et retourner sur des lieux plus horizontaux.

J'étais tiraillé entre la peur et l'attraction, ralentissant le rythme, scrutant avec minutie la paroi qui se dressait devant moi, j'en examinais chaque centimètre avec une précision telle que je sentais mes mains suer à l'intérieur de mes gants, comme si elles s'agrippaient déjà aux piolets. J'aurais tout donné pour me lancer tout de suite dans cette escalade, mais, en même temps, je craignais plus que toute autre chose de naviguer dans l'inconnu de cet océan de glace et de roche.

Des jours durant, j'avais fantasmé mon corps se mouvant sur cette ascension. Ma motivation était à son paroxysme, et je ne désirais rien d'autre que d'être ici à cet instant. Mais paradoxalement, je ralentissais au lieu d'accélérer. Tous mes sens, en alerte, étaient à la recherche du détail le plus infime qui aurait pu être une excuse de dernière minute pour me retirer tout en ayant la conscience tranquille, tout en étant convaincu qu'il ne s'agissait pas d'une défaite, mais d'une victoire de l'expérience et de la raison.

Des pulsions rationnelles et d'autres émotionnelles se livraient bataille dans mon cerveau alors que je me rapprochais petit à petit de la paroi. Je me suis arrêté un moment à son pied, où une petite rimaye s'ouvrait juste sous mes yeux. Il était temps de trancher et de prendre l'ultime décision. Lequel des deux combattants en sortirait vainqueur ? L'instinct me rappelant au confort ou l'acceptation du moment présent et de mes convictions ?

J'ai planté mes piolets dans la glace et j'ai amorcé l'escalade.

Sans être encore parvenu au point de non-retour, ayant toujours la possibilité de faire marche arrière en désescalade sur les premiers mètres que j'avais gravis, je savais qu'il n'y avait qu'une seule direction possible : l'altitude.

La pente de glace se redressait progressivement à la verticale et j'avançais à un rythme régulier et mélodique, fluide et léger. Une première section très raide m'a mené sur une courte zone moins ardue où j'ai pu détendre mes avant-bras qui commençaient à se remplir d'acide lactique. Alors que j'étirais mes bras pour faire en sorte qu'ils se décontractent, j'ai regardé en bas : à huit cents mètres de là, je devinais encore les traces de mes pas dans la neige, qui zigzaguaient jusqu'au mur ; et plus bas, ce fil devenait à peine perceptible et finissait par disparaître au fond de la vallée.

J'ai poursuivi ma route sur quelques mètres supplémentaires de montée en terrain aisé jusqu'à une nouvelle section verticale : vingt mètres le long desquels une glace peu épaisse recouvrait une roche lisse. La lame de mon piolet y pénétra facilement. Beaucoup trop facilement. La glace, qui jusqu'ici avait été dure et compacte, s'était transformée en une espèce de soupe neigeuse qui, en se congelant, avait adhéré à la paroi. J'ai essayé de faire reposer mon poids sur le piolet, ce qui m'a fait glisser de tout mon long vers le bas en arrachant une bande de cette soupe. « Quelle merde ! »

Peu de temps après que nous avons emménagé à Romsdal avec Émelie, je suis tombé amoureux de la paroi de cette montagne. Elle n'était pas aussi grande que sa voisine Trollveggen, ni aussi esthétiquement intéressante que le Romsdalshorn. Je la voyais chaque fois que je descendais faire des courses au village. Proche et lointaine à la fois : je n'avais pas trouvé un seul livre qui en fasse mention, ni aucune carte. Aucune route n'y menait, ce qui la rendait d'autant plus séduisante. C'était un mur de pierre d'environ six cents mètres, plongé dans une obscurité éternelle car orienté vers le nord. Du village, on aperçoit cette muraille de granite noir, verticale, parsemée de fines cascades de glace qui jouent à se montrer et à se cacher en son centre ; on voit surtout une goulotte givrée qui descend en diagonale depuis l'une de ses extrémités, et qui s'arrête brusquement à cent mètres du sol, de telle façon que pour y accéder, il faut nécessairement escalader ces cent mètres de roche lisse, absolument verticaux. Il était impensable de s'y aventurer sans protection. C'était sans compter sur la chance qui a poussé depuis le nord un vent qui embarquait avec lui des tombées de neige qui filaient de biais. Grâce à la mer et à son humidité, la neige et la glace se sont littéralement accrochées à la paroi. Le destin me faisait un cadeau en me donnant enfin l'opportunité de pouvoir atteindre cette goulotte que je défiais du regard tous les jours.

Une fois arrivé, j'ai pu tester la solidité et jauger l'épaisseur de la glace sur cette voie verticale, vérifiant ainsi qu'elle pourrait supporter mon poids. Et le doute s'est alors emparé de tout mon être. Mon cerveau avait décidé que je monterais là-haut ce jour-là, mais au moment d'y aller… La désescalade prudente était encore une option, et j'aurais pu rentrer à la maison en skiant, ou me faire une autre montagne dans les parages pour me défouler. Au lieu de ça, j'ai tenté une nouvelle attaque en me mettant à la recherche d'une faiblesse sur cette cascade glacée. Je l'ai d'abord contournée par la droite, mais la glace ne s'épaississait pas dans cette direction. Je suis redescendu de quelques mètres, jusqu'à ce niveau où la glace était plus solide, et j'en ai profité pour m'étirer les bras. J'étais à vingt mètres à peine de l'entrée de la goulotte et, avant de me résigner à descendre, j'ai lancé un dernier assaut vers la gauche. J'avais voulu éviter ce côté de la cascade parce qu'il se trouvait à l'extrémité d'un flanc escarpé et était uniquement composé de plaques absolument lisses et verticales où l'on voyait que la glace ne dépassait pas les dix centimètres d'épaisseur. « Ça y est ! Fantastique ! » Je sentis en plantant le premier de mes piolets qu'ici la glace fraîche était un peu plus solide qu'au centre de la cascade. En tout cas, elle supportait mon poids. Mais elle était si fine que je ne pouvais m'y planter trop brusquement, au risque de l'éclater. J'y allais avec douceur, jusqu'à ce que la première ou la deuxième dent du piolet y pénètre, et mes pieds suivaient délicatement, en s'accrochant à peine. Je profitais d'une brèche dans la roche pour y appliquer la pointe de l'un de mes crampons. Je retins ma respiration comme je pouvais et j'arrivai assez vite au bout de ces vingt mètres verticaux, où je retrouvai une glace qui commençait à devenir plus consistante. Un passage un peu périlleux sur un bloc gelé m'obligea à serrer les piolets de toutes mes forces, et à ne surtout pas regarder vers le bas où mes jambes étaient suspendues au-dessus d'un vide de cent mètres. Je m'accrochais si fermement aux piolets que j'étais sûr de pouvoir rester accroché si l'un de mes pieds ou l'une de mes mains venaient à se détacher.

En accédant à la goulotte, je pris une grande inspiration et j'expulsai hors de moi un mélange d'adrénaline et de peur. Les difficultés à venir semblaient mineures, ou tout du moins, elles n'allaient pas requérir un effort constant comme celui que je venais de fournir. Il n'y avait de toute façon qu'une seule issue à partir de maintenant : par le sommet. D'ici, je ne pouvais pas revenir sur mes pas, la descente comportant trop de difficultés insurmontables. Je poursuivis donc l'ascension, me confrontant mètre après mètre à divers obstacles, me fiant aveuglément à mon intuition pour les franchir, l'un après l'autre.

Je sais très bien que beaucoup de gens pensent que la ligne de démarcation entre l'engagement inconditionnel et l'inconscience est parfois très mince, pour ceux qui veulent bien croire en l'existence de cette ligne. En fait, c'est un véritable fossé qui sépare ces deux concepts. Je ne peux pas nier que, si j'en venais à chuter d'une falaise, c'est très probablement la mort qui m'attendrait ; et en réchapper serait un coup de chance extraordinaire. Cependant, un engagement sans failles pour une passion, pour cette passion qu'est l'alpinisme, même si elle nous mène sur des terrains inconnus, est le résultat d'une étude approfondie des conditions, de prévisions qui analysent dans le détail les difficultés susceptibles de se présenter tout au long du parcours, réalisées à partir d'observations faites et répétées sur une longue période depuis le pied de la montagne ou les sommets qui la côtoient.

Il ne faut jamais oublier que le risque va grandissant en fonction de la difficulté d'un passage technique, et on doit donc toujours se demander si l'on a le niveau avant de franchir tel ou tel obstacle, qui peut être facile, moyen, pas commode ou d'une difficulté extrême. En fonction de l'adéquation entre ce paramètre et ce qu'on se sent apte à réaliser, on peut s'autoriser ou non à relever les défis qui s'étendent devant nos pieds. Si par malheur on se ramasse sur l'un d'entre eux, ce sera pour avoir surestimé ses propres capacités ou à cause d'une erreur, ne serait-ce que dans le choix du matériel.

Il faut aussi faire attention aux difficultés liées aux conditions, aux dangers que recèle la montagne : les risques d'avalanches, la qualité de la glace ou de la roche désolidarisée, la météorologie… Beaucoup de facteurs entrent ici en jeu, qui se jaugent à l'aune de l'expérience, de l'observation et de la planification ; mais plus le défi est élevé, plus il faut accepter la part de hasard qui investit les recoins de l'espace et du temps, et assumer qu'on ne peut pas toujours tout contrôler. Dans tous les cas, il est nécessaire d'être plein de ressources pour être capable, lorsque l'occasion se présente, de prendre rapidement une décision, et la bonne.

La perception du risque est quelque chose de très personnel, chacun l'appréhende à sa façon. Elle dépend évidemment d'une équation mettant en commun ses propres capacités, son expérience, les conditions et les difficultés connues de chaque montagne, mais le choix volontaire d'aller ici ou là est toujours individuel.

J'ai passé le dernier ressaut sur le chemin et j'ai pu apercevoir la corniche qui s'était formée sur l'arête. J'y suis passé tranquillement, sur quelques mètres, pour en finir avec cette paroi. Après ça, je suis allé jusqu'au sommet et suis redescendu par l'autre versant.

Comme il était assez tôt et que j'avais encore une bonne partie de la journée devant moi, j'ai gravi une autre montagne, puis une autre, et encore une autre, jusqu'à ce que l'horizon mange le soleil. Je me suis alors décidé à rentrer chez moi, heureux d'avoir ce jour-là vaincu mes peurs. J'avais travaillé à fond sur mes émotions et ce fut aussi, en passant, un bon entraînement.

Chapitre 5

Ces expériences qui te changent à jamais

Népal, avril 2015. Nous recherchions l'ombre des grands arbres tropicaux pour nous protéger de la chaleur qui transformait le lit de ce fleuve au débit puissant en un véritable four. Nous étions arrivés jusqu'à une grande plage, à un endroit où les murs qui formaient le profond canyon où nous nous trouvions s'ouvraient un peu et laissaient passer les rayons du soleil à travers la jungle épaisse. Le soleil nous brûlait la peau, mais une fine brise soufflait çà et là, et atténuait un peu cette chaleur étouffante et poussiéreuse qui empêchait de respirer. Nous étions recouverts d'un mélange de boue et de poussière.

Nous attendions depuis plus d'une journée l'hélicoptère qui devait nous ramener à Katmandou. Nous avions retiré les plus grosses pierres disséminées sur la plage pour circonscrire une aire plate où l'appareil pourrait se poser. Mais tout n'était que silence aux alentours et dans le ciel. Nous avons dû changer de place le corps inanimé et lourd plusieurs fois. Bien que nous l'ayons enveloppé dans des sacs de plastique, l'odeur qui s'en échappait lorsque le soleil l'atteignait était insupportable.

La veille, nous avions descendu les restes de cet anonyme en passant par des chemins engloutis sous les avalanches de pierres, jusqu'à nous retrouver sur cette plage. C'est incroyable ce que peut peser le corps d'un mort ! Il nous aurait fallu une bonne dizaine de bras supplémentaires pour traverser les sections de route les plus endommagées. Sans trop savoir comment nous en étions arrivés là, nous partagions le peu de nourriture qu'il nous restait avec une demi-douzaine de jeunes hommes de Tsahal, l'armée de défense d'Israël. Nous échangions peu de mots entre nous car l'ambiance était étrange.

Ils étaient venus à la recherche de leur compagnon, espérant qu'il aurait survécu au tremblement de terre qui avait ravagé le Népal en ce printemps 2015 ; alors que de notre côté, nous avions passé une semaine à préparer nos sacs en vue de faire l'ascension de l'Everest dans le cadre du projet « Summits of My Life ». Nous formions un groupe des plus bizarres : trois antimilitaristes convaincus et six soldats qui venaient de la frontière séparant Israël de la bande de Gaza. La fatigue commençait à ébranler le fragile équilibre qui régnait jusqu'ici entre nous. Ils avaient retrouvé leur compagnon sans vie, et assuraient qu'il était nécessaire de le faire enterrer dans son pays. De notre côté, nous ne savions toujours pas bien pourquoi nous avions accepté d'apporter notre aide à ces soldats et à cette entreprise très coûteuse et inutile qui consistait à faire évacuer un cadavre de la vallée où trois cents autres corps gisaient sous les décombres.

Les jours qui avaient précédé, alors que nous montions dans la vallée, nous avions trouvé des dizaines de morts que nous signalions par satellite aux ambassades de Katmandou ainsi qu'aux forces militaires de divers pays qui s'étaient déployées sur le territoire. Ce tremblement de terre était une vraie catastrophe dans un pays aussi pauvre que le Népal où la plupart des maisons ne sont que des abris de pierres sèches, posées les unes sur les autres, et qui s'effondrent à la moindre secousse.

Quel destin serait celui de tous les autres corps éparpillés dans la vallée ? Nous avons pu constater en direct qu'il y avait un abîme effroyable entre les moyens mis en œuvre pour récupérer le corps d'un touriste venant d'un pays riche, et l'oubli auquel étaient condamnés les Népalais, enfants, adultes ou personnes âgées, qui avaient vécu le même désastre et dont les corps resteraient encore longtemps enfouis sous des tonnes de pierres et de cailloux.

L'aide internationale apportée aux victimes de ce sinistre a été colossale. Le Népal est un pays pauvre, mais il y passe chaque année un million de touristes venus de pays riches, ce qui est un facteur essentiel si l'on veut comprendre l'immense étalage de moyens réunis pour aider au retour à la normale dans cette région. Malgré le nombre incalculable de groupes en tout genre présents sur place, il n'y avait aucune coordination entre eux, ce qui rendait le tout contre-productif. Et le gouvernement, par-dessus le marché, a profité d'une partie des aides pour se remplir les poches autant que possible. En plus de cela, beaucoup d'énergie passait au tamis de la pesante bureaucratie.

L'aide que nous avons apportée avec Seb Montaz et Jordi Tosas a été minime, mais nous avons été profondément et durablement marqués par cette expérience. Nous avons d'abord collaboré pendant un mois avec les autorités militaires pour la recherche et l'identification des corps des défunts dans la vallée de Langtang ; nous avons ensuite travaillé avec différentes ONG pour faire parvenir de la nourriture aux survivants et évaluer les dégâts dans les villages les plus reculés de la région du Ganesh, inaccessibles en véhicule car trop haut perchés, auxquels nous ne pouvions parvenir qu'à pied, après plusieurs jours de course et de marche. Nous sommes rentrés épuisés.

À mon retour, après cet épisode, je me suis fait violence pour récupérer aussi rapidement que possible une vie normale, dont les préoccupations n'étaient pas plus ambitieuses que de rester plus ou moins en forme, de régler les détails logistiques pour les prochaines courses ou de statuer sur l'intérêt des débats que j'écoutais à la radio. Pendant une courte période, nous avions vécu une réalité tangible au sein de laquelle les casse-tête étaient réels et d'une importance majeure : manger, dormir, survivre pour pouvoir venir en secours à autrui. Pour laisser tout ça derrière moi, pour tourner vraiment la page, j'ai décidé de modifier mon billet d'avion retour pour aller directement à Zegama, où, le lendemain, je participerais au marathon.

Dès le départ et tout au long de la course, je me sentais physiquement en forme. Avoir passé un mois en altitude m'avait donné des forces. Cependant, alors que je courais entouré de milliers de spectateurs, mon esprit était ailleurs, et j'en suis arrivé à me sentir sale de me donner ainsi en spectacle au cours d'une activité banale et improductive, et de vivre au milieu de l'euphorie générée par l'union singulière des coureurs et des amateurs. Dans un autre endroit, à quelques heures d'avion de là, la vie était loin de ressembler à ça.

Nous vivons dans un monde de réalités parallèles qui s'observent les unes les autres, sans pour autant chercher à se comprendre. En nous tenant au courant des gros titres de la presse ou en consultant notre fil d'actualité sur Twitter dès notre réveil, nous avons l'impression d'être partout. Nous voyons les images d'un attentat à Bagdad, d'une manifestation à Murcie, ou d'une embarcation qui vient de faire naufrage devant une île grecque, ou… Comme il s'avère que nous sommes tous des parents, des enfants ou des immigrés, nous nous identifions à tout ce qui défile devant nos yeux. Quelques secondes s'écoulent et nous pouvons lire le commentaire d'un homme ou d'une femme politiques sorti de son contexte, que nous applaudissons ou dont nous nous indignons. Juste après, notre attention est happée par une vidéo devenue virale et nous nous esclaffons devant n'importe quelle connerie. Et après ça... et puis après... Tout nous paraît extrêmement proche alors que nous vivons tout virtuellement. Chaque jour, nous nous approprions ainsi très facilement un peu de tout. Jusqu'à cet instant fatidique où l'on se retrouve nez à nez avec un article traitant d'une matière dans laquelle nous avons des connaissances poussées, et au fil de la lecture, des spasmes de stupéfaction agitent notre estomac, car nous nous rendons brutalement compte du ramassis d'énormités qui peuvent être racontées et propagées. Et cette prise de conscience finit par nous faire douter de la véracité de n'importe quelle information provenant d'un environnement qui ne nous est pas familier. L'apparence l'emporte en fin de compte sur les faits et, souvent, il n'est question que de mettre le doigt sur une polémique facile qui fera grimper l'audience dans les médias. Pendant ce temps, loin de tous ces débats, l'injustice a toujours cours et ceux qui souffrent continuent de souffrir dans leur monde. On peut toujours se donner bonne conscience à coups de *like* ou de liens partagés, les deux réalités parallèles ne coïncideront pas pour autant.

Depuis plusieurs années, le matérialisme personnel s'est ajouté à celui du capitalisme de notre société du bien-être. La construction d'une image était jusqu'à récemment le monopole exclusif des politiques, des stars de cinéma ou de la musique, mais aujourd'hui personne n'y échappe. Tout a sûrement commencé lorsqu'on a voulu mettre chaque individu au centre de tout, à force de messages publicitaires typiques de grandes entreprises du genre : « Tu es ta propre marque ! » Et ce phénomène a pris une nouvelle ampleur lorsque certaines sociétés ont fait entrer en jeu des informations extraites des réseaux sociaux dans leur processus de recrutement. Ou encore avec les multinationales, qui jugent si nous sommes meilleurs ou pires, authentiques et uniques ou bien des merdes, en fonction des *like* et des commentaires que nous sommes capables de générer. Ou avec la perte de notre intimité, toute personne qui en aurait envie pouvant savoir ce que l'on mange, quelle musique on écoute, de quelle marque sont nos chaussettes, qui on admire et où on pense partir en vacances cet été. Notre obsession a crû au point que nous voilà désormais réduits à de la pâte visqueuse travaillant à prendre la forme de nos modèles. Nous avons fini par devenir – ils ont fini par nous faire devenir – de toutes petites pièces d'un grand rouage commercial universel.

Il est de plus en plus difficile de situer la frontière entre ce que nous appelons « moi » et ce que nous disons être « nôtre ». Nous avons fini par croire que nous « sommes » ce que nous « avons » : mon corps, mes facultés intellectuelles, mes vêtements, ma maison, ma femme ou mon mari, mes enfants et mes amis, mais aussi ma réputation, mon travail et mon compte en banque. Nos sentiments sont dirigés vers ce qui nous appartient et nous perdons de vue l'intérêt pour ce que nous sommes. Les critères qui déterminent nos états de satisfaction ou de frustration dépendent de la possibilité ou non de placer un adjectif possessif devant un substantif. Et j'ai l'impression que cette tendance est très difficilement réversible.

Le sport n'a pas été préservé par ce changement : bien au contraire, il y a été plus intense et plus rapide que dans d'autres secteurs. C'est une pratique de sport-spectacle que l'on nous vend aujourd'hui, et le spectacle a besoin d'un public. Et le public ne se trouve plus dans les stades. Ou alors, vu sous un autre angle, il y est bel et bien : dans le stade global qu'est devenu notre monde. Chacun a sa place privilégiée, chez soi. Le sportif y est visible vingt-quatre heures sur vingt-quatre, et en plus de s'entraîner, il doit se montrer dans toute son « authenticité », et être capable de tenir un « discours » sur tout et n'importe quoi. Et comme il ne s'adresse pas seulement aux quatre fanatiques qui le comprennent vraiment – l'audience n'est jamais minoritaire, mais toujours de plus en plus large –, il raconte et explique ce qui lui tient à cœur de façon simple et simpliste, pour pouvoir espérer capter rapidement l'attention d'un public qui reçoit des informations comme il se ferait tirer dessus à la mitraillette. Je connais bien la règle : je dois faire entrer en cinq ou six secondes le maximum d'images spectaculaires, à te couper le souffle, cher spectateur, et auxquelles tu deviendras accro, non parce que le contenu t'intéresse particulièrement, mais parce que ça te divertit. Il n'est pas nécessaire de s'encombrer d'explications trop complexes et de détails « insignifiants », dans lesquels tu risquerais de te perdre. Il faut aller directement au gros titre facile, au chiffre compréhensible et comparable, à la surenchère et la rivalité entre les informations, entre les sportifs, entre les personnes.

Le problème est sérieux et l'heure est grave. « Toucher », c'est tout ce qui importe et nous mettons tout en œuvre pour ça, jusqu'au moment où nous réalisons qu'en voulant toucher tout le monde, nous avons négligé une petite chose : nous ne sommes même plus capables de nous toucher nous-mêmes. Sans en être conscients, nous nous sommes dévoyés, car nous agissons, pensons et écrivons tout en sachant que nous sommes observés et que nos faits et gestes sont analysés. Conséquence : nous ne faisons finalement plus ce que nous désirions originellement faire et, surtout, plus de la même façon.

Moi aussi j'en suis arrivé là. Les gens voulaient me voir gagner toujours plus de courses, et comme il ne m'en coûtait pas trop, j'enchaînais les victoires ; puis lorsque ça n'a plus suffi, ils ont attendu de moi que je batte des records sur l'ascension de tel sommet ou l'escalade de telle montagne, ou que je dise ce qu'il fallait dire, et que je défende ce que j'étais censé défendre. Si pendant longtemps mes désirs ont coïncidé avec ce qu'on me demandait d'accomplir, cette harmonie s'est brisée au fil du temps, sans que je sache trop pourquoi, et je me suis retrouvé pris au piège de désirs qui n'étaient plus les miens.

À mon retour du Népal, cet enfer dévasté où l'humilité de chacun détonnait à côté de l'opulence occidentale, j'ai intimement ressenti l'hypocrisie gigantesque de ce jeu des mondes parallèles, et j'ai eu la certitude qu'en un battement de paupières, sans que personne ne s'y attende, tout pouvait s'effondrer, tout pouvait disparaître. Et je ne voulais pas qu'arrive ce jour fatidique où j'aurais à faire le bilan de ce que j'avais mis de côté en attendant un futur qui n'existerait peut-être jamais ; je ne voulais plus faire de pas de côté, le plus petit soit-il, hors de mon chemin, dans le seul but d'amasser plus de victoires, plus de succès et plus d'argent. Et même si cette décision impliquait de détruire cette image de moi que j'avais créée, je voulais tuer « Kilian Jornet le personnage ».

La sémantique est importante. Le nom dont nous sommes affublés est porteur de connotations et, au fil du temps, il ne se contente plus d'être la simple formule qui permet de nous distinguer les uns des autres lorsque quelqu'un nous interpelle, mais il se transforme en une coquille constellée d'incrustations indélogeables. Nous sommes angoissés rien qu'à l'idée de ne pas comprendre et de ne pas pouvoir dominer ce qui nous entoure, raison pour laquelle nous assignons un nom à chaque chose, nous donnant ainsi l'illusion de tout comprendre et de tout posséder. Si un lieu n'a pas été nommé, il n'existe pas. C'est à travers le langage que se forme la pensée, et si nous n'utilisons pas le mot exact pour décrire ce que nous pensons, ce que nous voyons ou ce que nous ressentons, tout finit par se perdre et disparaître, plus rien n'aura existé.

Nous connaissons les courants philosophiques par leur nom, tout comme les personnes mais aussi les montagnes. Ce n'est pas pour rien que les habitants de Grindelwald ont donné le nom d'Ogre (Eiger) à cette montagne qui les plongeait dans les ténèbres, ou que les Italiens ont appelé Cervin la pyramide aostienne, alors que, de l'autre côté de la frontière, les Suisses ont préféré la baptiser Matterhorn, la « corne mère ». Les noms peuvent être logiques et descriptifs, comme celui du mont Blanc, ou du Pedraforca, qui évoque la fourche formée par les deux crêtes du massif reliées par un col. On peut aussi citer le Pure, le pic du Midi… Parfois, l'imagination fait des siennes et l'on retrouve des attributs humains dans la nature : le Grand Téton dans le Wyoming, pour la forme de sein lourd qui se dessine au sommet ; ou le Cavall Bernat de Montserrat, où *cavall* serait un euphémisme de *carall*, le pénis en catalan ; ou le Shivling himalayen, à nouveau un pénis, mais celui de Shiva, fourchu. D'autres noms nous rappellent que les montagnes étaient autrefois perçues comme des lieux aux caractéristiques quasi surnaturelles, comme le mont Maudit, les aiguilles du Diable, le pic de l'Enfer ou le col de la Disgrâce. Dans d'autres cas, l'imagination n'est pas du tout sollicitée et ce sont des séries de lettres et de chiffres qui ont été utilisées par le topographe pour situer un sommet dans un pays qui lui était inconnu, comme pour le K1 ou le K2. Certains portent aussi le nom de celui qui les a « découverts », alors que les habitants des lieux en question les avaient sûrement déjà nommés d'une certaine façon : mont McKinley, mont Cook, Fitz Roy, pic Russell.

On retrouve le plus haut des sommets dans cette catégorie : l'Everest. Pendant les années de l'Empire britannique, les colonisateurs se sont lancés dans le projet de cartographier l'Inde et ont alors nommé ce sommet le *pic XV*, mais lorsqu'ils se rendirent compte qu'il s'agissait du plus haut sommet jamais découvert, ils décidèrent de faire honneur au chef du projet de cette topographie, George Everest. Peu leur importait son précédent nom, *Qololangna*, donné par les envahisseurs chinois plus de trois cents ans auparavant. Les Népalais, en voyant que les touristes étaient de plus en plus nombreux dans les années 1960, ont contribué à cette inflation toponymique en le surnommant *Sagarmatha*.

La puissance des mots fait peur, leur prononciation en module le sens. Un même mot peut calmer ou terroriser, banaliser ou glorifier. Mais il est nécessaire de comprendre que l'existence des montagnes précède les noms qu'on leur a donnés. Peu importe comment on les appelle, elles seront toujours elles-mêmes, comme chaque personne sera toujours ce qu'elle est. Même amputés de nos noms, nous ressentirons toujours des sensations singulières et qui nous sont personnelles, que nous ayons ou non un mot à mettre dessus.

À ce moment-là de ma vie, j'entendais justement mon cœur me supplier de retourner gravir des montagnes sans nom, de lui faire vivre des sensations nouvelles, au moins aussi fortes que celles que je ressentais au début de ma carrière.

Trois années s'étaient écoulées depuis le tremblement de terre au Népal et j'étais en Norvège, dans la grange où nous vivons avec Émelie. Nous étions en train de surélever une clôture que nous avions érigée depuis un moment déjà pour les moutons. La semaine précédente nous avions vu qu'ils étaient capables de sauter par-dessus le filet métallique, et qu'une fois cette possibilité découverte ils ne se gênaient plus pour endosser le rôle d'un personnage de *La Grande Évasion*. Jusqu'à ce que l'un d'entre eux reste coincé. Il leur incombait d'apprendre, par le truchement de la douleur, la nature des pièges qui nous attendent sur le chemin de la liberté. Après cet épisode, nous ne savions pas combien de temps la clôture leur inspirerait de nouveau le respect, et à quel moment pointerait à nouveau leur volonté de fuir en sautant plus haut. Nous avons donc voulu anticiper leur réflexion en surélevant un peu la palissade à certains endroits. Je devais aller au village ce matin-là, et j'allais en profiter pour acheter les pieux et le grillage nécessaires pour terminer cet ouvrage dans l'après-midi. Quand j'ai demandé les matériaux au magasin, le responsable a tout de suite remarqué que mon accent norvégien n'était pas très orthodoxe, et tout en m'aidant à charger la marchandise dans la voiture, il m'a dit dans un anglais exemplaire et avec un sourire que son visage ne contenait pas qu'il était heureux de voir que des étrangers pouvaient se plaire dans cette impasse coincée entre les montagnes. Il m'a demandé si j'étais marocain. Je lui ai répondu que plus ou moins.

Même si les activités manuelles ne sont pas vraiment mon fort, nous avons effectivement réussi à sécuriser la clôture ce même jour. Je ne m'efforce pas spécialement de prendre racine ici, mais il m'est toujours agréable de constater qu'un chantier que j'ai mené à son terme porte ses fruits. Et soudain, au plus profond de moi, un éclair de lucidité m'a fait réaliser que je devais à Émelie tous les moments que je passais à l'extérieur, à « gravir des sommets ».

À cette époque de l'année, aux premiers jours de l'été, le soleil ne se cache plus jamais vraiment, et c'est une période idéale pour faire des sorties longues, de plusieurs heures, en courant. Courir est la forme la plus humaine de se mouvoir, la plus pure et la plus simple. Celle qui s'en approche le plus est la marche, qui n'est rien d'autre que la méthode que le coureur emprunte lorsqu'il commence à fatiguer. Ces deux activités permettent de répondre à l'un des premiers besoins de l'homme : se déplacer. Et le déplacement est synonyme de découverte. C'est en tout cas pour moi une pulsion vitale. Sans ça, la possibilité d'apprentissage est extrêmement réduite. Qui plus est, après avoir choisi une direction, on peut bifurquer vers une nouvelle voie, et continuer ainsi à l'infini.

Je sors courir ou skier tous les jours de l'année pour m'entraîner, mais il y a une distinction élémentaire à faire entre un entraînement et une activité, à savoir : s'est-on fixé un but à atteindre ou non ? À cet instant précis, après une année de pause pour cause de blessures, je désirais me lancer à corps perdu dans une activité qui me permettrait de me remettre en question et de vivre une expérience capable de ranimer en moi la sensation d'être au maximum de mes capacités. Je voulais aller à la recherche d'un aspect concret de mes propres limites. Je n'envisageais pas d'entreprendre un lointain voyage. « La beauté se cache souvent juste derrière notre porte », ai-je pensé. Je me suis donc proposé d'arriver à bout d'une activité très simple mais qui allait essorer mes forces : sortir de chez moi, gravir un sommet, et poursuivre sur la ligne des crêtes jusqu'à ce que mes jambes ou mon cœur, n'en pouvant plus, décident de m'arrêter.

De sommet en sommet, en Norvège

Un vendredi de la fin du mois de juillet, j'ai préparé un sac en y mettant tout ce dont j'avais besoin pour un voyage de plusieurs jours en montagne sans escale : une veste, des gants, une vingtaine de barres énergétiques, une petite corde, un piolet. C'était à peu près tout. Après le petit-déjeuner, comme chaque jour, j'ai franchi le pas de la porte pour aller courir, mais cette fois sans savoir quand je reviendrais. Émelie m'a accompagné jusqu'au premier sommet, et nous avons traversé ensemble une brume qui teintait les vallées d'une couleur grisâtre et triste. Nous sommes passés au-dessus en atteignant les mille mètres, et nous avancions joyeusement sur un océan de coton, le visage réchauffé par les rayons du soleil et le regard dirigé vers des îlots pointus qui émergeaient à l'horizon. « C'est bel et bien ici que je veux être, à passer sans cesse de sommet en sommet par les lignes qui les unissent, sans jamais repasser sous la couche des nuages. » J'ai dit au revoir à Émelie. Elle a fait demi-tour, et j'ai poursuivi droit devant, sur le fil de l'arête, en équilibre pour ne pas me faire happer par le nuage qui m'entourait. Tout blanc et cotonneux qu'il était, il n'aurait pas pu freiner ma chute. En temps normal, lancer mon chronomètre est la première chose que je fais lorsque je me lance dans ce genre d'aventures. Mais pas cette fois. Le gène de la rapidité est inscrit dans mon ADN, mais je n'étais pas venu le tester sur cette sortie. Je voulais aller loin et tenir une cadence constante.

Pas après pas, pierre après pierre, sommet après sommet, le fil de l'arête était mon seul guide. Le soleil me régalait de toute sa chaleur au-dessus des nuages. Tous mes semblables étaient en pleine brume, à se plaindre de la grisaille ambiante, sans savoir que le paradis était à leur portée, et qu'il leur aurait suffi de grimper de quelques mètres pour y accéder. Ce paysage idyllique serpentait à n'en plus finir devant mes yeux. Une dizaine de points se succédaient, reliés entre eux par une étroite bande rocheuse, et un peu plus loin s'éparpillaient une nouvelle dizaine de points, puis une autre, que je ne distinguais qu'à peine à cause de la distance. Mais je m'en rapprochais, en un solo de danse aérien qui flirtait avec le danger, ce qui le rendait d'autant plus palpitant. Je jouais avec des difficultés qui ne me faisaient jamais sortir de ma zone de confort, mais qui exigeaient tout de même de moi une concentration de tous les instants pour garder un contrôle entier sur ma sécurité. J'explorais des sensations nées d'un mouvement intime et privé, encore plus intime et privé que le sexe.

Je ne savais plus quelle heure il était, mais mon corps, lui, ne se laissait pas duper par l'illusion du temps éradiqué. J'avais déjà plus de sept mille mètres de dénivelé positif dans les jambes et la fatigue commençait à se faire ressentir. La crête que j'avais suivie toute la journée s'était arrêtée net et j'ai dû descendre dans la vallée pour grimper sur un massif voisin et trouver une nouvelle arête sur laquelle continuer. J'ai laissé derrière moi les roches et la neige pour entrer dans une forêt se faisant de plus en plus luxuriante à mesure que je m'y engouffrais, jusqu'à ce que je commence à distinguer des effluves maritimes et que j'aperçoive les premières maisons d'un village. À cette latitude, le soleil ne se couche jamais trop longtemps dans cette période, et c'est en ces heures à peine obscures que j'ai traversé le hameau encore endormi. Pour ne déranger personne, je suis passé devant quatre maisons sur la pointe des pieds et j'ai filé vers l'autre côté de la vallée, abandonnant les embruns et l'épaisseur végétale pour retrouver le règne minéral avec lequel je me sens plus en adéquation.

J'étais encore baigné dans la pénombre au moment d'attaquer la nouvelle crête, dont le point de départ était remarquablement signalé par l'élévation d'une fine ligne verticale. J'étais regardé de haut et mis au défi par les quatre cents mètres de paroi rougeoyante et, tout en m'en approchant, je tentais de repérer, sans grande conviction, un point faible. En arrivant à son pied, j'ai découvert un système de fissures et de dièdres apparemment continus, et je me suis mis à l'escalader. Le niveau de difficulté était de 5. Sans pour autant exiger de grands efforts, je devais faire preuve de concentration et être précis dans mes mouvements sur cette valse verticale. Mes baskets adhéraient avec aisance au granite et mes doigts se faufilaient avec délicatesse entre les fissures, pour ne pas les réveiller.

Ces terres où la roche ne voit passer que peu d'hommes, et encore moins qui l'escaladent sans le confort d'une corde, il vaut mieux les caresser que s'y cramponner, leur faire l'amour plutôt que les baiser. Avant de m'agripper à une prise, je lui donnais de douces tapes avec la main ou le pied afin de m'assurer qu'elle résisterait à mon poids. Par cette danse de haute voltige avec la roche, je cherchais son consentement pour la tenir par les hanches et me glisser sous sa jupe, étant conscient qu'elle pourrait me rejeter et me briser le cœur au moindre faux pas.

Sur sa partie supérieure, l'inclinaison de la pente s'est radoucie, comme sa texture. Entre les fissures, de plus en plus nombreuses et larges, mousse et buissons proliféraient et constituaient un mortier qui maintenait les pierres collées à la paroi. Sur certains passages, j'allais même jusqu'à sortir mon piolet pour le fixer entre les branches d'un arbuste pour me créer un point de sécurité bien stable. C'est ainsi, lentement mais sûrement, que j'ai dépassé les obstacles pour me hisser de nouveau sur une arête. De retour sur un terrain moins délicat, j'ai prêté l'oreille à mon corps qui me répétait en boucle qu'il était fatigué, très fatigué. Malgré ma stratégie d'avaler une barre énergétique et un gel toutes les deux heures, cela devait faire plus de vingt heures que je courais et que j'escaladais sans m'être autorisé une seule seconde de répit. Le voile de la fatigue m'est tombé dessus avec la nuit, et il m'enveloppait maintenant tout à fait.

Je ne pouvais plus rien y faire. Toute mon énergie s'était échappée et je n'arrivais pas à la faire revenir, même en mangeant. Et mes pieds, qui gardaient pourtant le souvenir encore frais de leur légèreté matinale, refusaient désormais de se mettre à courir et se traînaient dans la caillasse. Le paysage ne défilait plus entre un sommet et le suivant, le temps s'étirait en une éternité immobile.

C'est dans des moments comme celui-ci qu'on en vient à se demander si cela vaut vraiment la peine de continuer. Mon corps était tout entier engourdi par la douleur, mes mouvements se faisaient maladroits et j'avançais deux fois moins vite tant je réfléchissais et me concentrais sur chaque geste pour traverser les sections les plus techniques. Ma tête luttait contre le sommeil et j'espérais pouvoir trouver un lieu confortable pour m'étaler sur l'herbe, à laisser le soleil me réchauffer et surtout dormir quelques minutes pour m'oxygéner. Mais il me fallait attendre encore car cette face de la montagne ne serait baignée par la lumière du soleil que dans quelques heures, et je voulais dépasser cette étape technique auparavant. L'arête que je devais parcourir était jonchée d'une douzaine de pitons rocheux de tailles et formes variables : certains étaient si fins qu'une ronde de quatre personnes aurait suffi à les encercler, alors que d'autres s'étendaient sur un périmètre d'un demi-kilomètre, et que les plus grands s'élevaient à des centaines de mètres de hauteur.

En plein combat pour essayer de contenir mon sommeil et la rébellion de mes pieds, grâce à la force de mon entêtement, je suis arrivé en haut du dernier sommet de cette crête. J'ai poussé un instant le regard au-delà de mes pieds où la roche s'arrêtait brusquement : un précipice de mille cinq cents mètres tombait à pic jusqu'au fleuve au bord duquel reposait la montagne. Si je prenais une pierre et que je la lâchais dans le vide, elle se ferait engloutir par les eaux sans avoir même frôlé la paroi pendant sa chute.

Je suis allé jusqu'à la pointe de l'arête et j'ai déroulé ma corde. J'étais à la recherche d'un bloc de pierre assez solide pour supporter mon poids, voire plus si possible. J'en ai trouvé un et j'ai fait passer la corde derrière. Comme elle était très fine, je pouvais la récupérer une fois arrivé en bas, après une descente en rappel, sans avoir besoin de laisser traîner des bouts de cordelette sur la montagne. J'ai fait quelques mètres en désescalade après trois rappels successifs avant d'arriver sur un glacier que j'ai pu descendre en courant, me laissant porter par la gravité et gardant ainsi des réserves d'énergie. J'ai atteint le fond de la vallée en très peu de temps. Une route m'a mené jusqu'à Åndalsnes, un village de deux mille habitants. C'est en voyant tant de monde d'un seul coup que j'ai réalisé que je venais de passer un peu plus d'une journée à courir sans croiser personne.

J'en ai profité pour me ravitailler en barres de céréales dans une station-service. Un morceau de pain avec du fromage et une demi-heure de sommeil m'ont rendu la vitalité des premières heures. J'ai repris la route, grimpé sur l'arête suivante et, alternant course et escalade, j'ai chevauché les sommets par lesquels elle passait. Cette zone était plus touristique et il m'arrivait de croiser des groupes de personnes qui contemplaient le paysage, ou des grimpeurs qui escaladaient tel ou tel mur. Cette compagnie me distrayait et me rendait certains passages moins monotones. Je les défiais tous dans mon imagination : « Tu dois arriver au sommet avant ce mec qui porte une veste rouge », « Tu vas rattraper cette cordée avant qu'ils ne se détachent tous. » Oui, c'était un vrai jeu de gamin, mais qui a eu le mérite de me tenir éveillé. Ce faisant, j'ai pu tromper le sommeil pendant plusieurs heures, avant qu'il ne reprenne le contrôle de mon corps. Mes pieds se faisaient de plus en plus lourds et n'obéissaient plus aux ordres que leur donnait mon cerveau. L'après-midi touchait à sa fin et le soleil serait présent pendant encore quatre heures. Le sommet qui me narguait désormais était le plus haut de la région, il était suivi d'une longue pente que je voulais atteindre avant le coucher du soleil, pour pouvoir descendre plus vite et plus sereinement sur une neige encore ramollie par la chaleur du jour. D'ici quelques heures, retranchée dans l'obscurité, elle se ferait aussi solide que du verre.

L'arête que j'affrontais n'était pas d'une difficulté inouïe, mais elle était exposée et m'obligeait à rester constamment concentré et en alerte. Étant donné l'état dans lequel je me trouvais, j'estimais qu'il me faudrait peut-être trois ou quatre heures pour en venir à bout sans prendre de risques. J'étais si fatigué ! Ma vue se troublait lorsque je fixais trop longtemps un point sur le chemin. L'angoisse monte inévitablement lorsqu'on avance et que l'on se rend compte qu'on est en train de s'endormir. Quel bonheur lorsque j'ai vu ce recoin d'herbe caché entre plusieurs pierres qui n'attendait que moi ! J'ai été submergé par une vague de joie rien qu'en m'imaginant allongé ici, à fermer les yeux et à dormir comme un bébé. Peu de situations, vraiment peu, sont capables de procurer un sentiment de bien-être égal à celui-ci. J'ai retiré mes baskets ainsi que mes chaussettes que j'ai étendues sur le sol pour qu'elles sèchent, j'ai fait de ma veste une boule pour m'en servir comme d'un coussin et je me suis étendu sur l'herbe moelleuse après avoir réglé l'alarme de mon téléphone pour qu'elle me réveille dans trente minutes. Je suis tombé comme une masse dans un profond sommeil.

Je dormais comme un loir lorsqu'un bourdonnement m'a interrompu. C'est l'heure ! Le soleil me caressait la joue, et sa chaleur était aussi agréable que celle d'une brise légère qui souffle en pleine canicule. Presque comme un robot, j'ai remis mes chaussettes, mes chaussures, et je suis reparti comme si de rien n'était. Après une petite minute de marche pour me remettre en condition, j'ai repris la course et ne me suis pas arrêté avant le premier mur de pierre. Mes mains s'y faufilaient avec facilité et mes pieds suivaient tout en légèreté, avec une précision que j'avais pensé ne plus jamais retrouver il y a encore quelques heures. L'arête défilait sous mes pieds à une vitesse dont j'aurais été satisfait sur une sortie courte, et je me sentais apaisé et heureux plutôt qu'excité, pris de cette sensation qui naît de l'alignement parfait entre le corps et l'esprit. Il était difficile d'imaginer qu'en venant ici une heure plus tôt j'aurais très mal vécu ce passage, à lutter contre le sommeil, à me reprocher de vouloir continuer à tout prix et à m'auto-supplier de prendre enfin la décision de mettre un terme à tout ça et de rentrer chez moi. Alors que, un peu plus tard, j'étais en train de galoper comme si je venais de me réveiller d'une longue nuit de sommeil, empli d'une joie que je n'échangerais pour rien au monde. J'étais conscient que cet état, cette illusion de fraîcheur, s'évaporerait bientôt pour laisser place à d'autres impressions, et j'ai donc voulu vivre ce moment à fond.

Je n'ai mis qu'une heure pour arriver au sommet et j'en suis descendu en me laissant glisser sur une neige molle alors que le soleil disparaissait à l'horizon. J'ai basculé du côté obscur au milieu de l'arête, en sortant des chemins balisés et fréquentés, avec la certitude que je ne croiserais plus personne pendant les vingt prochaines heures.

Entre ces lacs et cascades où la pénurie d'eau n'existe pas, les arêtes se paraient d'un manteau noir qui cachait les pierres fracturées, à la solidité douteuse, et la vigueur qui m'avait habité ces dernières heures s'en est allée en même temps que le soleil. J'étais à nouveau crevé. On accepte de prendre plus de risques sous l'emprise d'une extrême fatigue, par un mélange de paresse et de manque de jugement. J'étais sorti de chez moi il y a plus de quarante heures, et je consacrais maintenant ce qu'il me restait d'énergie à éviter les pièges que me tendait mon esprit, et à faire en sorte que le Kilian flemmard ne prenne pas le dessus sur le Kilian rationnel. Afin que la monotonie ne se lie pas d'amitié avec la fatigue, je creusais dans mes souvenirs à la recherche des paroles d'une chanson italienne dont l'air tournait en boucle dans ma tête : « *Ma ho visto anche degli zingari felici, corrersi dietro, far l'amore e rotolarsi per terra. Ho visto anche degli zingari felici... Zingari...* »

Le soleil refit son apparition au loin et j'espérais qu'il allait me réchauffer. Une mer de nuages est revenue se former autour des cimes les plus hautes. En descendant, j'ai traversé une rivière et j'en ai profité pour rincer mon visage recouvert de deux jours de sueur. Le froid de l'eau m'a redonné un élan de vie. J'en ai bu tellement que j'ai senti mon estomac se dilater. Je me suis écarté un peu du cours d'eau et me suis étalé sur une petite parcelle d'herbe. La chaleur du soleil a accompagné mon sommeil.

Une fois mes forces à moitié récupérées, et tout en arpentant l'arête suivante, j'ai compté sur les doigts d'une main les sommets qu'il me restait à gravir. Toute la main, cinq doigts, et j'en aurai fini de ce tour du fjord par les crêtes ! Si on m'avait dit trente heures plus tôt, alors que je me noyais au fin fond du puits de l'épuisement, que j'allais arriver jusqu'ici, je n'en aurais pas cru un mot. Et m'y voilà déjà ! Cinq sommets, ça paraît peu, mais après cent soixante kilomètres et plus de vingt mille mètres de dénivelé positif parcourus en une cinquantaine d'heures, je ne pouvais pas prendre à la légère les plus de quatre mille mètres qui me faisaient encore face. C'est ainsi, mes batteries rechargées après un nouveau somme de trente minutes, et avec la carotte du repos à venir, définitif cette fois, qui se balançait devant mon nez, que je me suis lancé à toute vitesse sur les collines caillouteuses.

Peut-être à cause de l'excitation due à la proximité de la ligne d'arrivée, ou peut-être à cause de la fatigue, j'ai oublié de me répéter le mantra de prudence qui m'avait escorté durant toutes ces heures ; en voulant filer par la voie du milieu sans suffisamment faire attention aux endroits où je posais mes pieds, je suis tombé au fond d'une petite rimaye sur la traversée de la dernière section enneigée. La neige était très molle, je m'y enfonçais jusqu'aux genoux et je mettais une fois encore ma chance à l'épreuve en avançant à l'aveugle, présumant de la solidité du sol jusqu'à ce qu'un pont de glace cède sous mes pieds. Le trou n'était pas très profond, deux mètres tout au plus, mais c'est ma hanche qui la première est venue se fracasser contre la roche grise et humide. « Putain de merde ! » Une douleur aiguë est remontée le long de ma colonne vertébrale. Je me suis assis pour respirer profondément quelques secondes et pour attendre que s'apaise la douleur. J'ai contrôlé le bon fonctionnement de tous mes rouages internes et j'en ai conclu qu'il ne m'était rien arrivé de grave. Je m'en sortais avec une belle bosse qui commençait à enfler sur ma hanche. J'ai refait surface et me suis mis à la recherche du sentier de pierres que j'aurais dû emprunter depuis le départ. « Allez, ce n'est que la carrosserie qui en a pris un coup », me suis-je dit. Et j'ai repris la course.

J'ai immédiatement fait fi de la douleur, et la promesse d'arriver au bout a été l'élixir qui m'a redonné une pincée d'énergie. Trois sommets, deux sommets et j'étais enfin sur la fine arête qui me conduisait au dernier sommet du fjord. J'avais relégué le sommeil et la fatigue aux confins de mon inconscient. Entre les nuages, devant moi, au milieu de l'arête, apparut le visage libérateur de mes tourments : Émelie m'attendait, prête à me tendre un baiser et un sandwich. Elle m'a accompagné sur la dernière montée et nous sommes redescendus ensemble au village.

Je me suis assis quelques minutes sur le rebord du coffre de la voiture, sans manger ni boire, sans retirer mes vêtements qui s'étaient collés à moi comme une seconde peau. Mon regard se perdait sur un bout d'asphalte. L'esprit vidé. Toute la puissance de ce genre d'aventures réside probablement dans ces moments d'absence absolue. Lorsqu'on y parvient, pendant un court laps de temps, le passé et le futur disparaissent.

J'avais été inconscient de faire cette expédition seulement trois mois après m'être cassé le péroné sur la Pierra Menta. Aucun médecin n'aurait prescrit un tel exercice dans le cadre de ma rééducation, et celui qui me suivait n'en a jamais rien su. Jusqu'à aujourd'hui en tout cas. Mais c'est justement le genre de situation qui me fait me sentir vivant : partir à l'aventure tout en sachant que la probabilité d'échouer est très élevée. Plus que de chercher à vérifier l'évolution de ma guérison, je m'intéressais surtout à ma capacité de conjuguer deux activités que je maîtrisais séparément : la longue distance – parcourir cent soixante ou deux cents kilomètres ne constitue pas un défi en soi pour moi – et l'escalade. Je ne savais pas comment allait réagir mon corps sur ce parcours où s'enchaînaient tant de sommets et de parois. Mais au fond, je sais que je n'ai pas d'autre choix que de descendre dans les limbes de ma zone de confort et de repousser au maximum les frontières de ce que je sais faire pour avoir la possibilité d'éprouver un plaisir essentiel et puissant.

Everest, printemps

Quelques semaines après avoir laissé derrière moi l'hiver norvégien, je retrouve l'esplanade de poussière et de pierre de l'été dernier. Et tout y est si différent.

Cette moraine sur laquelle nous nous étions retrouvés en nous prenant dans les bras il y a huit mois est maintenant intégralement recouverte de tentes de toutes les couleurs, toutes les tailles et toutes les formes. Même le cerveau doté de l'imagination la plus fantaisiste ne pourrait pas concevoir ça. Et cette arête par laquelle nous étions descendus au milieu des avalanches ne paraît être aujourd'hui qu'une simple pente de neige dure et bien sage, équipée d'une corde tendue entre plusieurs pieux qui montent des premières traces de neige jusqu'au sommet de la montagne. Entre Rongbuk et le dernier camp, situé à huit mille trois cents mètres, transitent environ trois cents personnes : la moitié caressant le rêve de couronner le sommet, l'autre moitié travaillant à la réalisation du rêve des premiers. Le camp abandonné de l'année dernière s'est transformé en un village multiculturel où chacun est concentré sur son travail préliminaire à l'ascension.

Seb et moi partageons notre permis avec une autre expédition qui est déjà sur place depuis plusieurs semaines. Pour ma part, j'arrive d'une montagne voisine, le Cho Oyu, sur laquelle nous sommes restés une semaine avec Émelie. Seb arrive tout droit de France et, bien qu'il ait vécu sur les hauteurs du Tibet et des Alpes ces dernières semaines, il a passé une nuit horrible ici. Il se plaint de douleurs à la poitrine et il est pris de quintes de toux sèche qui lui font cracher un peu de sang. Ce sont les signes d'un œdème pulmonaire. Nous allons devoir y aller tranquillement et attendre quelques jours avant de monter au camp de base avancé.

Ce premier jour, nous sommes allés rendre visite aux membres de l'expédition avec lesquels nous partageons le permis. L'un d'eux est médecin, mais il n'est pas spécialiste de la montagne. Il observe Seb et, en découvrant ses symptômes, lui dit très sérieusement :

« C'est très grave, ce que tu as. Un œdème pulmonaire, ce n'est pas à prendre à la légère. Tu dois redescendre tout de suite ! Prends le médicament que je vais te donner si demain tu te réveilles en… »

Nos éclats de rire de sales gosses ne laissent pas à ce docteur bien intentionné le temps de terminer sa phrase. Nous connaissons ces maux dont Seb est victime, très désagréables mais qui n'ont rien d'alarmant à ce stade. Deux ou trois jours de repos et ça ira mieux. Au pire, il devra peut-être redescendre une journée ou deux sur l'Altiplano pour se remettre. La même chose lui était arrivée il y a quelques années lorsque nous étions sur l'Elbrouz, et il lui avait suffi de descendre à une altitude inférieure pour que les symptômes disparaissent.

Seb passe encore une mauvaise nuit mais se réveille le lendemain en meilleure forme. Il se repose encore toute la journée et, le matin suivant, il commence à courir autour du campement. Au troisième jour, nous décidons donc de monter au camp de base avancé, au pied de la montagne, où les yaks avaient refusé de nous conduire l'année dernière.

Une fois installés, je décide d'aller faire un tour d'entraînement pour m'acclimater et observer les conditions sur la montagne. Comme j'ai toujours en tête l'idée de tenter l'ascension par la face nord-ouest, par le parcours où nous avons été obligés de faire machine arrière il y a un an, je sors à l'opposé de la direction que tout le monde suit. Je quitte la trace qui part vers le col nord et je traverse le glacier jusqu'au pied du mur nord-ouest. La neige y est beaucoup moins abondante qu'en été. « Moins d'avalanches ! » Ce qui signifie aussi qu'il y aura plus de glace.

J'entame la montée et mes pieds entrent effectivement en contact avec une glace dure, que la fine couche de neige ne sert qu'à blanchir. Ce sont donc mes crampons et mon piolet, que j'arrive quand même à planter, qui maintiennent à peine mon corps en équilibre. Mais la pente n'étant pas trop inclinée, je parviens malgré tout à avancer sur plusieurs centaines de mètres. Et je m'arrête, d'un seul coup, pour réfléchir à ce que je suis en train de faire. « Tu prends beaucoup trop de risques, non ? » Si je m'étais retrouvé ici il y a un an, avec ces mêmes conditions, j'aurais sans doute continué jusqu'au bout sans me poser de questions, mais quelque chose me dérange aujourd'hui. Ce qui s'est passé il y a tout juste une semaine a fait descendre le niveau des risques que je suis prêt à prendre.

Il y a une semaine de ça, j'étais sur le Cho Oyu avec Émelie. Nous avions préalablement travaillé sur une acclimatation et un entraînement complets en Norvège, et nous sommes partis pour ce voyage express – après une bataille, aussi désespérante qu'inévitable, avec les autorités népalaises – qui nous a menés en seulement trois jours au camp de base, vigoureux et débordant de motivation.

Lors de notre deuxième jour sur la montagne j'ai reçu l'un de ces messages qu'on souhaiterait ne jamais avoir à lire. Nous étions sortis au matin pour grimper jusqu'à six mille mètres depuis le camp de base, et nous nous sentions étonnamment bien. Après la descente, le sourire que nous arborions s'est vite effacé. J'ai allumé mon téléphone satellite et suis allé faire un peu de rangement dans la tente en attendant que l'appareil capte un signal. Au bout d'une minute, j'ai entendu le bip m'indiquant que j'avais reçu un message. Seules deux personnes avaient accès à cette ligne téléphonique : Émelie, qui était à côté de moi, et Jordi Lorenzo, mon agent, avec qui je n'échange qu'une fois par semaine pour lui dire que tout va bien et lui demander de faire suivre le message à ma famille. Il voulait donc forcément m'avertir que quelque chose d'important venait de se produire. J'ai attrapé l'appareil et j'ai déverrouillé l'écran.

« Tu es au courant pour Ueli ? Il est mort sur le Nuptse. »

Tout s'est mis à vaciller autour de moi. C'est tout un système de valeurs qui s'effondre chaque fois que l'un de ses piliers trouve la mort en montagne. Alors les questions ressurgissent : « Est-ce qu'on fait bien de faire ça ? », « Quel sens donner à tous les risques que nous prenons pour gravir des sommets ? », « Faut-il donner au plaisir que nous espérons éprouver plus d'importance qu'aux dangers que nous courons ? » C'est bien la vie que je recherche là-haut, et non la mort. Et je conçois que ce soit parfois difficile à comprendre. À cet instant, j'ai eu une pensée pour Nicole, la femme d'Ueli, et pour Émelie, qui était en train de lire à côté de moi et qui n'était pas encore au courant.

C'est là-haut, en montagne, que j'arrive à me consoler des douleurs que la vie nous inflige. Mourir, pour moi, c'est ne plus avoir accès à cet espace de paix. Le jour qui a suivi cette douloureuse annonce, nous sommes remontés. Nous tenions un bon rythme et nous sommes assez vite arrivés à sept mille cinq cents mètres. Physiquement, tout allait pour le mieux, preuve que notre travail d'acclimatation avait porté ses fruits alors que nous avions quitté l'Europe seulement huit jours auparavant.

Nous suivions l'approche du mauvais temps depuis un moment déjà, et nous avons pris la décision de redescendre et d'attendre la prochaine fenêtre de beau temps pour tenter le sommet. Cette année, deux ou trois expéditions commerciales avaient prévu de s'aventurer ici au printemps, mais comme personne ne s'était encore décidé à équiper la montagne – fixer les cordes et préparer le campement pour les clients –, elle était finalement tout à nous.

J'ai dit à Émelie qu'elle pouvait amorcer la descente et que j'allais rester un peu dans les parages, à regarder par où nous allions pouvoir passer pour franchir la bande jaune lors de notre prochaine tentative. Il s'agit d'une longue ligne de pierres d'environ cinquante mètres de haut et assez pentue, d'une couleur jaunâtre caractéristique, et que l'on retrouve sur toutes les montagnes himalayennes à une altitude comprise entre sept mille huit cents et huit mille deux cents mètres. Je me suis avancé d'une dizaine de mètres pour mieux l'observer et, après l'avoir scrutée dans tous les sens, je suis retourné sur mes pas pour m'assurer qu'Émelie descendait sans problème. « Oh merde ! » Mon cœur s'est arrêté et aucun mot n'a pu sortir de ma bouche qui était pourtant prête à crier lorsque je l'ai vue glisser à plat ventre sur la neige, à toute vitesse. Elle était en pleine chute libre, ne pouvant rien contrôler sur cette pente de quarante degrés, et la neige dure la conduisait tout droit vers… Mieux valait ne pas penser à ce qui pourrait se produire si je ne parvenais pas à stopper sa chute. Aussitôt ma voix récupérée je me suis mis à crier et je suis descendu aussi vite que je le pouvais en suivant la trace que ses piolets avaient dessinée dans un vain effort pour s'accrocher à la neige. J'ai ramassé un piolet qu'elle avait lâché au cours de sa dégringolade. « Arrête-toi ! Je t'en supplie, arrête-toi ! » Je ne respirais plus, mon sang ne circulait plus. Finalement, une centaine de mètres plus bas, elle réussit à freiner sa chute grâce au piolet qui lui restait. Ce n'est qu'en arrivant à sa hauteur que mon cœur s'est remis en marche, en version accélérée et incontrôlable. Je l'ai serrée dans mes bras. Elle respirait très fort, mais sans une once de panique.

« Tu étais pressée, c'est ça ? » J'ai voulu éviter de verser dans le psychodrame, et elle m'a répondu d'un sourire.

Le lendemain, elle m'a dit vouloir y retourner, et deux jours plus tard, nous avons lancé notre deuxième assaut au sommet. Il avait fait très froid, et le vent qui hurlait dans la nuit nous a forcés à nous réfugier dans une crevasse au niveau des sept mille deux cents mètres, et à attendre que le soleil pointe et chasse les fortes rafales. La température est redevenue acceptable avec l'arrivée du jour, qui nous a aussi permis de constater que de gros nuages noirs venus du nord nous fonçaient dessus. En arrivant sur la bande jaune, Émelie a décidé de retourner au camp et j'ai continué seul pendant quelques heures. Entre les tombées de neige et le brouillard, je n'ai pas pu trouver le sommet.

Tous les événements survenus cette semaine m'ont rappelé l'importance de l'échec, de tous les échecs. Nous ne sommes que des êtres insignifiants et fragiles, il ne faut jamais l'oublier. Encore moins lorsque le succès devient une habitude et qu'il nous pousse à nous faire confiance au-delà du raisonnable, nous faisant croire que nous sommes indestructibles et que nous sortirons vainqueurs de n'importe quelle épreuve. La compétition peut rendre arrogant, mais c'est un trait de caractère qui peut coûter cher en montagne, et déboucher sur les larmes de proches qui pleurent notre disparition.

D'une certaine façon, ma décision de ne pas vouloir prendre trop de risques sur cette nouvelle tentative pour arriver au sommet de l'Everest vient de ces événements récents et des réflexions qu'ils ont suscitées en moi. L'ascension de cette pente de la face nord-ouest, je ne la sens pas. Le défi d'arriver sur le toit du monde sans assistance et d'une traite depuis Rongbuk est assez balaise en soi, sachant que je ne suis jamais allé aussi haut et que je ne sais donc pas comment mon corps va réagir.

Tout est devenu banal dans ce monde ultra-médiatique où seul le succès prend de la valeur à nos yeux, et où l'échec est devenu un signe de faiblesse. Nous sommes donc poussés à faire un choix qui consiste à nous autocensurer et à revoir à la baisse le niveau de nos objectifs pour augmenter nos chances de victoire, ou bien à faire fi des échecs et des critiques, et à être assez patient et borné pour répéter nos essais année après année jusqu'à, un jour peut-être, pouvoir réaliser nos véritables rêves. Ce qui est certain, c'est que l'échec ne fait pas vendre. Personne ne va se faire l'écho d'une simple tentative, que ce soit dans les journaux, à la radio, à la télévision ou sur les plateformes digitales. Les gens veulent du succès, de la réussite et des victoires ; ils veulent qu'on leur parle de héros, de ceux qui bravent les difficultés à coups d'effort et de ténacité pour arriver à l'objectif qu'ils se sont fixé. Personne n'admire les perdants. Les sponsors attendent constamment une nouvelle prouesse du sportif qu'ils vont s'empresser d'annoncer en fanfare, et les alpinistes s'efforcent d'aller à la conquête des sommets les plus hauts et les plus périlleux pour gagner l'argent dont ils ont besoin pour préparer leurs prochaines expéditions. Si un alpiniste refuse de s'engager dans des projets qu'il considère comme trop simples mais qui lui permettraient d'afficher un palmarès attrayant, il sera tenté de se rapprocher toujours un peu plus d'une zone rouge où chaque pas en avant entraîne la prise d'un risque mortel. Jean-Christophe Lafaille, Benoît Chamoux, et peut-être même Ueli Steck… Nous ne saurons jamais pourquoi ils ont accepté de prendre ce risque en trop, et jusqu'à quel point la pression sociale, médiatique et économique peut encourager quelqu'un à se dire « allez, c'est bon, tu t'y es déjà frotté plusieurs fois sans y arriver, mais cette fois c'est la bonne », et à oublier de considérer, ne serait-ce qu'un instant, ce qui est en jeu. La vie même. Il faut absolument se libérer de cette pression

– interne ou externe – et accepter que, dans le monde de l'alpinisme, l'échec et la réussite ne fonctionnent pas sur un mode binaire comme dans les autres sports. Faire preuve de patience est nécessaire pour renouveler ses essais année après année, tout en sachant qu'au moins la moitié d'entre eux ne seront pas auréolés de succès.

Everest, mai 2017

Je monterai donc par la voie normale, celle de l'arête nord-nord-ouest. Une fois cette décision prise et assumée, tout s'accélère. Je me repose toute une journée au camp de base avancé, à six mille trois cents mètres, et je fais une dernière sortie d'acclimatation avant d'attaquer l'ascension jusqu'au sommet. Après le petit-déjeuner, je mets un piolet, un anorak et des gants bien épais dans mon sac, et je file vers les hauteurs. Sans y aller trop fort, je grimpe jusqu'au col nord, puis je suis l'arête nord en m'aidant de mes bâtons. Le terrain est semblable à celui d'un kilomètre vertical, comme la Fully, mais j'y vais cinq fois plus lentement. Les sensations sont impeccables. J'arrive à garder un rythme constant et dynamique, et je pousse même jusqu'à sprinter un peu pour vérifier si mon corps tiendra le choc si je devais accélérer le jour J. Je pensais faire demi-tour à huit mille mètres, mais comme je les ai atteints en à peine quatre heures et qu'il me reste des forces, je continue sur ma lancée. En moins de six heures, j'arrive au camp 3, le dernier qu'utilisent les expéditions commerciales avant de mener leur assaut final. Je passe entre les tentes et j'aperçois Pemba, le guide népalais qui s'occupe des membres de l'expédition avec lesquels nous partageons l'autorisation de séjour.

« *Namasté*, Pemba. Comment ça va ?

— Très bien. » Il retire son masque à oxygène. « Tu viens d'où comme ça ? »

Il a l'air surpris, il ne s'attendait pas à me voir ici.

— Je suis parti du camp de base avancé ce matin.

— Tu vas dormir ici ce soir ? »

Je vois qu'il me regarde bizarrement, il doit être en train de faire des calculs dans sa tête.

« Non, je n'ai pas pris de tente. Et on dort mieux en bas ! Je suis juste monté faire un tour.

— Quel animal ! » lâche-t-il en riant, mais un brin sceptique.

Je lui réponds d'un sourire, je lève la main en guise d'adieu et je poursuis ma route en montée, doucement, jusqu'à poser mes pieds sur l'arête nord, à huit mille quatre cents mètres. Je fais une pause. La vue est somptueuse et le soleil brille de toutes ses forces en ce milieu d'après-midi. Il fait même assez chaud, je ne m'y attendais pas en allant si haut. L'espace d'un instant, je me demande si je ne continuerais pas jusqu'au sommet, j'en suis si proche… mais je décide de me cantonner au plan de départ : aujourd'hui, acclimatation, j'ai toute une semaine pour aller jusqu'au sommet. Je reste là quelques minutes à savourer l'air et le paysage, puis je prends le chemin du retour. Comme je me sens bien, je me mets à courir sur la pente enneigée et je rejoins le camp de base avancé en moins de trois heures, juste à temps pour faire un brin de toilette et ranger mes affaires avant de passer à table. C'est sans aucun doute la journée durant laquelle je me suis senti le mieux d'un point de vue physiologique, ce qui confirme l'efficacité de mon processus d'acclimatation et ce qui me conforte dans l'idée que je peux être performant en altitude. Mais s'il y a bien une chose que j'ai retenue de ce voyage, c'est qu'il vaut mieux en profiter pour aller toujours plus haut lorsqu'on s'en sent capable, et voir ce qu'il advient, car l'altitude nous joue souvent des tours.

Nous sommes le 21 mai, en plein couvre-feu, et j'ai l'impression d'être un brigand qui dérobe à la montagne ses instants de tranquillité, ceux où personne ne devrait être en train de s'aventurer sur cette zone, une arête qui culmine au-dessus des huit mille cinq cents mètres, alors que le soleil se cache encore derrière le Cho Oyu. Toutes les montagnes qui m'entourent me paraissent petites et, malgré mon indisposition – j'ai la nausée et je suis pris de diarrhées à cause d'une gastro-entérite –, je fais le vide dans mon esprit et je vis pleinement ce moment unique, pendant lequel je ne fais qu'un avec la nuit, sa sérénité, et toute la beauté qu'elle impose.

J'ai passé ces quatre derniers jours à me reposer au camp de base de Rongbuk, et me suis occupé en courant dans les environs et en mangeant des frites dans les *lodges* tibétains. Pour le dire autrement, je m'ennuyais ferme. Jusqu'à ce que, une vingtaine d'heures plus tôt, le 20 mai, après avoir dîné, je quitte cette esplanade de pierres et de poussière, où s'arrête la route qui déverse chaque jour sa quantité de touristes qui viennent se prendre en photo avec le sommet le plus haut de la terre en arrière-plan (et qui achèteront probablement un souvenir). C'est là aussi que Milarepa, la figure emblématique du bouddhisme tibétain, trouva refuge dans une grotte pour se consacrer à la méditation il y aura bientôt mille ans. Je suis parti, sac au dos, avec tout ce dont j'avais besoin : une combinaison en duvet, des bottes à crampons, un piolet, deux bâtons, un litre d'eau, une quinzaine de gels et de barres énergétiques, une lampe frontale, des gants, des moufles et des lunettes. J'avais passé plusieurs années à étudier et à optimiser la composition de ce matériel. « Ça, non ; pas besoin de ça non plus ; et on peut se passer de ça », ce sont des phrases que n'ont pas cessé d'entendre les ingénieurs et fabricants avec lesquels je travaillais sur des prototypes de chaussures ou de sacs lorsque j'allais leur rendre visite. Je prenais une gomme et j'effaçais des ébauches les fermetures éclair, les poches et tout ce qui me semblait non nécessaire, jusqu'à obtenir une pièce d'une telle simplicité qu'on aurait pu la dessiner d'un seul trait. Les bottes que j'avais emportées, par exemple, s'enfilaient comme de grandes chaussettes recouvertes d'un matériau imperméable, avec une semelle en fibre de carbone et des crampons intégrés. Elles prennent peu de place, ne pèsent presque rien, et je peux ainsi commencer l'ascension par une course en baskets puis, en arrivant sur les surfaces enneigées, enfiler ces espèces de chaussettes à crampons pour poursuivre en zone glacée.

Je me suis mis à courir à dix heures du soir et j'ai passé une bonne partie de la nuit à traverser la fameuse moraine de vingt kilomètres qui mène au camp de base avancé. J'ai fait une pause de quelques heures pour me reposer, manger un peu et boire en attendant que le soleil se lève et réchauffe l'atmosphère avant de reprendre mon chemin sur un territoire enneigé. Je me suis lancé sur le glacier avec les premières lumières du jour, et je suis monté jusqu'au col nord. C'est à ce moment-là que j'ai senti que quelque chose allait de travers. J'avais l'estomac retourné et j'étais régulièrement pris de haut-le-cœur. J'étais déjà au-dessus des huit mille mètres lorsque j'ai compris que c'était la gastro-entérite qui me tourmentait. À vrai dire, j'aurais été contrarié de rebrousser chemin alors que le sommet était si proche. Et je savais bien que j'allais survivre à ces crampes au ventre et à la diarrhée. Dans le pire des cas, elles me feraient seulement accélérer. Le plus gênant était la diarrhée, qui m'obligeait à ouvrir la combinaison et à me défaire de la partie supérieure pour pouvoir déféquer, ce qui était assez douloureux et pénible à cette altitude. Ma seule solution était d'arrêter de manger. Mon corps avait assez de graisse à brûler pour tenir des heures durant, même si je risquais de subir une baisse d'énergie. Mais je pourrais continuer comme ça jusqu'en haut, petit à petit.

Considérant l'état de la montagne en cette saison et ma position sur une arête, il y avait très peu de chances pour qu'une avalanche se déclenche sur mon passage ; la formation d'un œdème ou l'apparition de gelures étaient donc les seuls risques que j'avais identifiés. Je progressais lentement, prenant toujours plus d'altitude, et aucun symptôme préoccupant ne se manifestait.

Je n'ai ressenti aucune crainte et n'ai pas hésité un seul instant, même lorsque le soleil est parti se cacher derrière le Cho Oyu. Malgré le froid de plus en plus tranchant, j'étais persuadé que rien de grave ne m'arriverait tant que mon corps resterait en mouvement. Je gravissais les mètres pas à pas, hors du temps et de tout tracas, accueillant à bras ouverts la solitude et l'obscurité profonde que m'offrait la nuit.

La perception que l'on a du temps est étrange là-haut. Il flotte autour de nous, on le pressent, mais il ne prend pas forme. Il est diffus. Il en va de même pour nos pensées, qui se désagrègent et plongent dans un océan blanc. Notre esprit entre tout entier dans une méditation essentielle et se dissocie de notre corps qui lutte pour avancer, extraordinairement lent. Seule une difficulté technique parvient à le sortir de sa contemplation intérieure et, pendant quelques secondes, les pensées se recentrent pour ordonner au corps d'exécuter un geste précis, avant de s'évaporer à nouveau dans le néant.

Je songe désormais que j'aurais dû atteindre la cime depuis un moment déjà. Je ne vois pas où se termine la montagne dans cette nuit noire, et j'espère arriver au point culminant de mon parcours à chaque ressaut que je franchis, mais il en vient toujours un autre. Jusqu'à ce que dans la pénombre je devine une arête, une brise différente et les lumières de l'autre versant qui scintillent faiblement.

Je n'avais pas regardé ma montre depuis plusieurs heures et elle m'indique qu'il est plus de minuit lorsque je me décide à y jeter un œil. J'aperçois alors devant moi les guirlandes de drapeaux à prières qui ondoient au sommet de la montagne. Exténué, le corps en miettes, je m'assois au milieu des drapeaux. Je respire profondément, la tête enfouie entre mes genoux. Ce que je ressens n'a rien à voir avec la satisfaction, il s'agit plutôt d'un sentiment élémentaire de libération. « Enfin. J'en ai fini de grimper. Enfin. » Pour me remettre, je sors un gel énergétique de l'une de mes poches et l'avale. C'est la première chose que je mange après des heures et des heures de jeûne.

J'observe dans la nuit noire mais dégagée comme des colonies de lucioles venant du nord et du sud : il s'agit de ceux qui quittent les camps les plus hauts pour monter en file indienne jusqu'à l'endroit où je me trouve. La satisfaction commence à se manifester. Elle me dit que ça y est, je suis arrivé au point le plus haut qu'il est possible d'atteindre sur terre. Heureusement, le poids de la fatigue ne laisse pas trop longtemps mon esprit se perdre dans ces considérations et me ramène vite à la réalité.

Sans attendre, je commence à descendre, doucement. Arrivé à la base de la pyramide sommitale, à huit mille sept cents mètres, une urgence intestinale me contraint à retirer ma combinaison et à m'accroupir. « Et merde, je n'aurais pas dû prendre ce gel ! » J'attrape une pierre et m'en sers pour m'essuyer les fesses, m'y appliquant aussi précisément que le permettent les circonstances. Mes grosses moufles accentuent la difficulté de la manœuvre. Ouf, finalement, je m'en sors et je poursuis la descente, riant tout seul de cette situation. Un peu plus bas, je croise la tête d'une file illuminée et continue d'une cinquantaine de personnes, faite de porteurs, de guides et de clients qui, disciplinés, montent en silence, tous reliés aux mêmes cordes et générant des embouteillages sur les sections les plus techniques. Je ne tarde pas à dépasser le dernier point lumineux de cette file et retrouve la solitude. Je continue par l'arête jusqu'à ce que la clarté du soleil vienne me saluer. À l'abri du vent, enveloppé par la tiédeur agréable du soleil levant, je m'arrête et m'allonge sur le sol. Je me repose un instant.

À plus de huit mille kilomètres de là, Emelie n'avait aucune idée d'où je pouvais bien me trouver. J'aurais dû être de retour au camp de base et lui avoir donné de mes nouvelles il y a plusieurs heures déjà. La formule *No news, good news* ne s'applique pas lorsque la personne qu'on aime est en haute montagne. On pense toujours au pire quand on ne sait rien de l'autre. Elle m'imaginait en train de souffrir ou bien déjà mort sur un point inaccessible aux secours. J'ai choisi de vivre une expérience en contradiction avec un monde hyperconnecté où l'on est au courant de tout et tout de suite. Je voulais être seul à prendre mes propres décisions là-haut, sans qu'une influence ou pression extérieure n'entre en compte, sans que personne ne vienne m'encourager pendant mes moments de faiblesse, ou ne me conseille de laisser tomber parce que le mauvais temps approchait et que j'étais trop lent. C'est pour ça que j'avais laissé mon téléphone satellite à Seb. Cette décision, qui rendait mon expérience plus authentique, affectait ceux qui m'aimaient. Personne, que ce soit Seb au camp ou Émelie à Zegama, ne savait ni où j'étais ni ce que m'arrivait.

Finalement, c'est en milieu de matinée que j'apparais au camp de base avancé où je retrouve Seb, une bonne trentaine d'heures après mon départ de Rongbuk. Je m'empresse de passer un coup de fil à la maison pour prévenir que je vais bien et que nous serons bientôt de retour, mais au fond de moi, je ne pense qu'à récupérer des forces pour refaire cette ascension dans quelques jours.

Comme j'y suis allé très lentement pendant la descente, j'ai eu assez de temps pour y penser malgré la fatigue. J'étais un peu déçu de n'avoir pas pu être aussi performant que je l'avais été cinq jours plus tôt ; cette gastro avait tout foutu en l'air. Je sentais que mon corps voulait et pouvait faire mieux que ça. Et j'ai commencé à ressasser l'idée qu'il serait quand même bien de savoir s'il était envisageable de remonter dans quelques jours. La question ne se poserait même pas dans les Alpes, où, lorsqu'on part pour une semaine, on installe le van au fin fond d'une vallée pour pouvoir se mesurer à la montagne chaque jour après le petit-déjeuner. Pourquoi ce modèle ne pourrait-il pas s'exporter sur les hauts sommets himalayens ? Je ne le saurais qu'après avoir tenté une nouvelle ascension rapidement. J'avais néanmoins un doute concernant mon corps, qui devrait se remettre en seulement trois jours des efforts considérables que je lui avais demandé de déployer.

Nous avons démonté nos tentes du camp de base avancé ce même jour et nous sommes descendus à Rongbuk. Les conversations qui se tiennent au camp de base sont aussi rythmées que celles de Wall Street, mais ici, au lieu de spéculer sur des devises et des options, on parle météo. L'un des rares avantages que l'on retire à côtoyer les expéditions commerciales, c'est de pouvoir accéder aux meilleures prévisions grâce à tout l'attirail technologique dont ils disposent. Et tous en concluaient que le 27 mai serait le meilleur jour de la saison.

Nous nous sommes reposés deux jours avant de nous remettre en marche. Nous avons franchi une nouvelle fois la moraine jusqu'au camp de base avancé. Comme nous n'y avions pas monté de tente, Monica, le médecin de l'expédition d'Adrian Ballinger et de Cory Richards, qui étaient en train de monter à l'Everest sans oxygène, nous a proposé de passer la nuit dans leur tente-cantine. J'ai dormi quelques heures et j'ai repris la route vers le sommet avant l'aube.

En tenant un bon rythme de marche, je suis arrivé à l'arête nord en peu de temps. Les prévisions avaient annoncé un temps resplendissant, mais un rideau de nuages hauts qui retenait la chaleur du soleil s'était formé et, une fois passé les sept mille mètres, il a fallu que j'enfile ma combinaison pour me couvrir. Je me sentais assez bien malgré la fatigue, et j'ai mis sept heures pour atteindre les huit mille trois cents mètres. Une heure de plus que lors de ma journée d'acclimatation, mais deux de moins que lors de mon ascension cinq jours plus tôt. J'ai croisé quelques personnes qui redescendaient : des Japonais munis de bouteilles d'oxygène qui étaient allés au sommet, et l'alpiniste allemand Ralf Dujmovits, qui avait fait une tentative sans oxygène et se plaignait du froid. J'en ai croisé bien d'autres, et tous redescendaient, alors que je montais.

J'ai été accueilli par un vent violent lorsque j'ai quitté l'arête, et j'ai enfilé tous les vêtements que j'avais en ma possession pour me protéger du froid. J'ai attaché mon sac vide à un petit monticule de pierres, où j'ai également laissé mes bâtons, car la conjugaison du froid et du vent m'obligeait à garder les mains en bas. Avant de passer le second ressaut, je suis tombé nez à nez avec Adrian Ballinger, qui venait de réaliser son rêve en montant sans oxygène. Il était accompagné par Cory et d'autres guides et sherpas.

Après cette rencontre, je me suis à nouveau retrouvé en tête à tête avec la montagne. Le vent ne faiblissait pas, bien au contraire, et les rafales faisaient se lever la neige qu'elles poussaient jusqu'à l'arête. J'ai même été obligé de faire la trace à plusieurs occasions. Mon pas était lent, mais j'étais bien et j'arrivais à supporter le froid. Mon esprit engourdi est retourné dans sa bulle d'altitude, et j'ai continué pas à pas jusqu'au crépuscule, gagné par une sorte d'automatisme. Un splendide coucher de soleil m'attendait au pied de la pyramide, à seulement cent cinquante mètres du sommet.

Le vent soulevait la neige qui se mettait à danser devant mes yeux, dans un jeu d'ombres et lumières que le soleil m'offrait alors qu'il se couchait avec douceur sur un océan de hauts nuages recouvrant les cimes alentour. Cette splendeur était empreinte d'effroi, car elle annonçait aussi une nouvelle nuit que j'allais devoir passer là-haut. Chaque pas que je faisais était une lutte, et une voix dans ma tête n'arrêtait pas de répéter : « Arrête ça et fais demi-tour ; ça ne sert à rien de souffrir autant. » Je n'avais aucun argument à lui opposer. Mais comme ce n'est pas la raison et sa logique qui nous poussent à gravir des montagnes, je m'obstinais à continuer droit devant. Je comptais vingt-cinq pas. Je m'arrêtais. Vingt-cinq pas supplémentaires. Je m'arrêtais encore pour respirer profondément, pour que mes poumons tentent de se remplir de cet air pauvre en oxygène.

J'ai répété ces mouvements sur le trajet parcouru quelques jours plus tôt, jusqu'à ce que j'aperçoive enfin l'arête enneigée. « Encore quelques mètres et je reverrai les drapeaux. » En effet, ils étaient bien là, secoués cette fois par une violente tempête. Je n'ai pensé qu'à une seule chose une fois parvenu au sommet : rebrousser chemin et descendre aussi vite que possible. L'heure n'était pas à l'analyse de mes émotions, qui de toute façon, là-haut, ne m'auraient servi qu'à prendre de mauvaises décisions : l'euphorie nous décentre et la peur nous brouille la vue. Le vent me bousculait et la neige me mitraillait le visage. Alors oui, il était temps de rentrer.

Alors que je descendais, la tempête se renforçait et frappait la montagne avec rage. Sans pour autant être insurmontables, les chutes de neige étaient très abondantes. Le vent secouait tout sur son passage et, dans la nuit noire, je devais être très attentif à ne pas m'écarter du chemin. J'avais l'impression de flotter, comme si mes pas me tiraient loin devant, très loin. La fatigue me gagnait et toutes mes actions m'apparaissaient comme dans un rêve. C'était comme si mon corps et mon esprit avaient divorcé et vivaient le présent chacun de leur côté.

J'ai franchi les trois ressauts en désescalade sans difficulté, et j'ai parcouru à petits pas les pentes mixtes qui m'ont fait quitter l'arête nord-est en direction de celle du nord. Je n'étais plus tout à fait conscient, après avoir passé plusieurs heures sans boire ni manger. Je m'étais entièrement focalisé sur la montagne, je n'avais pensé à rien d'autre.

J'ai senti que je perdais en lucidité en quittant les rigoles de pierre qui se trouvaient sous l'arête. Les calculs les plus simples exigeaient de moi un effort monumental. Une simple addition ou soustraction se transformait en la pire des équations à résoudre, et je me battais pour maintenir mon cerveau en état de marche alors qu'il était sur le point de passer sur *off*. Je me suis rappelé avoir laissé mon sac dans les parages pendant la montée, mais l'image du lieu exact ne remontait pas du tréfonds de ma mémoire. « Où est-ce que tu as bien pu le foutre ? Réfléchis, Kilian ! Tu l'as peut-être dépassé. Oui, oui, oui ! Regarde, il est là ! » Je me suis accroupi pour récupérer le sac. Et trou noir.

« Je suis où ? Putain, mais je suis où ? » Je reprends soudainement conscience alors que je suis en train de marcher sur des bancs de neige qui strient un mur très incliné, que je n'arrive pas à situer. « Comment es-tu arrivé ici ? Où est l'arête ? » Tout est noir autour et ma frontale ne sert qu'à éclairer les contours de rochers qui se trouvent devant. Je ne vois donc qu'un mur de neige et de glace, l'obscurité avalant tout le reste. Un souvenir éclair me traverse l'esprit. « C'est bon, je connais ce coin. Nous avons traversé par ici l'année dernière pour descendre du mur… Là où nous nous sommes pris une avalanche ! Bordel, mais comment j'ai pu atterrir ici ? Qu'est-ce que je fous sur la face nord-est ? » Complètement sonné, je ne parviens pas à reconstruire le parcours qui m'a amené jusque-là depuis le point où j'ai récupéré mon sac. Aucun souvenir. Je ne sais pas combien de temps je suis resté déconnecté, ni quel chemin j'ai bien pu suivre pendant cette parenthèse. « On y verra plus clair plus tard. Pour l'instant, il faut juste que tu sortes d'ici et que tu retrouves la bonne voie. »

Lorsque j'ai reconnu les contours de la face nord-est, j'ai pensé que ce qu'il y avait de mieux à faire était de traverser sur la gauche sans perdre d'altitude, jusqu'à retrouver l'arête. C'est à ce moment-là que j'ai réalisé que quelqu'un, à trente ou quarante mètres derrière moi, suivait mes pas. Il était trop loin pour que je puisse l'identifier et il se déplaçait très lentement. Sa silhouette claire se détachait dans la nuit et, sans me poser de questions, j'ai su qu'il était de mon devoir de le sortir d'ici. Étrangement, j'en suis venu à penser que cette personne était responsable de ma déviation et de ma position actuelle. « Pourquoi es-tu aussi lent ? » Il bougeait à peine, son pas était de plus en plus lent. « Allez, dépêche-toi, il faut rejoindre le camp ! » Même si dès son apparition j'ai su qu'il s'agissait d'une hallucination, je devais lutter continuellement pour m'en convaincre. Elle ne m'a pas lâché de toute ma traversée alors que je désespérais de plus en plus de pouvoir rejoindre l'arête. Cette arête qui n'apparaissait pas.

J'aurais dû être alerté par le premier éperon rocheux sur lequel je suis tombé, beaucoup plus incliné et volumineux que dans mes souvenirs ; mais sur le coup, j'ai pensé qu'il s'agissait sûrement d'une différence de perception entre des ascensions printanières et estivales. C'est en arrivant au niveau du second éperon que j'ai su que je ne me trouvais pas là où j'avais cru être. « Je devrais être juste au-dessus du sillon par lequel je suis monté l'année dernière, et qui débouchait sur l'arête ! Mais il n'y a rien ! Rien ! Où est cette maudite arête ? » La paroi rocheuse continuait de s'étendre, toujours plus inclinée, et s'éloignant de plus en plus du souvenir auquel je voulais la raccrocher, jusqu'à ce qu'enfin je rende les armes. Je me suis fait à la raison que je n'étais pas sur la face nord-est et que, par conséquent, je n'avais pas la moindre idée d'où je pouvais bien me trouver. Dès lors l'ombre qui me suivait a disparu, étant donné que mon cerveau, toujours ralenti et vaporeux, devait recadrer au mieux son attention pour faire émerger des pensées claires maintenant que j'étais bel et bien perdu et que je l'assumais.

Physiquement, tout allait bien. Mes fonctions vitales ne couraient aucun danger. J'étais très fatigué, ça oui, extrêmement même, mais mon corps tenait le choc ; même exténué, il saurait rester en mouvement le temps qu'il faudrait. Le vrai problème était que je n'avais aucune espèce d'idée d'où je pouvais bien me trouver, et que j'étais complètement désorienté. Je me suis remis à descendre, à la recherche d'un indice qui aurait pu me mettre sur une piste, et je tentais en parallèle de me rappeler et de faire défiler dans ma tête les photographies de la montagne que j'avais étudiées pendant ma préparation. La difficulté du terrain se corsait. La pente n'était pas infranchissable, mais elle était quand même du niveau de ce qu'on peut trouver sur la face sud du mont Blanc, comme l'arête de Peuterey ou de l'Innominata. Le sol abondait en roches, de grandes plaques de pierres lisses taillées sur des remparts plus ou moins larges. Rechignant par paresse à désescalader, je me laissais glisser par endroits sur ces grandes plaques, et mes crampons raclaient la roche pour me servir de freins. La pierre était de très mauvaise qualité, facilement friable, et faute d'attention, je laissais plusieurs fois mes appuis se casser lorsque j'y mettais trop de pression avec les mains ou les pieds. J'ai donc été obligé de retirer mes moufles à intervalles réguliers, surtout sur les pentes les plus prononcées, et de désescalader avec mes gants fins pour juger de la qualité de la roche. J'ai poursuivi comme ça sur une centaine de mètres, mais la pente ne débouchait sur rien et je ne reconnaissais aucun détail qui aurait pu me guider vers un chemin connu.

Je suis arrivé jusqu'à un petit canal rocheux, un dièdre très étroit, et j'ai pensé que, peut-être, je pourrais l'emprunter pour descendre plus rapidement en évitant les plaques de pierre. C'est ce que j'ai fait, pour terminer sur un minuscule balcon. À mes pieds, le vide. À ma droite comme à ma gauche, les murs étaient presque verticaux. Je me suis assis, collant comme je le pouvais mon corps à la paroi pour m'écarter du précipice, et me protégeant des chutes de neige grâce au bloc qui saillait au-dessus de ma tête. « Allez, Kilian. Avant de continuer sans trop savoir où, réfléchis un peu. Si tu tentes de descendre, es-tu sûr de tomber sur le glacier du camp de base avancé ? Mais si tu n'es pas sur la face nord-est comme tu le crois, et que tu descends, où vas-tu atterrir ? Et s'il fallait remonter ? Ah ! » Mes pensées étaient encore trop floues, pesantes, imprécises et lointaines. « Et si tout cela n'était pas réel ? S'il s'agissait d'un rêve, ou plutôt d'un cauchemar, et que j'étais en fait en train de dormir sous une tente du camp ? Possible… Je ne sais même plus comment je suis arrivé ici et je suis crevé… Si c'est un rêve, c'est un rêve de merde ! Je veux me réveiller sur-le-champ ! Me réveiller dans le camp ! Peut-être que si je m'élance dans le vide la peur me réveillera, comme dans les films. Mais si ce n'est pas un rêve… » Je débloquais et m'emmêlais les pinceaux dans mes réflexions. Le voile qui recouvrait mon cerveau ne me permettait pas de raisonner avec lucidité. « Alors je fais quoi ? Je fais quoi ? Pense. Pense… Récapitulons : je suis fatigué, j'ai eu des hallucinations, mes réflexions ne tiennent pas la route, on n'y voit rien dans cette nuit et je n'ai aucune putain d'idée d'où je peux bien me trouver ! Heureusement, je ne suis pas blessé et il me reste de l'énergie. Désormais, la priorité, c'est de ne pas faire de connerie. »

J'ai décidé de rester là, dans ce lieu à peu près sûr, et d'attendre que le soleil se lève. J'espérais pouvoir me repérer grâce à la lumière et prendre des décisions plus sereines quant à la direction à prendre. J'ai pris mes genoux entre mes bras et j'ai fermé les yeux, pour tomber dans un semblant de sommeil.

J'ai rouvert les yeux peu de temps après et j'ai tout de suite senti que mon cerveau avait retrouvé sa lucidité et sa vivacité habituelles. Non, je n'étais pas en plein rêve. J'étais toujours assis sur la petite plateforme au milieu d'une paroi. La première chose que j'ai faite a été de regarder ma montre. « Comment ai-je pu être aussi stupide pour ne pas y avoir pensé plus tôt ! » Il était presque deux heures du matin et j'étais à huit mille mètres d'altitude. « Le GPS ! Regarde le GPS ! » Je m'étais tout d'un coup rappelé l'avoir activé cette fois, et j'ai passé ma montre sur le mode de suivi de mon parcours où j'ai pu observer une ligne qui descendait tout droit avant de dévier sur la gauche, à un angle de quatre-vingt-dix degrés, et qui continuait dans cette direction sur ce que je mesurais être environ un kilomètre. « Mais bien sûr ! Je suis sur la face nord ! » Mes neurones se sont mis en branle et mon cerveau a enclenché la vitesse supérieure, faisant remonter à la surface les informations qu'il avait emmagasinées ainsi que les photos de la montagne que j'avais mentalement scannées pendant des mois. « Je me trouve *a priori* sur les parois de pierre qui encerclent le couloir Norton. Si je parviens à trouver le moyen de descendre au niveau des sept mille six cents mètres, je trouverai le pont de neige traversé par Messner et je pourrai rejoindre l'arête sans aucune difficulté. »

Je me suis senti immédiatement soulagé. Je n'avais plus aucun doute quant à l'endroit où je me trouvais. La situation restait délicate, car j'étais quand même bloqué sur un flanc très incliné et peu stable, fait de roche friable, et qu'il me restait beaucoup de chemin à faire pour arriver jusqu'à l'arête. Nous offrons notre corps aux montagnes lorsque nous décidons de les escalader, et nous n'en récupérons la propriété qu'une fois revenus en bas. Je suis remonté de quelques mètres pour repasser au-dessus du bloc encastré sur la pente, jusqu'à ce que je trouve un terrain plus facilement praticable, et j'ai repris la descente en traversant sur la droite. Les plaques rocheuses, quelques éperons, ponts de neige et bandes de pierres m'ont guidé dans la nuit jusqu'à ce que je retrouve l'arête nord.

À ce moment-là, au moins, j'étais bel et bien de retour aux commandes. Toute la nuit passée, j'avais avancé comme si mon corps avait été contrôlé de l'intérieur par quelqu'un d'autre ; quelqu'un ou quelque chose qui prenait des décisions sans me demander mon avis, comme si ma volonté n'existait pas. Et cette personne ou cette chose, pour une raison qui m'était inconnue, avait décidé que je devais aller sur la face nord. Félicitations, j'y suis !

J'ai atteint la voie plus confortable de l'arête nord, recouverte de presque un mètre de neige fraîche, avec la lueur du jour. Savourant enfin mes émotions nées de ce nouvel aller-retour au sommet en été, seul sur la montagne au milieu de toute cette neige, je me suis laissé glisser sur les fesses jusqu'à ce que j'entende la rumeur de plusieurs voix venant du campement. En attaquant les dernières descentes enneigées, j'ai vu que quelqu'un s'approchait du pied du glacier.

C'était Seb. Il m'a tout de suite tendu une bouteille d'eau et la première gorgée m'a ramené à la vie.

Nous avons mangé un peu lorsque nous sommes arrivés au camp, même si j'avais encore l'estomac noué, et, sans perdre trop de temps, nous avons fait nos adieux à Adrian, Cory et Monica, en les remerciant de nous avoir offert un coin pour dormir. Nous avons fait la dernière descente jusqu'à Rongbuk en courant. Nous sommes arrivés juste à temps pour empaqueter nos affaires, car une voiture nous attendait le lendemain pour nous amener à l'aéroport de Lhassa. Nous rentrions à la maison.

La bienvenue

Les portes se sont fermées et le ferry a commencé à sillonner les eaux. J'ai acheté une gaufre à la cafétéria et je suis sorti sur le pont de proue. L'air frais et humide tranchait avec l'atmosphère sèche de l'Himalaya. J'ai passé mon index sur mes lèvres brûlées par le soleil. J'ai observé mes mains, presque noires et ridées par la sécheresse. Mais j'ai vite oublié les montagnes himalayennes en relevant les yeux. La brise et les embruns m'ont ramené aux fjords norvégiens.

Le bateau a fait la traversée rapidement, pourtant les trente minutes du trajet paraissaient ne jamais vouloir finir. J'avais chargé mon sac sur mes épaules avant que nous n'amarrions, et quand les portes ont commencé à se baisser, j'ai vu Émelie qui m'attendait, avec le moteur de la voiture qui tournait. Nous avons échangé un baiser silencieux et nous sommes partis. Nous avons parlé de plein de choses sans rien nous dire.

Après avoir laissé mon sac à la maison et m'être défait de mes vêtements imbibés de la sueur de ces deux jours de voyage depuis le campement poussiéreux, nous avons chaussé nos baskets et nous sommes partis courir. Nous allions l'un à côté de l'autre sans prononcer un mot, profitant pendant un bon moment du souffle du vent et du bruit régulier de nos respirations synchronisées. Au fil des kilomètres traversés, les mots ont ouvert une voie et se sont frayés un chemin. Et, peu à peu, la conversation a laissé derrière elle les souvenirs pour se réorienter sur notre vie de tous les jours. Comme si nous revivions simplement cette matinée où je suis parti faire le tour des montagnes du coin.

« Il y a une course à Geiranger samedi prochain, à laquelle je pensais participer. Ça te dit de venir ? me dit Émelie.

— Oui. Ça me permettrait de récupérer mon rythme de compétition. »

Nous avons couru quelques heures, et traversé la brume, l'herbe humide et la neige qui recouvrait encore les cimes. En rentrant à la maison, j'ai retrouvé mon bagage à défaire. J'ai commencé à le vider en faisant deux tas : les vêtements sales et l'équipement à ranger. Je l'ai laissé à moitié rempli après le peu de temps passé à faire ce tri, j'ai ramassé tous les vêtements et les ai mis directement au lave-linge. Mon sac n'était pas vide ; mais j'aime y laisser toujours une réserve, histoire d'être prêt à repartir à tout moment.

L'été frappait à la porte, la neige disparaissait des sommets à vue d'œil et les fleurs réclamaient, à leur tour, le droit d'apparaître à la surface. Dans quelques semaines, personne ne soupçonnerait que ce paysage bientôt rempli de champs fleuris, étalant une palette de couleurs vives et variées, avait été recouvert d'un manteau blanc qui occultait toute cette vie.

Dans ma tête, les souvenirs de l'Everest aussi étaient en train de fondre à toute vitesse, à l'image de la neige qui se liquéfiait sur les cimes et qui, dans sa forme nouvelle, inoculait la vie à la terre pour faire en sorte qu'elle se renouvelle. En moi l'oubli favorisait l'éclosion de l'apprentissage, et l'excitation revenait me ronger. Je me projetais déjà sur la course du week-end prochain, sur de nouvelles expéditions, sur le flanc de tous les possibles qui s'offraient à moi…

Plusieurs de mes amis, qui pourtant me connaissent assez bien, s'étonnent lorsqu'ils viennent à la maison de ne pas voir de trophées au milieu des livres et des cartes qui remplissent les étagères. C'est tout simplement que j'ai peur que ces objets me retiennent prisonnier d'un temps révolu. Je n'en ai donc conservé aucun. Mon grand-père a voulu en récupérer quelques-uns, j'en ai donné d'autres à des enfants qui avaient suivi l'une ou l'autre de mes courses, et dont les yeux s'illuminaient instantanément de bonheur. Ou au propriétaire de l'hôtel qui nous avait reçus, ou encore à un sponsor. Certains finissent en morceaux dans une benne, ou, dans d'autres cas, je leur ai directement trouvé un nouvel usage en m'en servant comme grattoir pour racler la cire sur mes skis, ou comme planche à découper, à la cuisine. Est-ce la peur de rester ancré dans le passé qui me pousse à agir ainsi, ou bien l'orgueil ? Ou peut-être est-ce simplement le malaise de devoir accepter une récompense qui me rend si orgueilleux ?

« Tu regretteras un jour ou l'autre de ne pas avoir profité de toutes ces victoires », me dit parfois Émelie, feignant de me donner une leçon.

Ce qui est certain, c'est que je suis toujours euphorique, parfois un peu trop, de la planification jusqu'à la réalisation des challenges dans lesquels je me lance. Chaque fois que j'ai pu triompher, j'en ai retenu qu'en fin de compte le défi n'a pas été si compliqué à relever, et qu'il ne s'agissait que d'une étape pour passer à un niveau supérieur et me conforter dans ma volonté d'aller toujours plus loin.

La nuit a été courte et je suis retourné courir dans les montagnes au petit matin. J'ai pris un sentier qui passait juste à côté de la maison, bien abrupt et étroit, au sol recouvert de branches tombées pendant l'hiver et de pierres mouillées, qui m'a mené du bord du fjord jusqu'à la montagne intérieure, sur cet espace où les herbes hautes et les insectes ne sont pas les bienvenus, là où la vie est essentiellement rocheuse et où seules quelques plantes osent s'aventurer. Une pluie fine striait le ciel et l'arête sur laquelle j'avais décidé de grimper jouait à cache-cache derrière la brume.

L'arête était facilement praticable. Selon le guide topographique que j'avais à la maison, elle était classée en rang de difficulté IV sur l'échelle norvégienne, un terrain où j'aurais donc pu évoluer en toute aisance et avec adresse. Il s'agissait de l'une des dernières arêtes simples situées près de chez moi que je n'avais pas encore arpentées et, comme je devais me ménager un peu avant la prochaine course, j'ai profité de cette journée normalement consacrée au repos pour faire sa connaissance. Mes pieds glissaient sur la pierre humide, mais comme j'avais de quoi me retenir avec les mains, j'ai pu avancer sans grandes difficultés. L'arête devenait de plus en plus fine, comme la lame bien aiguisée d'un couteau, et la pierre friable ne semblait pas vraiment vouloir se lier d'amitié avec moi. Moi qui m'entêtais à cavaler sur ce fil. Le vent et la pluie se sont mis à me bousculer dans tous les sens, et après un moment de lutte, je me suis demandé ce que je pouvais bien foutre ici. Je venais de rentrer après deux ascensions de l'Everest et cette montagne qui montait à un peu plus de mille mètres à peine me rappelait que chaque sommet, petit ou grand, décide seul de bien vouloir nous accorder ou non cette danse à laquelle nous l'invitons.

Le dimanche qui suivait, j'ai épinglé un nouveau dossard sur mes vêtements pour participer à mon premier semi-marathon sur asphalte. La course grimpait le long d'une route.

Dans la voiture, sur le trajet du retour, Émelie a sorti une feuille pour y lister toutes les courses auxquelles nous voulions participer durant l'été. Voyant après ça que quelques-uns de nos week-ends restaient libres, nous avons réfléchi aux nouveaux sommets que nous souhaiterions atteindre et aux expéditions que nous aimerions entreprendre. Au moment de nous coucher, il ne restait plus aucun espace blanc sur la feuille, remplie au recto comme au verso, les marges saturées de notes, avec une écriture qui se faisait de plus en plus petite, mélangeant des noms de sommets, de routes, de courses ; des idées et toujours plus d'idées que, peut-être, nous n'aurions pas les moyens de mettre en pratique.

À l'évidence, un été, une année, voire une vie, ne suffirait pas à venir à bout du contenu de cette feuille. Mais nous étions d'accord sur un point : il valait la peine qu'on s'y mette.

Jusqu'à ce qu'une avalanche m'emporte, qu'une pierre me porte un coup fatal ou que la vieillesse m'empêche de bouger, je gravirai les montagnes ; je ne cesserai jamais de m'émerveiller de la légèreté à l'état brut, cherchant toujours le mouvement parfait jusqu'à ce que le corps ne trouve plus en lui les ressources pour suivre l'esprit, avec la conviction que le meilleur des moments d'une vie est toujours le présent, et que le meilleur souvenir qu'on aura reste toujours à vivre demain.

Un rayon de soleil a profité de la brise légère qui a soulevé les rideaux pour s'immiscer dans la chambre sans avoir frappé au carreau. J'ai détourné la tête pour essayer de retrouver le sommeil, mais il était déjà trop tard. J'ai étendu un bras et, déçu, n'ai trouvé qu'un drap froissé de l'autre côté du lit. J'ai traîné un peu sur place et me suis petit à petit libéré du sommeil en m'étirant.

Sur la table de nuit, ma montre affichait six heures du matin, et j'entrevoyais un ciel bleu et dégagé par la fenêtre. Le vent a agité une nouvelle fois les rideaux et s'est glissé à l'intérieur, chargé d'air à l'odeur fraîche d'une forêt printanière. En me levant, j'ai senti que mes articulations grinçaient un peu et j'ai remarqué que mes jambes bien lourdes étaient toutes sèches. Je me suis approché de la fenêtre et j'ai tiré les rideaux, laissant le soleil prendre entièrement possession de la chambre.

Dehors, l'herbe fraîche et encore mouillée du givre nocturne exhalait un parfum juvénile. Le maillot et le short que j'avais portés la veille pendant la course étaient posés sur une chaise à côté de la fenêtre. Je les ai reniflés et j'en ai conclu que je n'avais pas beaucoup transpiré. J'ai enfilé le short et, alors que je passais ma tête dans le col du maillot, j'ai entendu la porte s'ouvrir et une voix bien éveillée me demander :

« Alors, on va courir ? »

Romsdal, 2018

Table

Cet ouvrage a été mis en page par IGS-CP
à L'Isle-d'Espagnac (16)
Achevé d'imprimer en France
par CPI Firmin Didot
N° d'édition : L.01EBNN000640.N001
N° d'impression : 160432
Dépôt légal : novembre 2020